人才梯队战略

赋能企业从量变到质变的人才培养方案

张莽 ◎ 著

中国商业出版社

图书在版编目（CIP）数据

人才梯队战略：赋能企业从量变到质变的人才培养方案 / 张莽著. -- 北京：中国商业出版社，2025.1.
ISBN 978-7-5208-3298-4

Ⅰ．F272.92

中国国家版本馆 CIP 数据核字第 2024P3S152 号

责任编辑：黄世嘉

中国商业出版社出版发行

(www.zgsycb.com　100053　北京广安门内报国寺 1 号)
总编室：010-63180647　　编辑室：010-63033100
发行部：010-83120835/8286
新华书店经销
文畅阁印刷有限公司印刷
*
710 毫米 ×1000 毫米　16 开　14.75 印张　234 千字
2025 年 1 月第 1 版　2025 年 1 月第 1 次印刷
定价：68.00 元
****
（如有印装质量问题可更换）

Preface 前言

在当今竞争激烈的市场环境中，企业的成功与否取决于其拥有的人才素质和能力。人才梯队建设作为一种关键的人才培养策略，不仅能够为企业提供源源不断的高素质人才，还能推动企业实现从量变到质变的跨越。本书旨在探讨人才梯队建设的重要性和实施方法，为企业提供一套全面而有效的人才培养方案。

人才是企业最宝贵的资产，他们的专业知识、技能和创造力是推动企业发展的核心力量。然而，随着市场的变化和技术的快速发展，企业面临着人才需求的不断变化和提升。传统的人才培养模式已经无法满足企业对人才的迫切需求，因此，建立一套科学、系统的人才梯队建设方案显得尤为重要。

通过人才梯队建设，企业能够更好地预测和满足未来的人才需求。这不仅包括识别和培养现有员工的潜力，还包括吸引和留住外部优秀人才。一个完善的人才梯队可以确保企业在不同层次和领域都有足够的人才储备，以应对各种挑战和机遇。

同时，人才梯队建设还能够促进员工的个人成长和职业发展。当员工看到自己在企业中有明确的晋升路径和发展机会时，他们会更加积极地投入工作，提升自己的能力，为企业创造更大的价值。此外，一个良好的人才梯队还可以增强企业的凝聚力和员工的归属感，从而提高员工的工作满意度和忠诚度。

本书将详细介绍人才梯队建设的各个环节，包括人才梯队的成长通道、层级画像、搭建模型、团队精英迭代、顶层领导力迭代，以及企业文化的升级迭代等。本书将提供实用的方法和工具，帮助企业制定适合自身的人才梯队建设策略。同时，本书还将探讨如何通过数字化模型，为培养不同人才创造环境，以及如何与九层级胜任力相结合提升人才的责任高度，帮助员工实现自我价值，同时为企业创造更多财富。

希望本书能够为企业管理者和人力资源专业人士提供有益的指导和启示，帮助他们更好地理解和实施人才梯队建设。通过合理的规划和有效的执行，企业可以打造一支高素质、高绩效的人才队伍，为实现企业的战略目标奠定坚实的基础。

人才梯队建设是一个持续不断的过程，需要企业高层的重视和全员的参与。相信只要企业坚持以人为本，注重人才培养和发展，就能够在激烈的市场竞争中脱颖而出，实现从量变到质变的飞跃。让我们共同探索人才梯队建设的奥秘，为企业的未来发展注入强大的人才动力！

Contents 目录

第一章 企业人才梯队建设的重中之重：迭代思维

第一节 职业生命迭代思维，就是在实践中持续精进 / 002

第二节 提升认知层次，五代销售力的职业生命迭代 / 008

第三节 升级管理维度，撬动团队职业生命认知迭代 / 014

第四节 职业生命迭代，企业衡量人才迭代的标准 / 018

第五节 五代领导力，企业与员工互利共赢 / 023

第二章 企业人才梯队的成长通道：自我迭代

第一节 建立系统，让每个员工对结果负责 / 028

第二节 职责突破，领导层要完成三重迭代责任 / 033

第三节 解决困惑，迭代的员工必须突破卡点 / 039

第四节 心道法相，人才迭代的"三重境界" / 044

第三章 企业人才梯队的九层画像：责任胜任力模型

第一节 真担责与假担责：责任胜任力模型 / 052

第二节 第一级个人型责任胜任力：关注自我需求 / 058

第三节 第二级追随型责任胜任力：践行领导意志 / 062

第四节　第三级部门型责任胜任力：执行部门目标　　　　/ 067

第五节　第四级经营型责任胜任力：操盘企业经营　　　　/ 072

第六节　第五级平台型责任胜任力：推动平台发展　　　　/ 077

第七节　产业型到全球型责任胜任力：
　　　　引领行业变革到推动社会进步、全球经济繁荣　　　/ 083

第四章　企业人才梯队的搭建体系：任职资格评测

第一节　企业人才胜任力升级价值：降本增效100%~300%　/ 086

第二节　追随型责任胜任力应用：基层员工任职资格评测分析 / 090

第三节　部门型责任胜任力应用：中层骨干任职资格评测分析 / 091

第四节　经营型责任胜任力应用：高层领导任职资格评测分析 / 095

第五章　人才梯队的发展路径：任职能力成长

第一节　人才梯队任职能力：寻找专业顾问团队做指导　　/ 104

第二节　人才梯队发展路径：需高阶顾问导师引领　　　　/ 109

第三节　个人员工成长为一线组长：由管理自我到管理事务 / 111

第四节　一线员工成长为基层主管：由管理事务到管理团队 / 115

第五节　基层主管成长为部门总监：由管理团队到管理部门 / 118

第六节　部门总监成长为运营总经理：由管理部门到管理运营 / 123

第七节　运营总经理成长为企业总裁：由管理运营到管理发展 / 128

第六章　企业人才梯队的迭代核心：责任在手，成在顾问导师

第一节　企业持续迭代的关键：
　　　　人才责任胜任力与商业模式升级　　　　　　　　/ 136

第二节　商业模式的迭代：企业转型期的四种模式　　　　/ 139

第三节　总部型领导职责：董事长和总经理分工明确　　　/ 144

第四节　企业转型的舵手：创始人迭代成长变现　　　　　/ 145

第五节　董事长胜任力模型：商业六环罗盘　　　　　　　/ 147

第七章　企业人才迭代的内在阻碍：破除三种需求障碍

第一节　人才迭代内在阻碍：三种需求障碍　　/ 156

第二节　破除"依赖需求障碍"：担起自己迭代的责任　　/ 157

第三节　破除"认可需求障碍"：为他人持续创造价值　　/ 160

第四节　破除"改造需求障碍"：点亮大我智慧　　/ 163

第八章　企业人才迭代的外在阻碍：破除认知障碍

第一节　解除"中心认知障碍"：一切以系统为重点　　/ 166

第二节　解除"速成认知障碍"：一切以规律为基础　　/ 169

第三节　解除"迷幻认知障碍"：一切以结果为导向　　/ 172

第四节　解除"傲慢认知障碍"：一切以迭代为追求　　/ 174

第五节　解除"封闭认知障碍"：一切以赋能为杠杆　　/ 178

第九章　企业精英团队的迭代逻辑：五种性格领导力模型

第一节　男人性格领导力：能创建自己的商业模式　　/ 186

第二节　女人性格领导力：凭借个人优势凝聚人心　　/ 190

第三节　女孩性格领导力：全力支持崇拜的上司　　/ 193

第四节　男孩性格领导力：喜欢探索新鲜的事物　　/ 196

第五节　领袖性格领导力：通过开悟方式驾驭他人　　/ 199

第十章　企业文化的升级迭代：打造优秀的组织文化系统

第一节　十合组织文化系统：法治、礼治、德治、道治、圣治　　/ 206

第二节　企业五坏文化模型：不同阶段的责任和担当　　/ 216

第三节　道德文化的领导力：生命成长经历的五阶段　　/ 222

致　谢　　/ 227

第一章

企业人才梯队建设的重中之重：迭代思维

第一节　职业生命迭代思维，就是在实践中持续精进

迭代①思维，就是在遇到问题时认真思考、反复实践、不断调整，通过更新自己的知识体系找到最好的解决方案。

思维迭代是一个循序渐进、升级完善的过程，需要我们在平时多学习、多行动。正如《礼记·大学》所说："苟日新，日日新，又日新。"一个人若想在自己从事的行业或者领域有所建树，就需要拥有职业生命迭代思维，即，在工作中持续地学习，在学习中进步、在行动中挑战自我，这样才能保持积极进取和开拓创新的精神。

在这个瞬息万变的时代，无论个人还是组织，在其生存和发展过程中，总会遇到来自职业或组织变革中的各种问题或是卡点，主要表现在以下几个方面，如图1-1所示。

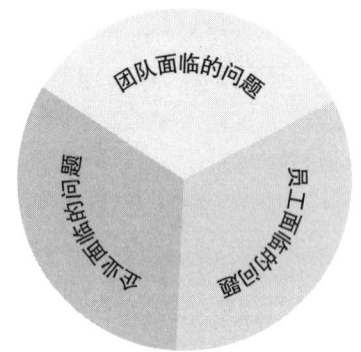

图1-1　个人和组织在生存和发展过程中遇到的问题

1. 员工面临的问题

在工作中，员工面临的问题是纠结如何才能做正确的选择，觉得人生迷茫，看不到未来。虽然也尝试着去解决，但结果却不尽如人意。这些问题如图1-2所示。

---

① 迭代：是重复反馈过程的活动，其目的通常是逼近所需目标或结果。每一次对过程重复称为一次"迭代"，而每一次迭代得到的结果会作为下一次迭代的初始值。

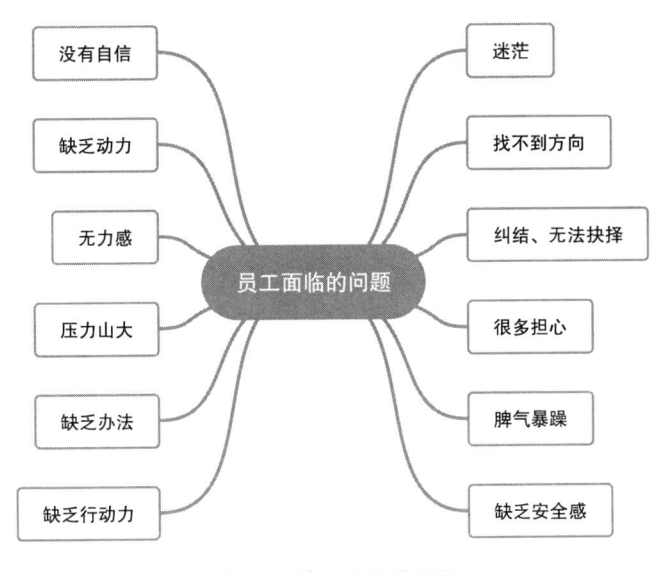

```
没有自信 ─┐         ┌─ 迷茫
缺乏动力 ─┤         ├─ 找不到方向
无力感  ─┤         ├─ 纠结、无法抉择
       ├─ 员工面临的问题 ─┤
压力山大 ─┤         ├─ 很多担心
缺乏办法 ─┤         ├─ 脾气暴躁
缺乏行动力 ─┘         └─ 缺乏安全感
```

图1-2　员工面临的问题

（1）压力山大

心理压力源自员工没有清晰的目标和计划，对个人发展没有明确的方向，执行过程中得到的结果都不在掌控范围内，从而导致员工的心理持续承受着压力。

（2）无力感

面对工作中需要解决的事情，员工尝试过用各种各样的方法和策略，都以失败告终。虽然很努力，也很勤奋，但是处理的结果跟预期差距太大，让自己心有余而力不足，陷入深深的无力感。

（3）缺乏动力

员工对自己的人生没有规划，找不到工作和生活的意义，每天浑浑噩噩，缺乏动力和激情，没有发自内心的驱动力。

（4）没有自信

不敢在人前展示真实的自己，有目标却不敢去追求。其实，不自信的根本原因是知识匮乏和自我认知缺乏，对未知领域不可控，又找不到突破路径，导致自己害怕面对结果。越不敢展示自己，就越不相信自己，最后进入恶性循环。

（5）情绪化

由于很多事情的结果达不到预期效果，影响到员工的后续推进和落地，无法证明自己的能力，导致情绪不稳定、可控性偏弱，在冲动之下就会偏激，伤人伤己，让自己敏感多疑，缺乏安全感。

2. 团队面临的问题

在搭建团队中会面临以下问题，如图1-3所示。

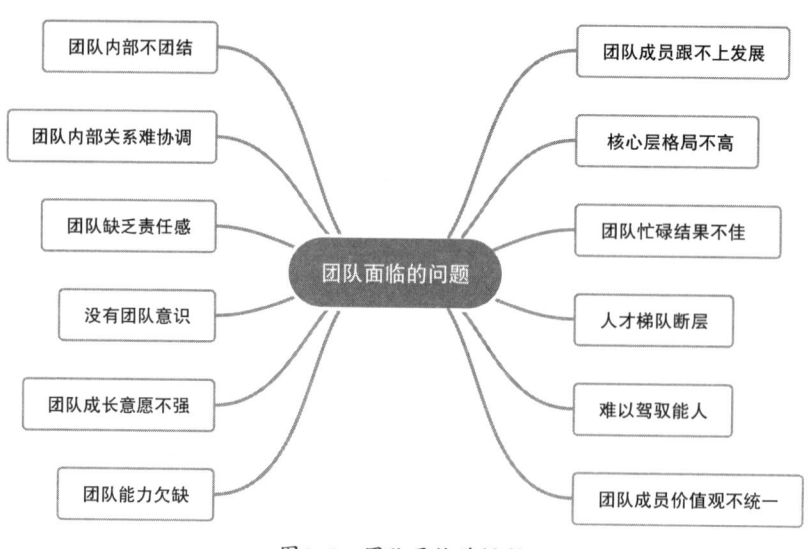

图1-3　团队面临的问题

团队内部不团结　团队内部关系难协调　团队缺乏责任感　没有团队意识　团队成长意愿不强　团队能力欠缺　团队成员跟不上发展　核心层格局不高　团队忙碌结果不佳　人才梯队断层　难以驾驭能人　团队成员价值观不统一

（1）团队成员思想不统一

因为每个人的生活环境和经历不一样，导致每个人看问题、解决问题的方法存在天壤之别，使得大家的思想难以统一。

（2）团队内部不团结、无凝聚

团队成员相互之间缺乏深度的理解和信任，团队上下难以达成深度的共识，导致大家不能同心协力地去做事情。

（3）团队出现部门墙

因利益、机制、关系导致团队出现部门墙。特别是每个部门都为自己的利益和方便着想时，就会出现各自为政、相互制约的局面，由于各部门缺乏主动沟通和团队意识，自然没有协作精神，导致部门之间的工作效率低下，出现各种各样的卡点，对公司影响非常大。

（4）团队没有共同的目标和愿景

在一个团队中，有的人希望安于现状，有的人想实现理想，有的人爱学习，有的人混日子等，团队没有共同的目标和愿景就没有凝聚力。比如，缺乏责任感、互相推诿、能力欠缺，但自我定位又很高、工作上不配合团队等问题。团队虽然采取了各种各样的措施、方法和策略，但是都难以彻底解决这些问题。

3. 企业面临的问题

企业在经营中会遇到很多维度的问题，具体如图1-4所示。

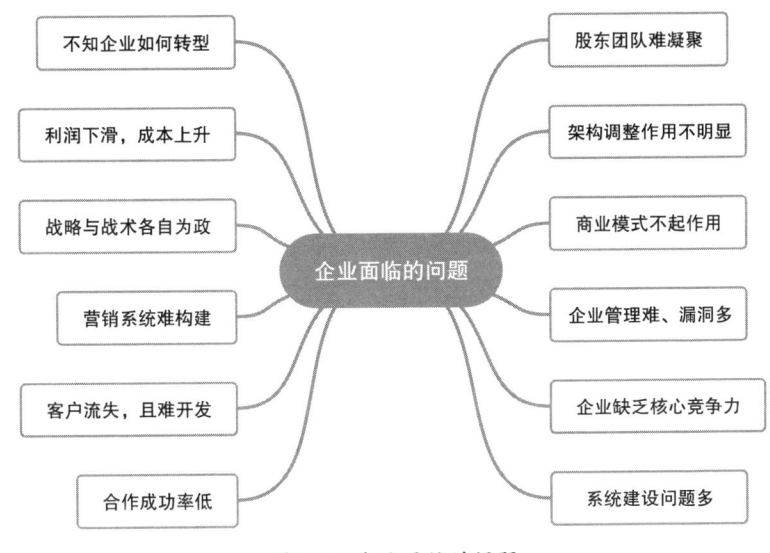

图1-4　企业面临的问题

（1）成本不断增高

企业人工成本、原料成本、房租成本、运营成本都在增高，成本持续增高的同时，价格却没有办法相应地提高，导致企业利润不断下降，企业面临的生存环境日益恶劣。

（2）行业环境内卷严重

行业环境内卷严重，你降价，我也降价，他也降价，同行和友商之间彼此"厮杀"，导致企业因为恶性竞争的"价格战"而使利润没有了下降空间，无法支撑企业持续有效地发展。

（3）系统管控困难

企业无法建立一个高效的系统，因为人们制定的制度、规则、标准经常难以执行，很多时候变成一纸空文。如果执行下去，团队将无法承受，会选择离开；如果不执行，效率又低下，无法界定什么是最适合企业的高效运用系统。

（4）无法凝聚更多的强者

企业很多股东没有把心思完全放到企业内部，各有各的心思，忽略了引进专业复合型人才在这个阶段的重要性。导致对企业发展没有起到推进作用，相反还会起到很多超出能力范围内的反向作用。

（5）缺乏核心竞争力

企业现状看似完善，样样具备，有资源、有客户、有团队、有产品、有技术、有体系，但实际经营结果却不尽如人意。拆分到每一项来看，没有特别卓越的长板，没有特别有优势的同类竞品，也没有特别领先的技术。由于企业缺乏一种核心竞争力，导致企业随时有破产或倒闭的危机感。

（6）老客户的流失

企业存在老客户离开，新客户又难以开发，企业战略要往哪里发展、未来要怎么走，以及现在的组织架构是否合理、人才梯队如何搭建等问题，虽然领导和团队采取了各种措施试图解决，但始终无法根治。

在实践中，以上六个方面的问题交织在一起，个人的压力、无力感、不自信、缺乏动力与团队的思想不统一、不团结、部门缺乏责任感，以及企业的系统管控困难、战略与战术各自为政、成本不断增高、缺乏竞争力等问题，使人们身心疲惫。在努力解决无果后，很多人会选择放弃。

那么，如何从根本上解决上面这些问题呢？

答案很简单，就是用迭代思维持续行动。

同样是面对来自生活、事业和企业的困境，华为创始人任正非选择的是通过学习和实践新知识改变处境。在创业之前，任正非因为一时疏忽大意，在工作中遭遇商业欺诈，被人骗去一笔200多万元的货款。此次失误，不仅让他丢了工作，还背上了巨额外债。

有位智者说，成长的过程就是一场不断学习的旅程，只有不断学习才能不断进步。面对突如其来的巨大变故，任正非通过自学法律知识和向专业人士请教拓展知识领域，最终为公司追回一部分货款。

这种在困难面前保持自我更新和迭代的能力，使得任正非在后来的创业过程中总结出六条学习"元规则"思维，他带领团队向西方、向军队、向市场、向客户、向世间万物学习，通过吸取宇宙的能量强大自己，华为从名不见经传的民营企业，发展成为拥有20多万元员工、在全球领先的通信设备制造商和智能手机供应商之一。

任正非每次出差，旅行箱里带的都是书，华为企业高管和普通员工定期到国外优秀的公司去学习，企业还请来顶级的专业顾问团队对员工加以指导。这种学习不是知识的累积，而是思维框架的迭代。通过外在反馈，经过工作实践后的总结和完善，在原有的基础上推陈出新的升级思维。

到目前为止，华为的人才梯队建设，在国内是首屈一指，无人能超越的。企业根据员工的不同能力和潜力将员工划分为职场新人、职业初级、职业中级、职业高级等层级，并针对每个层级的员工制定了相应的培养计划和发展路径：对新入职员工进行基础培训，使其适应环境；对有一定工作经验和专业素养的初级员工进行岗位轮换和专业培训；对具有较高工作能力和综合素质的员工进行管理培训和职业规划；对具有一定管理经验和能力的员工进行高层次的管理培训和战略规划。

除此之外，华为团队管理核心理念坚持以"奋斗者为本"，指出"奋斗者是企业的财富，让奋斗者得到合理的回报"，这种"多劳多得"的经营理念建立起凝聚人心的企业文化，集众人之力达到"力出一孔，利出一孔"的效果。

华为的人才梯队建设，提高了员工的职业素养和综合能力，为员工提供了清晰的职业发展路径和成长空间。人才梯队建设既留住了员工，又保障了企业可持续发展，在企业遭遇困境时，华为全体员工万众一心、一致对外，最终在突破困境后走向巅峰。

美国通用电气前董事长兼CEO杰克·韦尔奇说："人才就是一切，有人才就是赢家。"在数字化时代，企业都在进行数字化转型。人才梯队作为企业组织能力的核心构成，是企业不断发展的奠基石。

由此可见，企业若要实现人才梯队的建设，管理者就需要有效运用职业生命迭代思维的相关方法。迭代思维强调的是一个逐步改进与优化的过程，即通过持续地尝试、试错与调整，助力企业探寻出一套适配的发展方案。在人才梯队建设方面，企业管理者的职业生命迭代思维主要体现在以下几点。

1. 树立迭代意识

企业管理层需要深刻洞悉市场与环境的动态变化，将迭代思维融入企业的战略规划与日常管理理念之中，营造持续改进与创新的文化氛围。此外，可以定期为员工组织培训与学习活动，向员工传递迭代思维的重要意义与应用方式，确保全体员工对迭代思维形成清晰的认知与认同。

2. 持续优化人才选拔和培养机制

优秀人才的成长离不开持续地选拔与培养。企业应致力于逐步完善人才梯队，做好现有员工的评估工作，精准识别潜力人才，并针对不同层次的人才制订详尽的培养计划，以此构建起一个结构合理、能力互补的人才梯队。

3. 灵活调整人才策略

伴随企业战略的演变以及外部市场环境的发展，企业对人才的需求也会产生相应变化。管理者借助迭代思维，依据企业自身实际状况，调整人才策略，确保人才梯队与企业的发展目标始终保持同步。

4. 鼓励创新和实践

在企业内部，管理者应鼓励员工参与各类培训和实践项目，着力培养他们的创新与实践能力；建立跨部门的沟通与反馈机制，激励员工分享工作中遭遇的问题与构想，促进信息的快速流转与问题的及时化解。

5. 持续优化流程与管理

通过定期对企业的业务流程和管理模式展开评估与反思，管理者能够及时把握人才梯队建设的成效与不足。一旦发现问题与瓶颈，就运用迭代思维加以优化改进。同时，要密切关注行业内的实践成果和先进管理理念，持续引进与吸收新的管理方法和技术，推动企业管理不断升级与创新。

第二节　提升认知层次，五代销售力的职业生命迭代

个人、团队和企业遇到的问题之所以无法从根本上解决，导致后续类似的问题层出不穷，是因为人们解决问题的背后逻辑发生了严重的错误。一般情况下，人们只是解决问题的表象，就是通过技巧处理问题，但这样无法触及问题的核心。只有找到问题的核心，才能彻底解决问题。

第一章 ▎企业人才梯队建设的重中之重：迭代思维

《道德经》中讲："大道至简。"要真正解决问题，需要人们提升认知层次。

认知层次，是指人们要全面客观地看待事物。一个人的认知层次高，就能够一眼看到事物的本质。可见，个人、团队和企业只有提升了认知层次，人们才能进行职业生命迭代，从而让自己在工作中能一眼看透问题的症结，让问题迎刃而解。

我们先以企业重视的销售力模型为例，来深入解析提升认知层次的重要性。

随着社会的快速发展和完善，市场竞争也在不断加剧。企业销售力发展前后经历了五次迭代升级，即卖产品销售、卖情感销售、卖价值销售、卖迭代销售、卖共命销售，如图1-5所示。

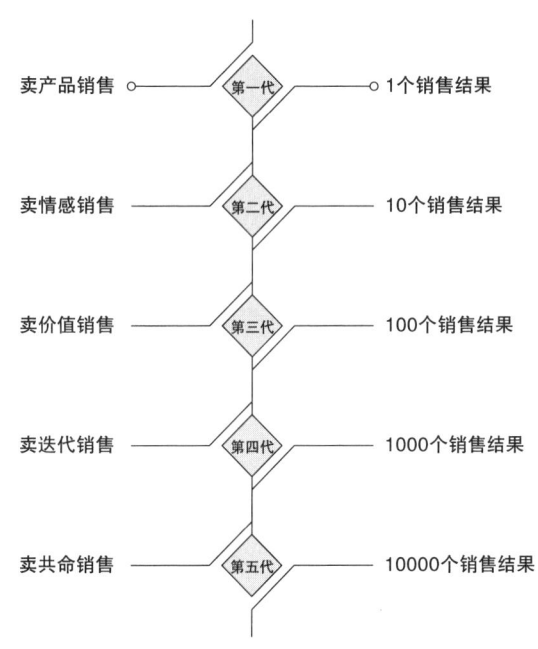

销售模式	代数	销售结果
卖产品销售	第一代	1个销售结果
卖情感销售	第二代	10个销售结果
卖价值销售	第三代	100个销售结果
卖迭代销售	第四代	1000个销售结果
卖共命销售	第五代	10000个销售结果

图1-5　企业销售力发展经历的五次迭代升级

第一代销售模式：卖产品

第一代销售模式的焦点集中在介绍产品质量、产品功能以及产品实用性、方便性、舒适性等方面。这时候卖产品销售的所有焦点都集中在产品本身，销售员希望用产品来征服客户，企业获取收益的盈利模式就是差价，这是第一代销售。

第一代销售在市场竞争不充分的时候，通过产品的高质量、多功能和实用性等优势赢得客户的心。但是，随着市场竞争的日益激烈、产品的同质化，第一代销售就没有了优势，完全失去了它的作用。

第二代销售模式：卖情感

第二代销售模式主要围绕"感动客户"下功夫，主要包括以下两点，如图1-6所示。

图1-6　第二代销售模式通过两点"感动客户"

（1）获得客户的满意和认可

对客户进行深入洞察和分析，知道客户需要什么产品，在获得客户的满意和认可后再打动客户，从而真正走进客户内心。

（2）让客户得到尊重和赏识

对客户关心备至、真诚爱护和悉心照顾等，用"想客户之所想，急客户之所急"的热情、真挚的态度温暖客户，让客户感到备受重视和赏识。

无论是深度理解客户，得到客户的满意和认可，还是通过关心客户让客户得到尊重和赏识，最终都是为了感动客户，让客户感觉到"你的心中一直惦念着我"。企业通过卖情感，让自身与客户建立深层的信任关系。

我有一个学员是做销售的，她总是能够让客户感动。她会把客户的生日、结婚纪念日，以及客户所有的重大节日都一一记录下来。有一次，她的一个重要客户要到她那里走访，她在一个多月前就开始准备礼物。她请人把客户的结婚照片刻在水晶盘上，非常精美。在客户生日那天送给客户的时候，客户深受感动。

我的另一个学员长期服务的客户是一家医院的领导，他得知客户的夫人去外地进修了，刚好家里的保姆又请假了，家里没有人带孩子、做家务，他就主动对客户说，正好自己这几天休息，可以帮忙照看小孩。于是，他就来到客户家里，帮助客户接送孩子，顺便做饭、收拾家务等。直到半个月后女主人出差回家，他才离开。他在关键时刻的出面相助，令客户夫妇非常感动。可以说，他和客户的关系已经上升到亲情的程度了，还愁后续的业务吗？

以上就是"卖情感"销售，对客户一定要付出真心，力求做到三点，如图1-7所示。

感动客户

理解客户

让客户感觉温暖

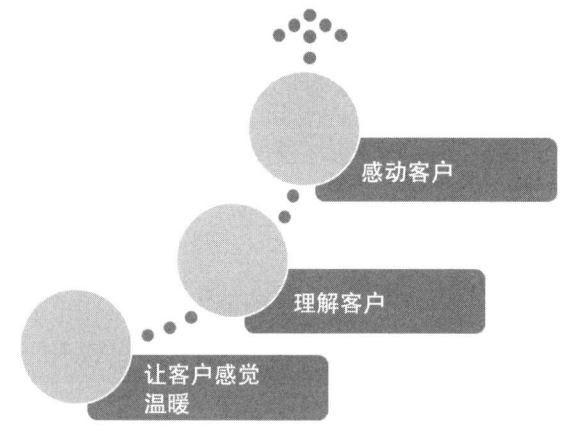

图1-7　"卖情感"销售要做到的三点

第三代销售模式：卖价值

第二代卖情感模式现在已作为销售的一个常规模式了。当很多企业还停留在卖情感模式时，整个市场已经进入第三代销售模式——卖价值。

卖价值的营销模式是什么样的？"卖价值"的人，他跟客户在一起的时候会不断地思考客户个人遇到了什么难题和痛点，客户的团队遇到了什么难题和痛点，客户的企业遇到了什么难题和痛点。他会根据客户的这些痛点，盘点自己可以调动和影响的资源，全力以赴地支持客户，支持客户在个人的难点、团队的难点和企业难点上下功夫，并且帮助客户解决实质性的问题，让客户真正体验到自己为他们创造的"价值"。

我有个学员，他对自己重要的客户全部进行盘点后发现，大部分客户的痛点是管理方面存在欠缺和不足。因为很多客户都是民营企业，招聘的管理人员能力有限，导致企业留不住人才。而他所在的企业背景是日资企业，企业具备比较完善的管理模式。

为了帮助客户，他带领企业的管理人员进驻客户的企业，协助他们建立完善的管理流程，在运营管理上也为他们进行了全面提升。因为他为客户提供了巨大的价值，真正解决了客户的痛点和难题，而不只是在情感上让客户感动。所以，客户与他建立了牢固的互信关系。

另一个学员是保险业务员，他发现很多客户非常重视孩子教育，于是就组织多方资源，为客户提供了丰富多彩的公益性夏令营活动。这个活动不但为客户的孩子提供了丰富多元化的价值体验，而且将他身边的很多资源介绍给不同的家庭。通过夏令营活动，真正做到缓解甚至解决了不少孩子厌学、注意力不集中、拖延等问题。

他在做这些方面的工作时付出了很多精力和时间，这让他的客户对他既信任又忠诚，都是直接把保险事宜交给他办。

以上这种帮助客户解决痛点和难题的销售模式就叫"卖价值"。"卖价值"是现在主流的营销模式。随着一些人认知层次的提升，有些人已经走在时代前列，在做第四代销售模型，即"卖迭代"。

第四代销售模式：卖迭代

"卖迭代"的销售模式主要聚焦于如何协助个人转型升级、如何协助团队转型升级、如何协助企业转型升级等，通过帮助客户全面解决发展过程中遇到的实质性问题，帮助客户企业更好地发展。

我们有一家合作企业的老板，他把自己客户的未来发展、转型升级放进他整个企业的规划里，为了和客户一起发展，他调动各种资源支持客户的团队成长、董事长成长和企业迭代转型。

除此之外，他还为客户对接所需要的资源来解决客户转型过程中遇到的问题，不管是管理、人才梯队、战略规划方面的问题，还是营销系统问题、生产问题、人力资源的问题，他都会想方设法地寻找对接资源赋能企业，帮助客户克服困难、突破困境。

在他的不懈努力下，他的客户在转型成功后提高了工作效率和业绩。而他的业绩增长率达到了180%，其中120%来自老客户转型升级之后业务的增长，也就是说，客户企业转型升级上遇到的各种各样的问题，他都会全方面跟进和解决。

他的真诚付出在感动客户的同时，还让客户对他产生朋友式的认同感、信任度、忠诚度和依赖感。客户经常问他工作做的利润够不够？有的客户会直接问他："还有没有什么产品线？我可以给你更多的订单。"

"卖迭代"的销售模式就是在为客户创造美好未来的同时，客户也会想尽各种办法为对方创造美好的未来。

第五代销售模式：卖共命

"卖共命"，就是跟企业形成命运共同体，即我们将客户个人的人生规划、团队和企业未来的发展放在心中，彼此不仅是通过股权的方式，更多的是将彼此的命运捆在一起。因为有共同的志向，双方会调动所有的资源、所有的才华、所有的工具注入对方的生命之中，这样一来，彼此的心就完全融合在一起，成为一颗"共命运的心"，与客户成为一家人。这样就将双方的产业链深度地嵌入和连接，通过产业链的方式来应对一切困难，用产业链的方式跟其他企业竞争，用资本和垄断的方式共同发展。这就是"卖共命"。

某公司管理层对销售部门的激励机制和职业发展方面给予了足够的支持。可以说，销售员只要努力工作就能得到相应的回报，也会有晋升机会。可是还是有许多优秀的销售员纷纷离职，导致销售团队不稳定，业绩也上不去。

销售员在跟进客户环节太被动，成单率很低，压力太大，虽然公司奖励机制设计得好，但无法从根本上提高销售员的销售能力，长此以往，就会出现老客户流失、新客户开拓难的问题。

究其原因，就是公司没有为销售团队进行"卖共命"的培训。

以上就是销售的五代领导力，在企业有好产品的前提下，要解决营销的根本问题，不能只在情感上打动客户，这种在方法上下功夫的销售模式很难跟上时代的发展。当前企业需要的是卖价值、卖迭代、卖共命，这样才能解决员工、团队、企业的根本问题。所以，只有提升企业员工和团队的认知层次，重塑企业的营销模式，才能让企业员工解决问题的高度与时俱进，甚至超越时代。

第三节　升级管理维度，撬动团队职业生命认知迭代

前面我们提到，任何问题，如果只在问题本身上解决，是无法根治的，只有提升自己的认知层次，才能找到问题的根源。管理问题也是同样的道理，如果解决问题的维度不升级，同样是治标不治本。

在企业管理中，常见的管理模式分为内管理和外管理。内管理包括情感关系激励、薪酬绩效激励、规划股权激励，我们可以将其称为"内管理三板斧"；外管理包括制度管理、流程管理、培训管理，我们可以将其成为"外管理三板斧"，内管理三板斧和外管理三板斧俗称"管理六板斧"。如图1-8所示。

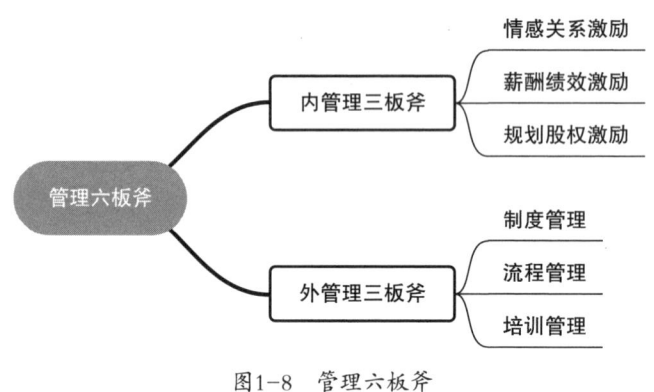

图1-8　管理六板斧

1. 内管理三板斧

内管理三板斧是以激励员工为主，领导通过情感关系、薪酬绩效、规划股权来激发团队的责任感以实现管理，如图1-9所示。

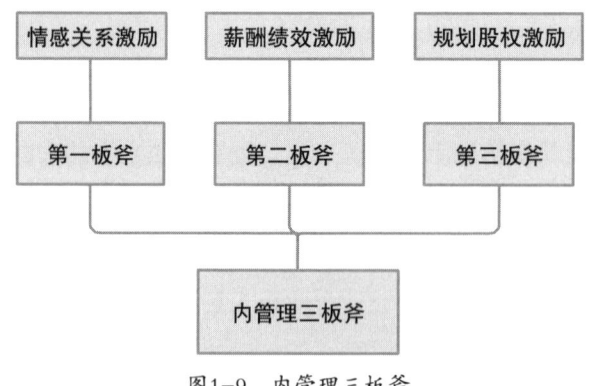

图1-9　内管理三板斧

第一板斧：情感关系激励

情感关系激励又叫情感身份激励，通俗地讲，就是通过和员工建立情感联系，提升团队凝聚力，增强员工的归属感。企业中很多领导在团队建设方面会关心团队成员，跟大家一起吃饭、喝酒，或者推心置腹地进行交谈，在团队遇到挫折时给大家鼓励，共渡难关。在情感上管理团队，能让团队每个成员深切地感受到来自领导的关怀、照顾、支持，能够激发团队成员的责任感，从而更高效地完成工作。

第二板斧：薪酬绩效激励

薪酬绩效激励也叫金钱高标管理，简单来说，就是给团队更高的现金薪酬来激励，甚至用阶梯式的激励分利方式，对团队的要求就是高标准、严要求，即对工作时间、工作目标、工作效率等各方面提出高要求。

第三板斧：规划股权激励

规划股权激励也叫股权定位，企业分给员工期权或者股权，或者是分红权，那么员工的定位就变了。员工变成企业的小经营者，或者是经营者，员工就要为企业的发展负起责任。这就要求员工要有更好的工作能力，所以，员工只有不断地学习和成长，为企业创造更多的价值，才能在企业中实现自己的事业梦想。

2. 外管理三板斧

外管理三板斧是指企业的制度管理、流程管理、培训管理，如图1-10所示。

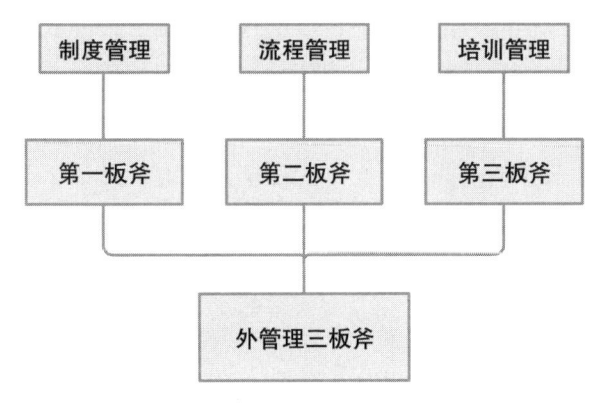

图1-10 外管理三板斧

第一板斧：制度管理

制度管理是管人，主要是对员工行为的规范和约束，但约束的都是服从管理的人。薪酬绩效管理是企业管理制度的一个重要组成部分，企业设计了很多薪酬考核方式，能者多劳，多劳多得。员工绩效做得好，企业会以提高"薪酬"的方式加以管理，不管是现金薪酬、名誉薪酬，还是荣誉薪酬，都会给到位。

第二板斧：流程管理

流程管理是管事情的，是企业对内部业务流程的定位和优化，目的是给员工提供一个能够胜任的岗位、职责。如果企业给员工一个新的岗位，或是提拔员工，就代表员工要承担更多的岗位职责。比如，由副组长提升为组长，员工的岗位提升了，就意味着他要负起更多的责任和更大的担当。

第三板斧：培训管理

培训管理也称为前途能力管理，即企业为了给员工提供更广阔的发展前途，对员工进行的一种知识、技能、工作方法、工作态度等综合素质的培训，通过改善和提高员工的绩效来达到企业的要求。

管理六板斧并没有解决企业管理员工的根本问题，只是通过管理的方式影响员工的成长，或者激发员工承担更多的责任，但是一个人真正的责任是上层次的。真正解决管理的方案是让员工的责任提升一个层次，也就是让员工通过学习后，他整个人从内在的认同感到外在的能力都要迭代。员工的迭代完成以后，他的工作责任感会成倍数扩大，责任能力也会相应增强。

管理六板斧能做到有效的管理，但是无法解决根本问题，属于治标不治本。因为这种管理模式只能起到阶段性的作用，是有边际效益的，1~3个月后，员工的工作热情会逐渐降低。半年后，他对工作的激情会消失殆尽。所以，企业、团队要想在发展过程中从本质上解决问题，关键点在于职业生命迭代，也就是让员工的自我成长上一个层次。只有提升员工的内在层次，员工的责任感才会有本质性的改变。

当企业给了员工股份后，员工还是原来的员工，他的思维模式、工作效率等跟以前一样，本质上没有改变，只不过因为未来收入提高了带给他短暂的兴奋，在短时间内激发了他的热情和动力。

为什么很多团队成员的责任感迟迟没有得到解决，责任能力也无法得到质的突破，经常跟不上企业的发展？主要原因是人们总是用管理的方式来解决问题，并没有找到问题的症结——让员工职业生命迭代，就是在对事物的认知、解决问题的能力等方面达到更高的层次。

现代管理学之父彼得·德鲁克曾说："管理是一种实践，其本质不在于知，而在于行；其验证不在于逻辑，而在于成果；其唯一权威就是成就。"真正的管理是让员工职业生命迭代后拿到成果，这种迭代在成就员工的同时也成就企业。

对于企业来说，降本增效不是裁员，而是让员工职业生命迭代后工作能力提升、收入提高，这才叫降本增效。也就是说，同样一个人在迭代后，他做了以前无法完成的工作，克服了以前克服不了的困难，业绩得到提升，他的工作效率也会提高几倍。所以，企业要降低成本，开源节流是表象，提高员工解决问题的能力是核心，让员工实现个人和组织的双重发展。

如果说销售的本质是选择"最爱的人"，那么团队的凝聚力是选择"最爱的老板"。老板对员工最好的爱，就是让员工跟着老板提高自己的收入，而提高自己收入的方式就是在企业迭代自己。所有的成功都源自爱，而所有的爱都是有层次地逐步提高自己。

企业领导只有升级管理维度，才能撬动团队的职业生命认知迭代，当团队成员的职业生命认知水平和能力得到提高后，他们会更加主动地思考问题、寻找解决方案，并能够更好地适应变化和应对挑战，有助于团队的创新和发展，提高项目的成功率。

领导者可以采取以下措施，如图1-11所示。

```
建立学习型团队文化
        ↓
    推动跨部门合作
        ↓
    引入敏捷开发方法
        ↓
   建立开放性沟通渠道
```

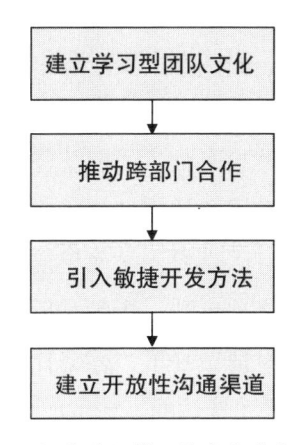

图1-11　领导升级管理维度要采取的措施

1. 建立学习型团队文化

鼓励团队成员持续学习和自我提升，激发和培养他们内心对自我提升的强烈愿望。领导者可以定期组织培训和知识分享会，提供学习资源和支持。

2. 推动跨部门合作

打破部门之间的壁垒，鼓励团队成员与其他部门进行合作和交流。领导者可以组织跨部门的项目组或工作坊，促进不同领域的知识和经验的共享。

3. 引入敏捷开发方法

采用敏捷开发方法，比如，把项目分解为小的可迭代的任务，鼓励团队成员自主决策和快速反馈。领导者可以担任教练的角色，或者请专业的顾问公司，帮助团队成员解决问题和提升能力。

4. 建立开放性沟通渠道

鼓励团队成员提出问题、分享想法和意见，建立一个开放性沟通氛围。领导者可以定期组织团队会议、一对一讨论或匿名反馈机制，收集团队成员的意见和建议。

第四节　职业生命迭代，企业衡量人才迭代的标准

职业生命迭代是企业衡量人才迭代的标准，即让人的生命上升一个层次。当员工职业生命迭代后，就能彻底解决员工在工作中遇到的各种问题。员工工作效率提高了，企业、团队在发展过程中遇到的各种各样的问题也将迎刃而解。

这个说起来容易，但是做起来难。《道德经》有言："天下难事，必作于易。"就是告诉我们，天下困难的事情，一定要从容易的地方做起。它强调了做事的方法和态度，面对困难要先从简单的、基础的方面开始，才能最终成就难事。而"反者，道之动也"，指的是反的思考是道的运动轨迹。也就是说，企业只有把最难的事情做好了，才会让企业的经营变得简单，而企业最难的事情就是企业要做人才迭代的事情。如果让整个团队上升一个层次，那么企业的管理、领导力、经营、效率、客户满意度都会跃上一个新台阶。

对于企业员工来说，职业生命迭代要经历三次蜕变，每次蜕变的标准如

图1-12所示。

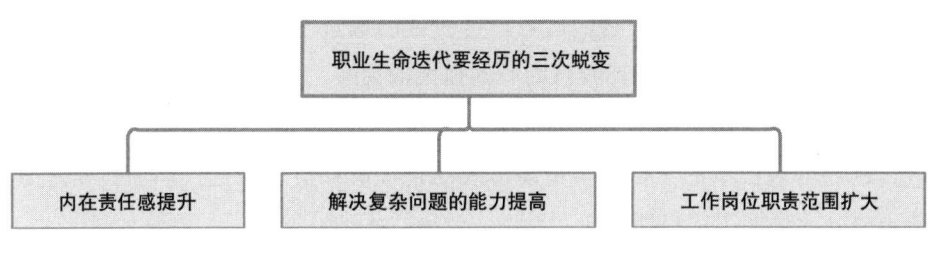

图1-12　职业生命迭代要经历的三次蜕变

第一个标准：内在责任感提升

员工的内在责任感是对自己的工作和职责有一种自觉的、主动的承担和负责的态度，这种来自内心的自我约束和责任意识是自动自发的，源于员工自身的价值观、道德观和职业素养。当员工内在责任担当提升时，外在的管理范畴也将得到扩大。

第二个标准：解决复杂问题的能力提高

员工内在解决复杂问题的能力提高，能让自己更好地应对工作中的变化，迅速找到解决方案，提高工作效率和质量，为组织带来更好的业绩，从而为企业的发展和创新作出更大的贡献。员工内在的解决复杂问题的工作能力提高时，外在的结果也将提高。

第三个标准：工作岗位职责范围扩大

员工解决复杂问题的能力，不但能提高他在职场上的竞争力，更好地应对工作中的变化，而且可以提高团队的整体效率和效果，促进团队的成功，同时还是晋升和承担更高级别职责的重要条件之一，最终会体现在工作岗位职责范围得到扩大，相应地也会让自己的收入增加。

人才蜕变的这三个标准，就是普通员工成长为优秀员工必经的阶段。这三个阶段也是企业人才迭代的标准。但人才迭代的标准很难通过企业管理来解决，这是因为管理的作用是提高企业的效率和生产力，员工展示出来的大多是大家都能看到的一些外在的东西，比如，员工对待工作的态度，或者是实实在在的业绩等表面的行为。企业通常也是用员工这些表面的行为，对员工进行评估的。

而人才迭代必须让员工内在开悟，因为每个人内在都蕴藏着一座神奇宝藏，只有开悟的人才懂得如何挖掘它，才能让内在的生命得到绽放。

一个人内在的宝藏，通俗地讲，就是自己的优点和长处，一旦被激发，就能成为收获神奇生命力量的起点。这时他的成长不再是一种压力，而是一种快乐、一种幸福，是一种发自内心的强大的力量。

对于企业来说，好的管理就是如何让我们团队的成员开悟，这是管理者转为领导者最根本的考核点，具体体现在管理者和员工在迭代后职位是随着能力提升的，如图1-13所示。

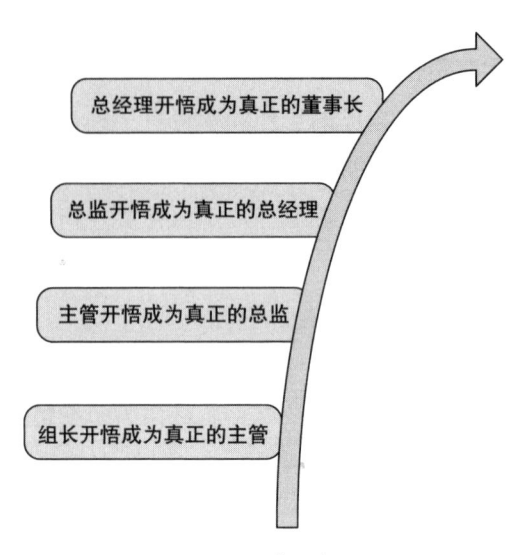

```
总经理开悟成为真正的董事长

    总监开悟成为真正的总经理

        主管开悟成为真正的总监

            组长开悟成为真正的主管
```

图1-13　企业管理者的迭代

"开悟"原本是佛教常讲的觉悟，对于普通人来说，开悟就是觉醒或醒悟、认识事物的真相。生命迭代中的"开悟"，其实就是生命的觉醒，也叫"心灵的觉醒"，是一个人对自己、对万物都有清楚的认知，他明白人活着的真正意义，这时候他是身心完全统一的个体，能够自我控制身心，不会被外在的任何物欲迷惑，这是一种超越普通知识和经验的灵魂苏醒，能够深刻洞察事物的本质。

一个人"开悟"以后，就像凤凰涅槃一样经历浴火燃烧后得到重生和永生，他们的生命会跃升上一个台阶，与从前的自己判若两人，让自己在有生之年"遇见更加卓越的自己"。

已故的苹果公司创始人乔布斯是享誉全球的商业领袖和技术天才，他的成功不可复制。

早在1974年，乔布斯在19岁时前往印度进行了一次为期数月的旅行，这次旅行对他的人生和事业产生了深远的影响。他通过静坐、苦行体验、克制物欲等修行方式，对自己的生命有了更清晰的认知，并开始吃素食。

在印度期间，乔布斯第一次接触了佛教和印度教的哲学思想，并参加了一些冥想课程。这些经历让他开始认真思考人生的意义和目的，这些思考对他的设计理念产生了影响。他后来在苹果公司的产品设计中融入了简洁、美观和易用性等理念，这些理念在很大程度上也是受到了他在印度旅行的影响。

乔布斯在印度的经历对他的商业决策产生了影响，他更加关注产品的质量和用户体验，而不是仅仅关注产品利润和市场份额。

正是这次长达7个月的印度修行，让乔布斯对东方哲学和冥想产生了浓厚的兴趣，也让他内在的心智彻底开悟，让他拥有了更高的生命层次和更开放的境界，对他的人生和事业产生了深远的影响，使他突破了自己的思维和观念，成为一位更加有思想和创意的领导者。

生命的迭代，就是让生命上升层次，能够让人们领悟自我存在的真相，得到全面的觉醒和超越，让人们知行合一，实现自我超越。这时候，你开始拥有掌控自己命运的主动权，活出全新的自己，你的生活和事业会彻底改变，你在脱胎换骨后获得了生命的升华。由此可见，员工的这个认识提升过程都不是单纯地用当下的管理制度所能解决的，真正的人才梯队建设中的作用，就是如何让对方内在开悟，这是企业领导人必须过的关口。

下面我来分享一个成长的模型，就是631法则：

在人生的长河之中，有60%的人是在遇到问题之后才想着解决问题，这是没有前瞻性的一部分人。他们只有在生活或者工作上遇到了很大的困难时才尝试去解决问题。解决方式也仅限于就事论事，不会探究真正原因，导致问题最终难以从根本上解决。

另有30%的人是在没有遇到问题的时候，就开始反省自己："我哪些方面的能力需要提升？我哪些方面有待完善？"想过之后，他们就开始为自己做规划并做出行动，比如，有的人觉得专业方面有不足，就选择考一些有利于职业发展的证书；有的人觉得应该提升自己的管理能力，就学习管理知识；

有的人感觉自己的技术能力需要提升，就想方设法地提升技术……他们通过各种办法突破自己。

还有10%的人，我们称为迭代裂变型的人，他们为自己设定的目标就是要成为另外一个人，让自己发生质的改变，而不只是让能力得到小幅度提高，这样的人就属于迭代裂变型人才。

在一个企业中，存在着很多631法则中的员工，60%的员工是遇到问题后才会想着去解决问题，30%的员工是在没有遇到问题的时候开始持续给自己规划，只有10%的迭代裂变型员工的目标是让自己成长为更优秀的人。

在组长之中也存在着631法则，甚至主管、总监、总经理乃至董事长都能在631法则中找到自己的类型。

很多企业倒闭的很大一部分因素是企业中631法则中10%的企业团队太少，所以才只有10%的企业会与时俱进。因为这10%的企业的董事长是10%的人，他们会主动自我迭代，然后再带领团队和企业一起迭代。

而60%的企业遇到问题才去解决问题，产品品质遇到问题就解决品质的问题，团队遇到问题就想着去解决团队问题，员工工作效率低下就想着去解决效率低下的问题，员工离职就解决员工离职的问题。企业这种"头痛医头，脚痛医脚"的做法，并没有从根本上解决问题。

我做过一个总结，人群之中的631法则在各个层面都会清晰地展现。并不是说10%的人都会迭代，而是每个层面只有10%的人会选择迭代。

企业的人才梯队建设，先要通过企业的领导力建设，才能让团队的迭代比例大幅提升，各个层面迭代的比例由10%增加到30%，再增加到40%；工作能力成长由30%增加到40%，再增加到50%。这就是学习型组织的打造，是企业持续发展的内在动力和内在根本。

由于每个层面只有少部分人掌握了迭代的路径，因此连续迭代者少之又少。人们如何能够迭代，甚至成为连续迭代者，这是人们人生要过的一道关卡。

第五节　五代领导力，企业与员工互利共赢

五代领导力理论是由美国学者詹姆斯·库泽斯在其与巴里·波斯纳合著的《领导力》中提出的，他把领导力的发展分为五个阶段，即职位、认同、生产、立人和巅峰，如图1-14所示。

职位 → 认同 → 生产 → 立人 → 巅峰

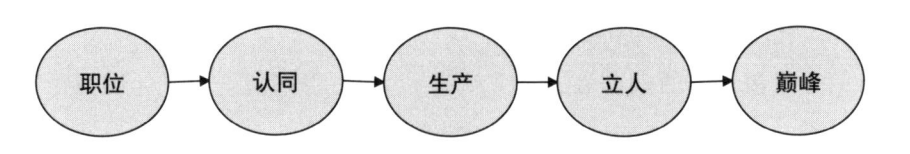

图1-14　詹姆斯提出的五代领导力

詹姆斯提出的五代领导力，要求管理者在员工职业生涯中的五个阶段要做到：在职位阶段，管理者通过明确职责和目标，为员工提供方向和指导；在认同阶段，管理者与员工建立起相互信任和尊重的关系，共同为实现企业目标而努力；在生产阶段，管理者注重提高员工的工作效率和绩效，通过培训和激励来激发员工的潜力；在立人阶段，管理者关注员工的个人发展和职业规划，为员工提供成长的机会和支持；在巅峰阶段，管理者成为组织的象征和精神领袖，激励员工追求卓越，共同创造价值。

这里所要讲的五代领导力，是站在人性的角度来阐述的，在结合我国特有的企业文化的基础上，总结了企业管理者最常见的几种管理方式。这些管理方式随着管理者领导力的迭代更新，不断趋于完善，使得他们的领导力越来越人性化，显示了企业管理的最高领导智慧。这个过程一共经历了五代领导力，管理者在每一代都扮演着不同的角色，如图1-15所示。

奖惩领导力　情感领导力　激励领导力　迭代领导力　使命领导力

企业管理者经历的五代领导力

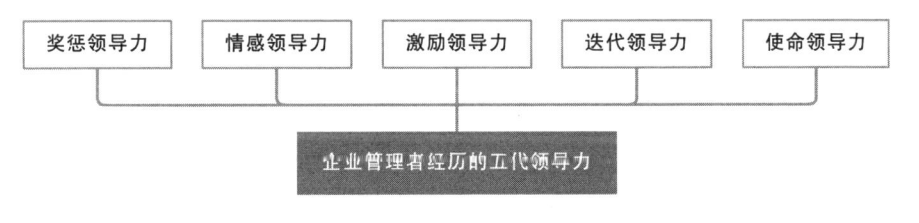

图1-15　企业管理者经历的五代领导力

第一代领导力：奖惩领导力

第一代领导力的核心主要是"胡萝卜+大棒"，员工做得好，公司给予物质的奖励；员工做得不好，就给予物质或者精神的惩罚。奖惩领导力类似于"打你一个巴掌，再给你一个甜枣"。这种"左手奖励，右手惩罚"的管理手段，采用的是奖惩结合、恩威并施。通过纪律严明的奖罚制度来规范员工的行为，让员工按照管理层期望的那样去工作。

奖惩领导力的处理焦点体现在肢体上，体现的是"严格"，比如，用考核的方式、用制度的严格方式来对肢体进行奖惩。

第二代领导力：情感领导力

第二代领导力的核心是高情商，领导者对团队成员进行的是感情投资，以真诚的关心和贴心的照顾来感动团队的每一个人，让大家自觉自愿自发地去行动。

情感领导力的焦点是在领导者的感觉上，领导者用深厚的感情与员工建立关系是它的关键要点。

第三代领导力：激励领导力

第三代领导力的核心是激发员工的欲望，领导者通过了解员工的需求和动机对其进行物质和精神的激励，以此来提高员工的工作效率，使整个企业团队的运作方式更加有效。

激励领导力的焦点是对员工的欲望予以相应的利益，以此来激发员工的欲望，通过利益来驱动人的积极性和创造性，以及工作的动力、行动力和内驱力。

第四代领导力：迭代领导力

第四代领导力的核心是帮助员工成长，领导者为公司和员工建立方向，对员工的职业发展、未来规划给予建议和指导，真心为对方着想。

迭代领导力的焦点是发展和迭代，尊重员工的个性差异，允许不同层次的员工以相互学习的方式共存，通过彼此帮助和合作逐步升级，在协同配合当中让员工实现自我迭代。

第五代领导力：使命领导力

第五代领导力的核心是神圣的社会使命感，领导者内心深处对社会的责任和使命的信念与担当。他们意识到自己的使命就是要为社会带来积极的改变，因此，用使命唤醒员工，帮助员工认识自我价值，激发员工的团队担当和使命感，提高团队的凝聚力。

使命领导力的焦点是使命和社会价值，领导者追寻的是生命的意义，也帮助企业的每个员工寻找生命的意义，让员工运用自身技能勇敢做自己，通过发挥自身所长实现自己的社会价值，活出自己的意义和价值。

星巴克是一家全球知名的咖啡连锁企业，以其对员工的关怀和对社会责任的重视而受到广泛认可。

星巴克的企业文化强调的是一个人的价值和尊严，鼓励员工寻找自己生命的意义，并且通过有意义的工作，实现自己的社会价值。为此，公司提供了丰富的培训和发展机会，帮助员工提升技能和知识，同时也鼓励员工参与社会公益活动，为社区作出贡献。

为了激发员工的社会责任意识，星巴克特意为员工推出了"星巴克志愿者计划"，鼓励员工参与志愿者服务活动。

同时，星巴克员工可以选择参与各种社会项目，如教育支持、环境保护、社区建设等，让员工通过自己的行动为社会带来积极的影响。这项活动大大地提高了员工的社会责任感。

此外，星巴克还关注员工的身心健康，提供健康保险、带薪休假、健身设施等福利，以此来帮助员工保持平衡的生活方式。

通过这些举措，星巴克为员工创造了一个积极的工作环境，鼓励他们不断学习、成长，并提供了实现个人和职业目标的机会。不仅帮助员工个人成长和发展，还激励他们为社会作出贡献，活出自己的社会价值。这种关注员工生命意义的企业文化，使得星巴克成为一个吸引人才和留住员工的理想工作场所。

由此可见，企业必须注重员工的个人成长和社会价值实现。每个企业都有其独特的方式来激励员工寻找生命的意义，并通过工作为社会作出积极的贡献。

优秀的领导团队必须以四代、五代为核心，并辅之以一代、二代和三代，这样才能解决企业团队建设中遇到的各种各样的问题。

五代领导力重点强调的是企业与员工之间的关系是互利共赢的，领导者不仅要关注企业组织的目标，还要关注员工的成长和发展。员工只有在领导者的指导和支持下，才能不断地成长和发展。这是一种互相成就过程，员工在提高工作绩效和满意度的同时，企业也将获得更高的绩效和竞争力，实现可持续发展。

第二章

企业人才梯队的成长通道：
自我迭代

第一节　建立系统，让每个员工对结果负责

企业要想持续地发展就必须有迭代的能力，这样才能驱动产品不停地迭代升级，随着企业产品不断升级迭代，产品竞争力会进一步提升。而企业迭代更新的基础是领导者和员工自身都要成长，领导者的能力迭代更新了，自然会带动员工的迭代能力进一步提升，员工成长了，企业的业务、产品都将得到大幅提升——这是一个完整的迭代系统模式。

不管是领导者还是员工，迭代的核心在于迭代的模式，而迭代的模式中最重要的是责任的逻辑。那么，迭代的模式、迭代的逻辑是怎样的？我们通过一则寓言故事加以分析。

猎犬是动物王国的果园看园人，狮子负责果园的经营管理工作，虎大王是动物王国的首领。

有一天，虎大王要招待远道而来的贵宾，就派狮子到果园去采集杧果。狮子到果园问猎犬："请你告诉我，杧果在哪个位置？"猎犬很热情地告诉了狮子杧果所在的位置，狮子也很仔细地记下了。为安全起见，狮子还把画好的草图让猎犬确认过后才放心去采杧果。

过了一个小时，狮子两手空空地回来了。因为猎犬讲的位置与杧果的真实位置不符，导致狮子白跑一趟。狮子生气地走到猎犬面前质问道："你对工作太不认真了，你怎么记错了地方，耽误大王招待贵宾，你能负得起这个责任吗？"

猎犬认为自己没有责任，他反驳狮子："大王是让你找杧果，你找不到杧果，这是你自己的责任！"

在这个案例中，虎大王、狮子、猎犬分别代表企业的高层、中层和基层。当高层的虎大王向中层的狮子指派任务时，狮子会找到基层的员工猎犬

一起完成这项工作。现在工作中出了问题，那么，到底谁该为找不到杧果负责任？是虎大王？还是狮子？抑或猎犬？或者是他们各自都应该负责任？各自应该负多少责任？

对于这个问题，不同的人会给出不同的答案，因为每个人会根据自己的理解回答这个问题，所以给出的答案自然也有很多。下面我们来选择几个比较典型的答案加以分析，如表2-1所示。

表2-1　六个典型的答案

	虎大王	狮子	猎犬
负责任比重	100%责任 虎大王作为企业的高层领导者，是这个项目的决策者，要对结果负全责	100%责任 狮子作为企业的中层管理者，是这个项目的经营者，要对结果负全责	100%责任 猎犬作为企业的基层员工，是这个项目的执行者，要对结果负全责
	70%责任 虎大王作为企业的最高领导者，也是终极责任者，应该负70%的责任	30%责任 狮子负30%的管理或者间接的责任	不负责任 猎犬只是基层的执行者，不需要负责任
	10%责任 虎大王离具体工作太远，只需要负10%的责任	60%责任 狮子是对接上级和下级的管理层，他要负管理的责任，即狮子要负60%的责任	30%责任 猎犬只是执行层，需要负30%的责任
	10%责任 虎大王离具体工作太远，只需要负10%的责任	30%责任 狮子负30%的管理或者间接的责任	60%责任 猎犬作为看管果园的人，他做的是具体的工作，应该担负起主要责任，即猎犬负60%的责任
	不负责任 虎大王把工作内容具体地讲给相关经办人狮子后，大王的责任就完成了，大王不需要负责任	70%责任 狮子作为接受指令的直接责任人要负主要责任，即狮子负70%的责任	30%责任 猎犬是指令的执行者，要负30%的责任
	60%责任 虎大王作为高层要负更多的责任，即虎大王要负60%的责任	30%责任 狮子作为中层，要负30%的责任	10%责任 基层的猎犬只需要负10%的责任

那么，高层、中层和基层应分别负多少责任？从迭代的角度来讲，无论他们负多少责任，都不是真正的负责任。因为真正负责任的核心逻辑是"不管你在哪个岗位，都要为结果负起责任；不管别人负不负责任，我都要负责任"。只有让"企业每个人为结果负责任"，才是迭代的逻辑。所以，真正的负责任和岗位、职位无关，只和你迭代的决定有关系，如图2-1所示。

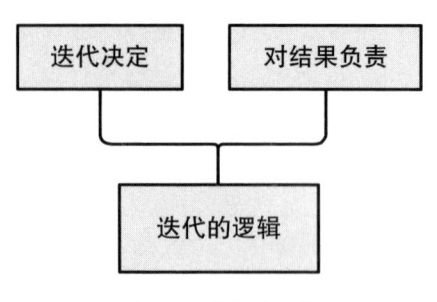

图2-1 迭代的逻辑

在任何企业中，不管是招聘系统出现问题，还是人才培养方案出现问题，抑或业务流程管理存在问题等，无论企业流程中哪个环节出现问题，都是系统出现了问题。企业一旦把人凌驾于系统之上，就会出现我们上面讲的那种情况，只要出了问题，就会盯着人，事后问责一堆人。但如果不做好系统问题，这种问题就会屡次出现。而迭代的人焦点永远是放在重建系统，他们通过重建系统从根本上解决问题。所以，企业一定要盯着系统。

我们之前合作的一个装修公司，他们公司的工程师因为工作失误，损失了一个50万元的项目。这个项目的前期工作一直进展得很顺利，结果等工程师去做收尾工作时，却因为一时疏忽大意，把客户定制的高档家具的尺寸多做了几厘米。

原来，负责到客户家量尺寸的员工提供的是标准尺寸，材质、款式也都没有错。交到工程师手里的资料也很详细，工程师是严格按照交上来的标准尺寸做的。但客户定制的所有家具是要嵌进墙里去的，这就需要做这些家具时要缩小几厘米。因为工程师没有到现场，就按照交上来的尺寸标准做好了家具，结果全部不能用。

我问老板："你们有审核机制吗？"

他说："没有。"

我又问："这样的事情以前发生过没有？以前为什么没有这么损失严重？"

他回答："发生过，但损失很小。这个工程师的工作一直做得很好，连小错误都没有犯过。"

我告诉他，这就是系统的问题。如果公司有严格的审核机制，只要是新产品，都会在事先进行审核，包括对产品的现场勘查，只要发现哪里出错了，系统马上会提示，引起大家注意后，企业就会重新对测量的尺寸数字和现场进行核查。这样不等工程师做家具前就把问题解决了。

在他们这个项目中，如果追究人的责任，应该是都没有错误，大家各司其职。可为什么造成了这样的结果呢？

原因在于系统出错。系统解决问题的能力更精确，远超于人。企业迭代的作用在于构建完备的系统，以往是出了问题才追究人的责任，现在是工作尚未开展，系统出现问题就解决系统的问题。只要遇到问题，就从系统层面解决。

以前面我们提到的狮子采集杧果为例，如果企业拥有完善的审核系统，那么在狮子前往果园采集杧果之前，系统就会查出猎犬提供的信息错误，狮子和猎犬便会寻找正确的杧果所在地。只有解决系统问题，员工才会对结果负责。

创立于1995年的胖东来商贸集团，截至2024年已发展近30年，因其卓越的客户服务和员工福利而备受关注。

在电商的冲击下，许多实体店的生意每况愈下。然而，"胖东来天使城店"却因顾客盈门而实行限流，由于生意过于火爆，每周二还会关门让员工休息，以免员工过劳影响健康。

胖东来商贸集团从一家40平方米的烟酒小店，发展成为今天涵盖百货、电器和超市等多个领域的大型连锁零售企业，现有员工7000余名，2024年预计总销售额突破150亿元。

胖东来商贸集团自开业以来，在经营管理层面着重强化人力资源管理，加大高技术人才引进力度，提升员工的综合素质，增强企业的凝聚力。在经营理念上，坚持创新驱动，打造独具特色的品牌零售企业，并计划在2025年将自有品牌销售额提升至总销售额的 20%。

经过多年发展,胖东来商贸集团明确了企业使命:打造中国的"良心企业",成为中国"零售业最好的店",旨在为更多顾客提供优质的产品和服务,为企业员工和股东创造更大的价值。

在社会责任层面,胖东来商贸集团更是积极主动地承担社会责任,进一步提升企业的知名度和社会责任感,实现持续发展和壮大。

"商超顶流"胖东来是如何成为商界传奇的?答案就是在企业建立完整的系统。胖东来以"负责任"的经营理念,成功地建立了一个让每个员工都对结果负责任的系统。这种责任文化提高了员工的积极性、创新性和工作效率,也推动了企业的持续发展。

胖东来商贸集团以"负责任"经营理念围绕着"对顾客负责,对社会负责,对员工负责"制定了一系列措施,如图 2-2 所示。这些举措在提高企业效益的同时,也激励和促进了员工的成长。

明确责任分配 ▶ 培训和发展 ▶ 激励机制 ▶ 沟通和反馈 ▶ 企业文化

图2-2 胖东来以"负责任"的经营理念制定的措施

1. 明确责任分配

胖东来通过制定详细的岗位职责和工作流程,确保每个员工清楚自己的工作内容和责任。每个员工都知道自己在公司运营中的角色,以及他们的工作如何影响公司的整体绩效。

2. 培训和发展

胖东来为员工提供广泛的培训机会,包括内部培训和外部培训课程。这些培训帮助员工提升技能,了解公司的价值观和文化,以及让员工学会如何更好地履行自己的职责。通过培训,员工更有信心和能力为结果负责。

3. 激励机制

胖东来设立了一套激励机制,包括绩效奖金、晋升机会和其他奖励。这些激励措施鼓励员工努力工作,提高绩效,并对自己的工作结果负责。

4. 沟通和反馈

胖东来建立了开放的沟通渠道，员工可以随时向上级反馈问题、提出建议。公司也定期进行员工满意度调查，以了解员工的需求和意见。这种沟通和反馈机制有助于员工更好地理解公司的期望，并对自己的工作表现负责。

5. 企业文化

胖东来强调以人为本的企业文化，注重员工的身心健康和工作生活平衡。公司提供良好的工作环境和福利待遇，让员工感受到公司对他们的关心和支持。这种企业文化有助于增强员工的归属感和责任感。

第二节　职责突破，领导层要完成三重迭代责任

从古至今，人才都是决定社会进步的关键因素。对于企业来说更是如此，未来企业之间的竞争就是对人才的竞争，领导者管理的关键就是要真正激发员工的创造力，把员工的创造力放到组织中来发挥，让员工与组织能够同频共振。

美国著名的管理学者彼得·圣吉在《第五项修炼》提出："未来真正出色的企业，将是能够设法使各阶层人员全心投入，并有能力不断学习的组织。"彼得·圣吉所说的"学习型组织"就是指员工通过自我迭代突破自我、超越自我。

牛顿说："我可以计算天体运行的轨道，却无法计算人性的疯狂。"面对复杂的人性，作为领导者，只有先认识人性，才能驾驭人性。知晓人性真相，再迭代人性认知，在这个层面上就能做好管理迭代。

在一个企业中，领导层是企业的顶层，决定了企业最终的发展格局。领导层要突破自己的职责，需要完成三重迭代责任，如图2-3所示。

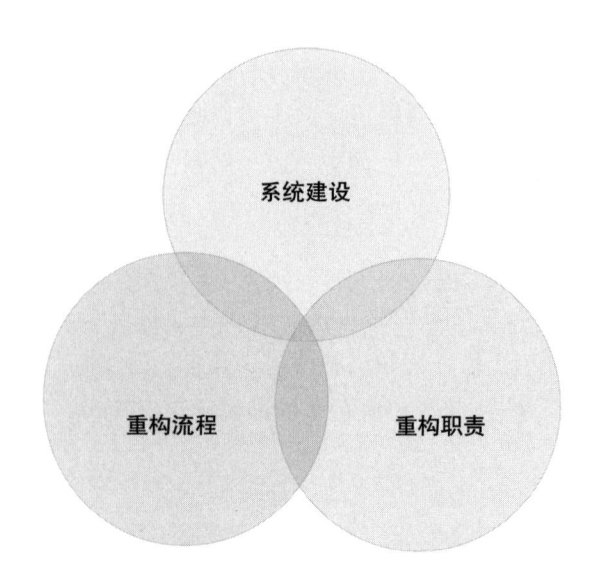

图2-3 企业领导层要完成的三重迭代责任

三重迭代责任是具有逻辑性的，就像人们上台阶一样，由低向高处逐渐上升。真正迭代的人开悟后会重塑自我，丢掉原来的自己，成为另一个全新的自己。

第一重迭代责任：系统建设

第一重迭代责任的人聚焦于系统建设，有点类似于电脑升级后的更新换代，先要进行系统建设。迭代的人认为没有结果并不是个人的问题，工作出现问题个人并没有对错，所有的问题都是由于系统不完善造成的。迭代的人，焦点不再是个人的工作，而是整个系统。因此，迭代的人面对出现的问题时，会直接重构系统；工作达不到预期的结果，就会重构系统。通过重构系统解决工作中出现的问题、确保工作要达到的结果。这个叫作第一重迭代责任，如图2-4所示。

```
┌─────────────────┐
│  第一重迭代责任画像  │
└─────────────────┘
```

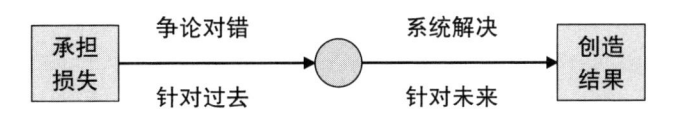

```
        争论对错        系统解决
┌────┐           ○           ┌────┐
│承担│ ─────────────────────→ │创造│
│损失│           ○           │结果│
└────┘  针对过去        针对未来 └────┘
```

个人责任（10%结果） 局部责任（30%结果） 系统责任（100%结果）

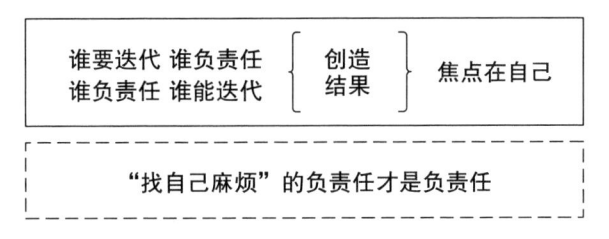

```
┌─────────────────────────────────┐
│ 谁要迭代 谁负责任 ┐ 创造  焦点在自己 │
│ 谁负责任 谁能迭代 ┘ 结果            │
└─────────────────────────────────┘
```

"找自己麻烦"的负责任才是负责任

图2-4　第一重迭代责任画像

在第一重迭代责任的人看来，工作中所有的问题与自己的岗位无关，只与建立的系统有关系，谁要迭代谁就去负起重建系统的责任。谁负起了重建系统的责任，谁就能迭代。正如古人所说，"行有不得者，皆反求诸己"。迭代领导的焦点永远都是放在自己身上，事情出现困难，就去找系统的问题；员工出现问题，是没有解决系统问题。

由此可见，工作中出现的所有问题都不是个人的问题，而是系统出现了问题。企业管理就是管人性，系统里要解决的也是"人性之恶"的问题，比如，某人在工作中不愿意担负责任、自私、推诿等，要解决这一系列的问题，单纯靠管理是无法解决的，但系统都能够解决，这样的系统才是迭代的人要建立的系统。

第二重迭代责任：重构流程

我们做任何事情都分为前期、中期、后期，迭代的责任是要在前期、中期和后期全部负起责任。但是在实际工作中，很多人由于岗位职责的局限性，只会负局部的责任。有的人负责前期找资源、做规划；有了资源，做好规划，再交给中期的人去负责落地实施，把细节做好；后期的人复核、审查后再去交付。这种在工作之中可能只会负责其中一环的工作模式，是大部分人的工作状态。任何一个环节出了问题，其结果都是不能确保达成的。

而迭代的领导不会局限于岗位职责，他考虑的是整个工作流程中的前期、中期和后期，也就是说，迭代的领导是负责工作的全流程，如图2-5所示。

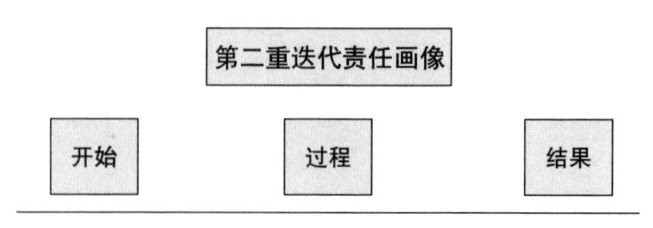

```
           第二重迭代责任画像

     开始            过程            结果

  个人责任（10%结果）  局部责任（30%结果）  系统责任（100%结果）

  (1) 担负开始责任：规划后指派别人，授权别人
  (2) 担负过程责任：条件要求+自己流程管控
  (3) 担负结果责任：全流程+跨岗位+大系统

  所有的问题都不是个人问题，都是系统问题
  解决"人性之恶"问题的系统才是真正负责任的系统
```

图2-5 第二重迭代责任画像

很多人可能会有疑问："领导也只是负责一个岗位，或者一个环节，那他怎么做到全流程负责任？"很简单，就是迭代的领导会主动介入其他的部分，主动去沟通，主动去磨合，直到全流程能够顺畅起来，用有效的过程管理来保证结果的达成。

这个有效的过程是迭代的领导自己做流程，通过一系列的限制和要求，克服"人性之恶"的系统。迭代的领导通过重构流程，对全流程进行管控。通俗地讲，他们是跨岗位、跨部门、跨企业去负责任，以确保全流程管控。所以，在第二重迭代责任里，一言以蔽之，即他们永远都是在自己身上下功夫，寻找自己的问题，而不会去"跨部门"找其他人的麻烦，相反是协助其他部门的人把流程做好，把问题解决。通过重构系统负起全流程的责任，就是第二重迭代的责任。

第三重迭代责任：重构职责

除了自己的本职工作之外，企业每个领导者还有上级的工作、下级的工作、平级的工作。在工作之中会发现这样一个现象，就是职责与职责之间会出现很多灰色地带。所谓灰色地带，就是职权鉴定不清晰、规则制定不清晰的职责，或者规则没有制定的职责，或者这个规则制定了却没有好结果的职责。那迭代的人是怎样的呢？

迭代的领导第一个核心逻辑是责任扩展，即只要是跟自己相关的事情，没有结果的地方，他就会主动去承担这份灰色地带的责任，这个叫作小成长，就是小的迭代，小成长是承担其责任扩展的责任。

除了小迭代的小成长以外，还有大成长大迭代，即职责突破。

真正迭代的人是从本职工作延伸至平级的工作和职责，再延伸到上级的岗位职责，延伸到下级的岗位职责，这个叫作三重迭代责任。三重迭代责任是由责任扩展到职责突破，只有这样做，人们才能做到扩大责任范围、提升工作能力，从而让自己在工作中拿到相应的结果。这就是我们说的第三重迭代责任。

对于这三重迭代责任，我们来做一个总结：第一重迭代责任的核心逻辑是系统建设，迭代的人是要重构系统的责任；第二重迭代责任是重构流程的责任；第三重迭代责任是重构职责的责任。所以，迭代的人的焦点不再是去争论对错，也不再是去争论好坏，他只在重构系统、重构流程和重构职责三个方面下功夫，如图2-6所示。

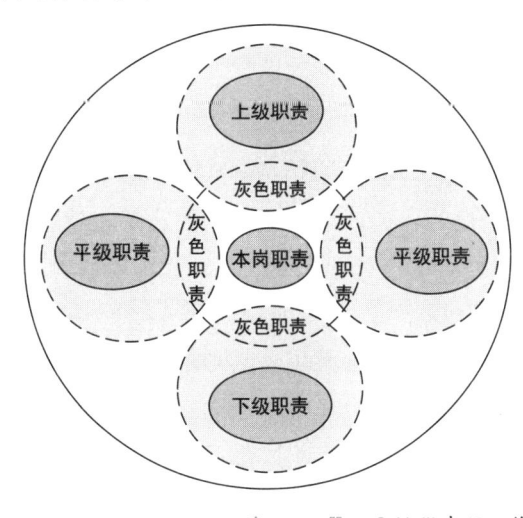

图2-6　第三重迭代责任画像

迭代的领导只要是基于三重迭代责任逻辑持续不断迭代，他的职位会跟随能力一起提升，就会由一线组长迭代为基层主管，基层主管迭代为部门总监，部门总监迭代为副总经理，副总经理迭代为总经理，总经理迭代为董事长，如图2-7所示。

完成三重迭代责任的人的职位变化：
- 一线组长迭代为基层主管
- 基层主管迭代为部门总监
- 部门总监迭代为副总经理
- 副总经理迭代为总经理
- 总经理迭代为董事长

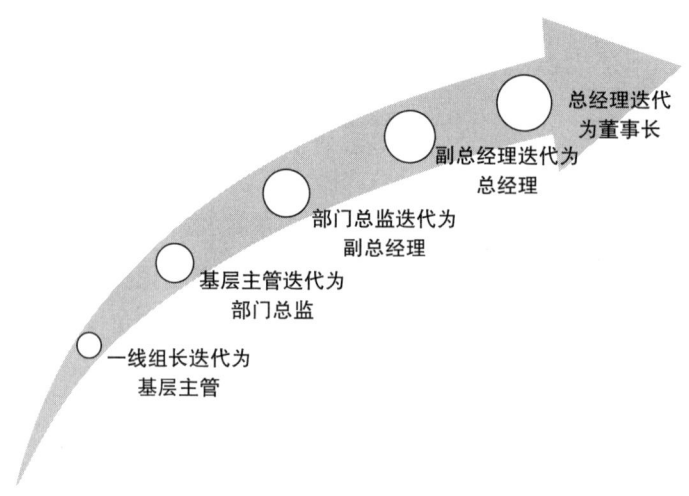

图2-7　完成三重迭代责任的人的职位变化

持续迭代者在迭代的人群中只占20%，80%的迭代者是部分迭代，他们迭代到某一个阶段就会停滞不前，或者没有了迭代的意愿和动力，或者缺乏"贵人"指点。

职场江湖终归是实力的竞技场，对每个人只认结果，不认迭代。个人如此，企业也是如此。在一个企业中，有多少人迭代，直接决定企业的发展速度，如果团队里的人从10%的人迭代扩展到30%的人迭代，那企业迭代的速度就将提升3倍，这30%的员工的能力成长也将倍增，企业的速度也会提升。所以，企业发展的关键就是要抓迭代，抓成长的团队，让它的数量增加，质量提高，这就是企业的发展。

那么，谁来主抓企业迭代的工作？

这个工作必须由董事长来主抓，因为迭代是改变生命，改变系统运作，改变人的思维结构，这不是人力资源部门能够做到的。人力资源部门既没有这个权限，也没有这个能力。所以，董事长是迭代的第一责任者。

迭代分为先决定后成为和先成为后决定，如图2-8所示。

先决定后成为 ➡ 先成为后决定

图2-8　迭代分为先决定后成为和先成为后决定

1. 先决定后成为

先决定后成为，就是"我现在什么能力都没有，但是我决定先锁定要迭代的目标，有了目标，我才有动力突破自己、不断提高工作能力"。

2. 先成为后决定

先成为后决定，就是自己一边工作一边学习成长，成长了再决定要上位。这样的迭代方式远没有"先决定后成为"提升得快。

迭代是一件非常难以突破的事情，它的解决方法就是"先决定后成为"，只有决定先突破自己，才能有更多的资源、方法、策略汇聚到你身上。如果你是慢慢地积累，积累之后再成为，那么有很多问题在短时间内将难以解决。

成长需要解决很多问题，并同时突破。如果人们只是今天成长一点，明天成长一点，想突破自己是很困难的。所以，人们要先做一个决定，决定自己要先成为更高层面的人，甚至成为连续迭代者。只有决定了之后，天地才会为你开启一扇大门，资源才会向你汇集，你才会真正地踏上迭代之路。

总之，迭代就是谁要迭代谁负责任，谁迭代谁就能受益，谁迭代谁就懂得建立系统。在企业里，领导者提拔的自然也是能为企业解决系统的人。

《管理圣经》中有一句名言："企业和企业之间的差距就是人的差距。"谁拥有优秀的人才，谁就能在商场上自由驰骋，因此掌握关键人才成为企业竞争的利器，而关键人才也是企业竞相争夺的对象。迭代的领导也会因为其出色的能力，成为优秀企业争夺的精英领导者。

第三节　解决困惑，迭代的员工必须突破卡点

在人们的生活和工作中，总会遇到很多烦心事。这些烦心事令人们烦躁不安，因此导致人们对给人们制造烦恼的人有所抱怨和憎恨。这些人都是跟人们的生活息息相关的人，包括工作中的上级、同事，以及身边的朋友、父母、爱人、孩子等。

当所有的抱怨和憎恨成为人们能力的边界时，也就上升为无法突破的天花板。如果不解决这些问题，人们的生活和事业都将卡在这里止步不前。只有不断迭代，超越自我，才能突破这些卡点。在你的生命中，你能"服务"多少人，有多少人愿意围着你转，你人生的吸引力就有多大。

那么，什么是卡点呢？

通俗地讲，卡点就是人生重要的转折点。也就是说，只有攻克出现在人们前行路上的难关，摆脱出现在人们前行路上的困境才能继续前行。一个人要想获得事业的成功，必须突破这些卡点。

真正的迭代核心就是要让自己的认知能力上升一个层面，就好比你站在高处俯瞰低处的景色，因为站得高，自然就能够把低处的景色尽收眼底。迭代就是这个道理，在你上升到一个层面的过程中，会遇到各种各样的困难，只有克服这些困难，你才能上升一个层面。上升的层面越高，克服的困难越多，就越能够融会贯通。这样的迭代难度非常之大，所以人们要想办法突破自己面临的"卡点"。

踏上迭代之旅前，人们先要突破当下面临的难题，通过解决这些难题找到它的原因和逻辑。只有找到它的原因，以及它解决问题的逻辑、解决问题的方法，才会真正有所突破。

有一次在辅导课上，有三位想要迭代的学员写下了他们目前需要解决的难题。一位做部门总监的学员写了八个难题，如图2-9所示。

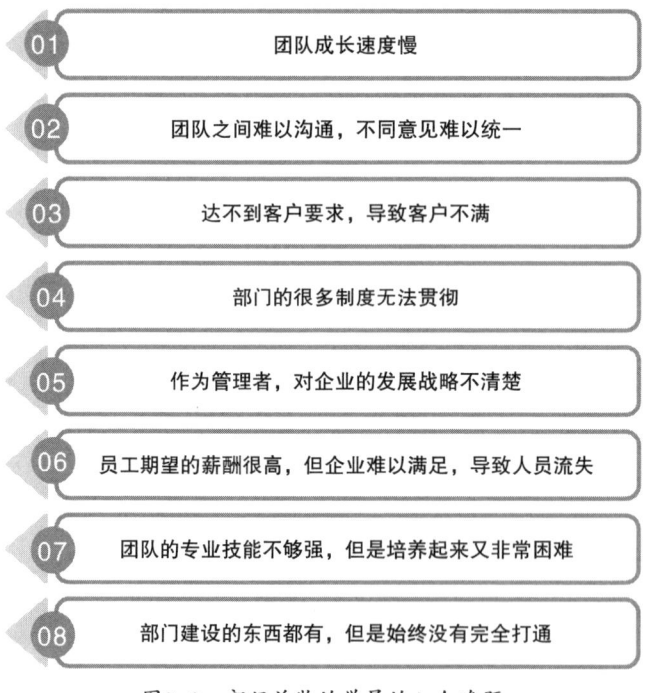

01 团队成长速度慢

02 团队之间难以沟通，不同意见难以统一

03 达不到客户要求，导致客户不满

04 部门的很多制度无法贯彻

05 作为管理者，对企业的发展战略不清楚

06 员工期望的薪酬很高，但企业难以满足，导致人员流失

07 团队的专业技能不够强，但是培养起来又非常困难

08 部门建设的东西都有，但是始终没有完全打通

图2-9 部门总监的学员的八个难题

第二章 ▎企业人才梯队的成长通道：自我迭代

一位企业董事长学员写下了他的七个困惑，如图2-10所示。

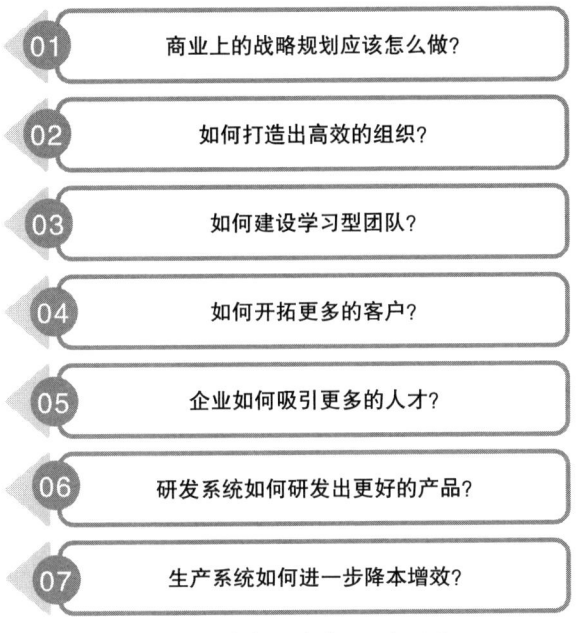

01 商业上的战略规划应该怎么做？

02 如何打造出高效的组织？

03 如何建设学习型团队？

04 如何开拓更多的客户？

05 企业如何吸引更多的人才？

06 研发系统如何研发出更好的产品？

07 生产系统如何进一步降本增效？

图2-10 董事长学员的七个困惑

第三位学员写下了他家庭中存在的六个问题，如图2-11所示。

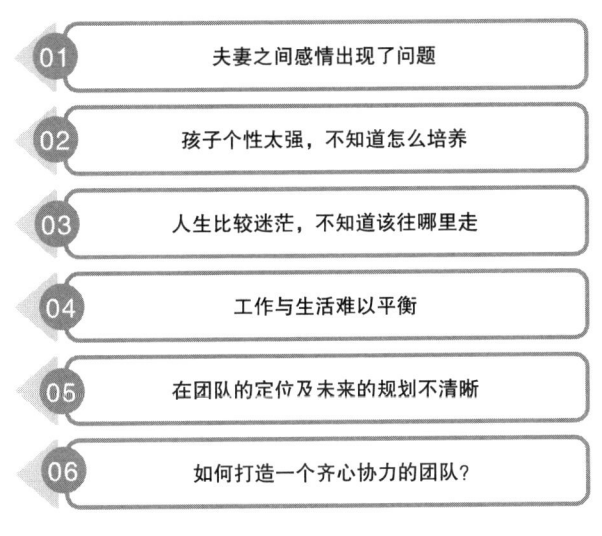

01 夫妻之间感情出现了问题

02 孩子个性太强，不知道怎么培养

03 人生比较迷茫，不知道该往哪里走

04 工作与生活难以平衡

05 在团队的定位及未来的规划不清晰

06 如何打造一个齐心协力的团队？

图2-11 第三位学员的六个问题

三位学员要迭代，需要先解决他们目前存在的问题。迭代的作用就是解决以前无法解决的问题和困惑，就是人们常说的生活和工作中的卡点，这才

041

是真正的迭代。所以，迭代的突破是轻松自若地解决现在无法解决的问题。

当人们把遇到的这些卡点突破了，人们的生命就上到了一个新层次。就像前面讲的那样，人们想看到山谷的风景，就要登上山顶。在登山的过程中，人们需要先解决登山的一些阻力，既要确保登山的装备，也要有顽强的毅力，解决了这些问题和困难，人们才能一步一步登临山顶。员工迭代也是同样的道理，只有把当下的困难和阻碍全部解决，才能更新自己的能力，得到成长。

小张成为经理的第一天，他坐在办公桌前，脸上没有丝毫的喜悦。

"经理能做什么？经理应该做什么？"

从一周前知道自己获得晋升，他就开始思考这几个问题，只是到现在也没有头绪，这让一向以目标为导向、以结果为导向的他有些困惑。

作为销售部的新经理，小张手下的三名员工都是他的老同事：小刘负责市场销售工作，年轻的小苏负责客户服务，小杨则负责技术支持和项目。成为老同事的领导，小张很珍惜大家的战友情谊，带着"和团队挣大钱"的一腔热血。

这次晋升其实并非偶然，小张前期的努力工作，公司领导都看在眼里。在年底的表彰大会上，公司副总对他提出期望："相信你在新的一年能带着团队实现公司的新目标，我等你的好消息！"想到这里，小张深吸一口气打开电脑，开始安排他这几天的工作。

小张先是为部门制定了一周的工作目标，根据三个下属的实际情况定了任务和奖励机制。同时，他又分析了三个下属工作中容易遇到的问题，并给出了解决方案。这样只要下属遇到问题，他都能随时给予帮助。接着，他又给自己制订了工作计划，这周必须完成的事项。除此之外，他结合三个下属自身的优点和缺点，准备在四人聚会交流时，以轻松的聊天方式互相学习和切磋。

如果员工升任主管没有迭代，他就不知道如何开始自己的工作，因为以他现有的生命层次，还停留在做员工时的有限认知里，他不能理解下属想什么，也不知道怎样为下属分配任务，下属遇到了问题找他时，因为他的水平跟下属一样在同一个层面，他自然也不知道怎么解决。他没有时间管理的观念，时间总是不够用；不懂规划，他没有办法实现团队的目标。他下达的指令下属听不明白，因为不能协调团队的工作，下属没有很强的成长欲望，更没有担责任的欲望。下属对他是当面一套背后一套。老员工偷懒，新员工能力又不足，团队很难形成和谐的氛围。

以上这种情况，也适用于企业的高层领导、老板等，如果他们不突破自身的卡点，同样对工作中出现的各种复杂事情束手无策。要解决上面这些问题，需要在以下几个关键方面突破自身的卡点。

1. 提升专业素养

不断深化专业知识，时刻关注行业前沿动态，精准掌握最新技术与方法，是解决卡点的基础。通过持续的实践操作、深刻反思以及系统总结，对工作流程与方法加以优化，进而提高工作效率与质量。与此同时，积极投身于行业内的交流活动和项目实践，能够有效拓宽专业视野，为积累丰富经验创造条件。

2. 培养创新思维

突破传统思维的禁锢，勇敢地探索新的理念与方法至关重要。要鼓励自己跳出思维定式，提出独到的见解与创新性的解决方案，培养敏锐的市场洞察力与前瞻性思维，从而更好地适应瞬息万变的市场需求与行业发展趋势，为突破卡点提供动力源泉。

3. 构建良好人际关系

在日常工作中，注重与同事、上级以及客户之间的沟通交流，构建良好的人际关系网络。学会用心倾听他人的意见与建议，充分尊重团队成员的个性与差异，全力提高团队协作的效率与效果。积极参与团队活动与项目合作，不断增强团队的凝聚力与向心力，携手为实现团队目标拼搏奋进，以此为突破卡点营造和谐氛围。

4. 强化自我管理与时间管理

学会科学合理地规划工作与生活，制定清晰、科学的工作计划与目标，实现时间与精力的高效分配，提升工作的专注度与执行力。注重日常生活中的自我激励与自我约束，持续提高自律能力与增强责任感，确保各项工作任务能够按时且高质量地完成，为突破卡点奠定坚实基础。

5.做好心态调整与情绪管理

培养积极向上的心态，树立正确的工作态度与价值观。面对工作中的挫折与困难，始终保持乐观、坚韧的精神品质，不轻言放弃。在生活中，学会有效管理个人情绪，加强与家人和朋友的交流沟通，防止因情绪波动影响人际关系。良好的心态是工作效率与质量的有力保障，平时可通过运动、旅行、向朋友倾诉等合理方式释放压力，维持稳定的情绪与良好的心理状态，为突破卡点提供精神支持。

第四节　心道法相，人才迭代的"三重境界"

孔子说，尽人事，听天命。就是告诉人们，尽职尽责尽力地做好自己分内的事情，至于结果，就顺其自然。这里的"天命"是指自然规律。由于自然界千变万化，可变的因素实在太多，是个人无法掌控的。既然结果无法预测，那么就把属于自己职责内的事情做好即可。

从这个意义上来讲，迭代不只是学习，也不是一味地灌输知识，更不是单纯地学习理论，而是思维的迭代，就是在平时做事情的实践中解决问题。也就是说，迭代要解决的是上一个层面所有的难题。

解决问题，就必须付诸实际行动，踏踏实实地去做重要的事情，而不是和人争论解决问题的对错。就好比有很多学习者，在学习儒、释、道三大文化时很喜欢在道理上争论对错，以为明白了道理，事情就自然解决了，这叫本末倒置。就算你在道理上赢了，但如果你不按照儒、释、道三大文化所讲的去实践，知道再多的道理也只是纸上谈兵。

所以，迭代要在"事"上修，而不是在"理"上修。所谓"事"上修，就是要在具体工作中实实在在地去做事。既然做事，自然要与人打交道，世界上最难琢磨的就是人心，正如心理学家阿德勒曾说："成熟并不是看懂事情，而是理解人性。"

如果脱离问题的实际，只做理论研究，就像学院派的教授知识多、理论多，把商学的那套规则讲得很明白、透彻，但是如果让他到企业去做管理、做实事，他有可能就无法领悟到管理的精髓。这就需要在"心道法相"上下功夫，如图2-12所示。

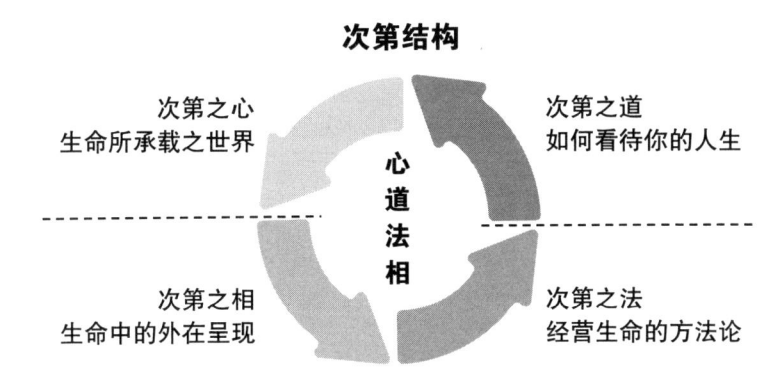

次第结构

次第之心
生命所承载之世界

次第之道
如何看待你的人生

心道法相

次第之相
生命中的外在呈现

次第之法
经营生命的方法论

图2-12　次第结构

心道法相这四个方面就是在"事"上修，是把管理落在具体的事情上，包括个人要做的事、团队要做的事、企业要做的事等所有的事都要解决。这才是真正的成长！

心

心是指内在世界。决定一个人胸怀和格局的就是心，格局和胸怀是由心来决定的。卡尔·荣格曾说："我们的外部境遇是内心世界的向外投射。"外部世界可以影射内心，也可以从内心影射外部世界，就叫作心有多大，世界就有多大。一个人的层次有多高，要看有多少人在他的世界里，有多少人成为他能影响的人，他能关照多少人。内心是相的显现，他内在的世界有多大，从他的相上就能看得到。

看一个人从心上看，他的内在世界和外在世界是否一致。比如，有的人心里只装着自己，他的世界再容不下其他人，其他人跟他没有任何关系。他的世界只有自己，他只能处理好个人的事情。一旦有人尝试介入他的生活，他就会想尽一切办法逃离。

道

道是指一个人对生命的理解，世间万物发展的核心原理叫作道。道是生命的底层逻辑，万物都有底层逻辑。商业有商业的逻辑，人生有人生的逻辑，自私的人有自私的一套逻辑，舍得有舍得的逻辑。心的边界就是道，是一个人的理念，是他在这个世界立足的支撑点。

法

法是指生存法则，包括世间的规则、为人处世的方法和规则。法就是方法论，具体该怎么做事。比如，团队中有人不主动沟通，你教给他技巧。我们要想做出改变，就必须在方法论上去改。

相

相是万物显现出来的行为状况。相是具体的工具、流程。一个人与外界相处的行为方式和状态，就是他显现出来的相。相也是一个人显现出来的思想、行为和感情等外在的表现。相是心的显现，通过观察一个人的"相"来猜测他的心。孔子说："视其所以，观其所由，察其所安。"一个人是否擅长与人打交道，或者听不懂别人的话，从相上都可以看出来。

相是可以借到的工具。在这个上面是解决不了问题的，因为他不会认为是自己的原因。你教他，他也不会用。比如，我们搞不定客户，就会认为客户太刁蛮，要求太高。只好在产品质量、服务态度、交货日期等方面提升。但客户仍然不配合，这个时候我们会觉得，运用任何方法都无济于事，以为这不是自己的问题和责任，是客户的问题，是客户阻碍了我们成长。这就是太多的理由阻碍了自己的发展，其实根源还是在于自己，只有打开你的心的同时也把理念打破，拥有正确的理念，才会有助于我们的成长。

心道法相能帮助我们看清一个人，既可以从心上面去看，也可以从他的道上面去看。他生命的底层逻辑就是他在世间的规则，他用的方法和规则就是显现出来的相。我们可以从他显现的相看到他的内心世界。

王雷的同事张禄性格内向，不爱说话，喜欢独处。工作上的事情，张禄也总是消极应付，他给出的理由是：听不懂同事说的是什么。同事的反馈是：听不懂张禄在说什么。久而久之，大家就开始冷落张禄。

有一次，王雷帮助张禄解决了工作上的一些问题，张禄连声"谢谢"都没有。不过，从那以后，只要王雷主动找他说话，张禄就会给予积极配合，只是他还是很少说话，更多的时候是在听王雷说话。

张禄"听不懂别人说的话，别人也听不懂他的话"，从这个"相"上面就能看出他生命的层次低，他心里装不下第二个人。为什么他能接受王雷呢？是因为王雷主动找他进行沟通。

一个人不打开心门是不主动沟通造成的，没有沟通，彼此之间的信息是闭塞的，就会用自己的猜测误会对方，误会多了就开始讨厌对方，这是一个人的边界。

边界有时候是有一个清晰的理念的，比如：有一个人给你压力，你不喜欢别人给你压力，喜欢轻松。就是在你的心里面，你很喜欢让你轻松的人，遇到这样的人，你就会顺着对方走。对你提出高要求的人，你就无法接受，因而也就无法跟上高要求人的节奏。你所有心的理念，就是你心的显现。

理念是一个人生命的限制，也是他拒绝打开心门的借口。在别人看来很可笑，大家认为是你找的推卸责任的理由。所以，理念也是一个人生命的借口。

其实，你心里装着对方，就会在意对方。为什么装着对方？是因为对方主动和你沟通。为什么你心里装着他？是因为你成长了。喜欢一个人或讨厌一个人没有对错，都是自己的内心呈现的假象，你的心有多大，你的理念就有多大。所以不要再去讨论理念，更多的是解决与人沟通的问题，突破自己的人生边界。

我们经常说相由心生，就是这个道理。法和相通过学习可以改变，心和道需要自己开悟，开悟是明白事理，即智慧，一个人"心"的格局打开，他的智慧也会上升。大多数企业改变员工一般是用方法，就是教员工如何去沟通，如沟通管理、营销策略等。但是如果员工不"开悟"，格局就打不开，他是很难迭代的。

一个人的心打开了，他会重新定义对生命的理解，他对底层生命的选择就不一样了，他为人处世的方法都是要从心上打开。

小苏是部门主管，他心里只有本部门的6个人。他的心打开后，他生命的逻辑会发生改变，他就会容下更多的人和事。这时他会主动把承担工作的范围扩大，他会主动跟其他部门的人沟通，当其他部门的人遇到问题后，他会积极地帮着协调。

同时，他还会思考企业未来的发展，寻找突破企业现有困境的方法，帮助企业开拓市场，为了给企业创造更高的销量，获得更高的利润而献计出力。如果他的心没有打开，他就不会花精力为企业开拓市场。

打开自己的心来容下更多的人、更多的生命，容下更多的事，这叫作心。打开了之后再去研究，容下这么多的生命该怎么做？如何去经营生命？你会重新定义自己的选择，这种研究会让你产生一种责任感。当你愿意为更多的人负责时，你就开启了智慧，你的生命就上升了一个维度，这就是"心"不一样，它的底层逻辑的"道"也不一样。"我要赋能别人"就是生命的选择，有这种理念的人在人生中会通过自己的智慧持续地为别人赋能。

已故的企业家宗庆后是娃哈哈集团的创始人，他在中国饮料行业有着广泛的影响力，宗庆后在商业上取得巨大成功的同时，还积极参与社会公益和慈善事业。他正直的品格和务实的经营理念赢得了社会各界的尊敬和赞誉，特别是他对待员工的态度：不会开除员工，尤其是45岁的员工。

相比一些企业裁掉35岁以上的员工，宗庆后更主张给予人到中年的员工更多的机会和发展空间，他这种做法被认为是宗庆后关心员工福祉、注重企业社会责任的表现。他认为，企业应该为员工创造稳定的工作环境和职业发展机会，而不是仅仅追求短期的经济利益。

宗庆后的用人观点，一方面体现了他作为企业家的社会责任感和人文关怀，另一方面则是因为他生命层次上升到了很高的维度，才让他格局大，境界高。所以，老板要学会不断地迭代升级。生命迭代的人的生命中没有理念，只有结果。打破自己的理念，你才会上一个层次。无论是对待生活还是工作，不要强调理念，要看结果。只有迭代，才有翻番的结果，再上升就是10倍的结果，再上升就是30倍的结果，再上升就是100倍的结果。你有没有迭代要看结果而不是看理念，这叫作心道法相。心有多大，理念就有多大。

在一个企业中，领导者的境界决定着员工的未来和企业的发展，一般来说，企业领导者有三重境界，如图2-13所示。

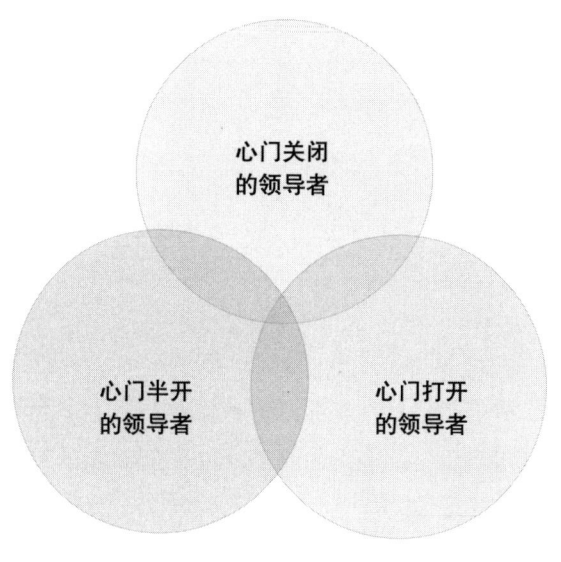

图2-13　企业领导者的三重境界

第一重境界：心门关闭的领导者

企业领导者的心门不打开，他心里就只想着赚钱给自己花，有了钱舍不得改善员工的福利，更不会考虑员工的未来发展，他会觉得目标客户的发展跟我无关。自然因为留不住人、客户流失导致企业难以发展，最后落得"财聚人散"，企业面临倒闭或破产。

第二重境界：心门半开的领导者

有的企业领导想着赚钱，但他赚钱是为了给更多的人分钱，让追随他的人受益。他们想的是"种善因结善果"，他在工作中会不断地赋能客户、带动客户一起发展，给客户"恩情"在他们看来是举手之劳。

第三重境界：心门打开的领导者

心门打开是一个人改变的开端，他眼前的世界会变得无限开阔。这是有着崇高品德的企业领导，他辛苦创业不是为了赚钱自己花，而是为了让跟着他的人命运发生改变，为整个社会作贡献。他不但会帮助追随他的人做人生规划，还会为普罗大众谋幸福。他会描绘社会环境未来发展的蓝图，这是领导者对生命的选择。

第三章

企业人才梯队的九层画像：责任胜任力模型

第一节　真担责与假担责：责任胜任力模型

在当今高度信息化的社会背景下，数字化转型已经成为企业生存和发展的关键因素。它不仅可以提升企业的竞争力，对企业发展也起着至关重要的作用。数字化转型是一项复杂的任务，需要有一支高素质的数字化人才梯队来支持和推动。通过人才梯队建设，企业可以系统地培养和储备各类人才，能保证每个关键岗位做到及时补充和接替。

人才梯队建设系统由外部人才建设链与内部人才建设链构成，如图3-1所示。

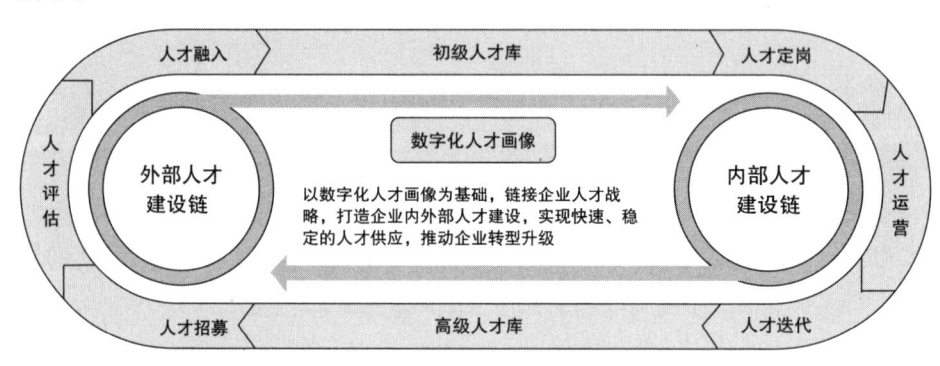

图3-1　企业的人才梯队建设系统

1. 外部人才建设链

外部人才建设链是由人才招募、人才评估、人才融入三个环节构成的，形成初级人才库。

2. 内部人才建设链

内部人才建设链包括人才定岗、人才运营、人才迭代三个环节，最终形成高级人才库。

人才梯队建设这两大系统最困难之处在于人才的衡量标准。如果没有统一的人才衡量标准，人才梯队建设系统的六大环节就没有相应的尺度，无法做出精准的人才建设。

一般情况下，企业人才衡量的标准有三种类型，如图3-2所示。

第三章 ┃ 企业人才梯队的九层画像：责任胜任力模型

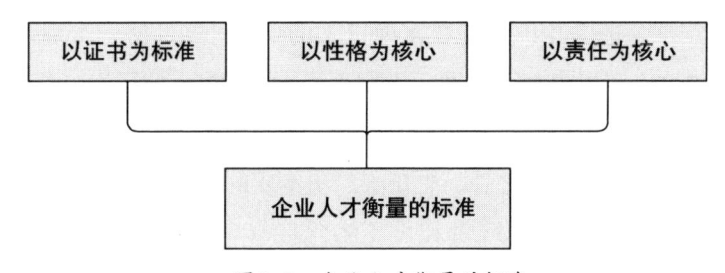

图3-2 企业人才衡量的标准

（1）第一种类型：以证书为标准

企业人才建设以证书为首要选人标准，证书是对员工能力的一种侧面的评估，这种评估存在的差异是非常大的。比如，两个人通过考试取得同样的资格证，但是他们两个人的实际水平却有着天壤之别。所以，以证书作为人才建设的一个参考条件是可以的，但是人才建设如果以证书作为衡量条件时就会出现很大的偏差。

（2）第二种类型：以性格为核心

企业常用的选人标准还有一种，就是以性格为核心。性格模型包括四型性格、九型性格和十六型性格。这些性格模型主要是根据一个人不同的性格特质，来分析他们适合在什么岗位。用性格选人，能帮助我们大概了解员工适合做什么工作，但是如果以此为判断员工能力的主要标准，就会出现很大的问题。

企业是按照不同岗位等级划分的，对人才的要求要给予综合的评估。而这些性格模型对岗位层级很难做到精准对应。

那么，我们怎样才能解决这个问题呢？如何才能精准地识别企业各层级的员工性格呢？

很简单，就是用数字化的方式评估人才，这是解决人才建设的重中之重，是关键之中的关键。用数字化的方式衡量人、判断人如同人们用尺子量体裁衣一样，能精确到米和厘米。

（3）第三种类型：以责任为核心

早在20世纪70年代早期，美国著名心理学家麦克利兰首次提出胜任力模型的概念，经过长期对胜任力模型的细化和深化应用，最终演化成"冰山素质模型"。"冰山素质模型"为人们提供了一种理解个体能力和素质的框架：冰山露出水面的部分——知识、技能，对工作行为直接产生影响；而根本上影响工作行为的是冰山隐藏在水面以下的部分——性格、智商、情商以及动机等。"冰山素质模型"有助于人们更深入地洞察人的行为和表现背后的因素，但是经过30多年一线的探索和实践，我发现从根本上影响工作行为的因素除了智商、情商、动机等之外，更核心、更本质的因素是人的责任胜任力。

责任胜任力是指企业管理者和员工实际能够承载的责任半径。这个半径，不仅衡量了一个人在企业中的位置和角色，更反映了他所具备的智慧和格局。一个人的责任半径越大，他实际能够承载的责任和愿景就越高，他的视野就越开阔，他的决策就越有远见。这样的个体，往往能够站在更高的角度审视问题，以更宽广的胸怀、以更坚定的步伐，接纳和迎接未来。

我们把人的责任半径大致划分为九个等级，每个等级代表他在企业发展过程中实际能够承载的责任和愿景的等级和范围，分别是个人型责任胜任力、追随型责任胜任力、部门型责任胜任力、经营型责任胜任力、平台型责任胜任力、产业型责任胜任力、行业型责任胜任力、社会型责任胜任力、全球型责任胜任力。

第一等级：个人型责任胜任力，是指他只关注个人的需求，为自己的行为负责，这是最基础的责任胜任力。

第二等级：追随型责任胜任力，是指他追随一位钦佩、欣赏甚至崇拜的领导，听从他的指示，坚定践行他的意志，积极贡献自己的力量。

第三等级：部门型责任胜任力，是指他的责任半径能够承载起管理一个部门的工作，具备协调和管理团队的能力，推动部门目标的实现。

第四等级：经营型责任胜任力，是指他的责任半径能够承载企业的日常经营管理工作，具备将战略执行落地的综合能力，确保企业的稳健发展。

第五等级：平台型责任胜任力，是指他的责任半径能够承载一个或多个平台的运营和管理，具备整合资源、创新业务的能力，推动平台的快速发展。

第六等级：产业型责任胜任力，是指他的责任半径能够承载一个产业的布局和发展，具备洞察行业趋势、制定产业战略的能力，推动产业的升级和转型。

第七等级：行业型责任胜任力，是指他的责任半径能够承载和影响整个行业的发展方向和竞争格局，具备引领行业变革、制定行业标准的能力。

第八等级：社会型责任胜任力，是指他的责任半径能够承载社会责任，关注社会福祉，通过企业行为推动社会的进步和发展。

第九等级：全球型责任胜任力，是指他的责任半径能够站在全球视野下思考企业和社会的发展问题，具备跨国经营、国际合作的能力，推动全球经济的繁荣和稳定。

责任胜任力有真担责和假担责，如图3-3所示。

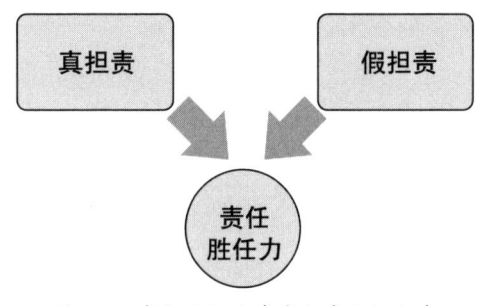

图3-3 责任胜任力有真担责和假担责

1. 真担责：活在真实世界的现实主义者

真担责的人言行是合一的，他想做的和能做的是一致的。他心中有现实感，对世事和人心有清晰的认知。他知道自己的长板和短板，在与人相处时，他会用对方能接受的方式来沟通。比如，本性真担责的人知道领导的缺点和优点，对领导的评价很客观。

2. 假担责：活在虚幻世界的理想主义者

假担责的人想的和能做的事是不一致的，他想做的、他以为能做的与他真正能做的之间存在巨大差异。他心中没有真相的概念，认为世界就是他想象中的样子。本性假担责的人对现实没有感觉，他是一个把现实世界理想化的人，在他心里，有一个理想的世界。假我的人对自己的判断也存在错误，他眼中的自己也是理想化的自己，在与外界相处时，对别人也是理想化的要求。他有自己的一套为人处世的逻辑，但却是与现实脱节的。比如，他会把公司的领导者变成他想象中的人，如果领导者不是他想象中的样子，他就觉得领导是"坏人"。

假担责的人总是跟别人有冲突，矛盾重重，就是因为他总是用自己的那一套理想化的标准要求别人。在外人看来就是在故意挑别人的毛病，实际上是他失去了现实感。

假担责的人不能客观地看待自己，无法正视自己的优点和缺点，不能根据世界的反馈修正自己。长此以往，会让他们待在自己虚拟的世界里停滞不前，他的人生注定就是一场悲剧。

如果一个企业的员工失去了现实感，他在工作中的表现就是不用结果反映真实能力水平。他把工作理想化，但因为能力达不到，他会为塑造理想的自己找各种借口，把责任推给他人。所以，假担责的人是公司中干活最少、抱怨最多、能力最差，但又善于"伪装"的人。

冰山理论指出，一个人的"自我"恰似一座冰山，我们所能看到的只是表层极少的部分——行为，而更为庞大的内在世界则隐匿于更深的层次。他凭借冰山这一隐喻，对人们不同层次的自我需求加以探索，倡导人们针对自身的体验水平展开工作。他激励人们在生活抑或工作中，将注意力聚焦于自身的内在过程，把自我觉察转变为潜藏的观点、信念、感受以及期待，使负面情绪转化为正面能量。当人们经由满足自身不同层次的需求之后，便能持续提升自我，发掘出自身潜藏的巨大能量。

冰山理论在管理学领域多应用于企业管理之中，企业仿佛一座"冰山"，隐藏于水下的部分远比可见部分更为关键。企业若想实现快速发展，就必须激发员工的激情与活力，构建一支具备凝聚力和潜力的人才梯队。通过依据结果来界定岗位，能够鞭策各层级的管理者不断提升能力以胜任岗位，从而应对外部环境的变化。

相较之下，东方佛教的修行层次理论则是从人的本质层次进行阐述，即从人性的角度出发。通过激发人性的本质层次，达成人的本质与岗位需求的一致性。

在实际运用当中，西方侧重的多为岗位理论。我在从事人力资源、企业管理培训的实践历程中发现，每个人潜力的发挥，大多是层级递进式地进发，这需要在每个阶段提供辅助工具予以激励。历经多年的研究与运用，我逐步提炼出企业管理者的岗位层级，并依据各层级管理者的特性构建了这套用人系统，在为企业提供辅导时获取了极佳的成效。

在30多年的人才培训实践中，我不断总结经验，逐步将这套用人系统加以完善。当下，我辅导过的企业给出的反馈和评价都很好。接下来，我将对这套用人系统予以详尽地介绍。

"境由心造"，世间万物皆源自你的内心，一个人的世界之广阔程度，取决于其内心的宽广程度。我依据每个人的不同层次，罗列了担责九层级胜任力，这九大责任胜任力所代表的心、道、法、相全然不同。责任胜任力是根据每个人的责任担当和岗位胜任力区分的，每一个层级犹如一个人的阶段潜力，经过学习提升后能够逐步上升。下面，我先就九层级责任胜任力的概念与含义来做一个简要的介绍，如图3-4所示。

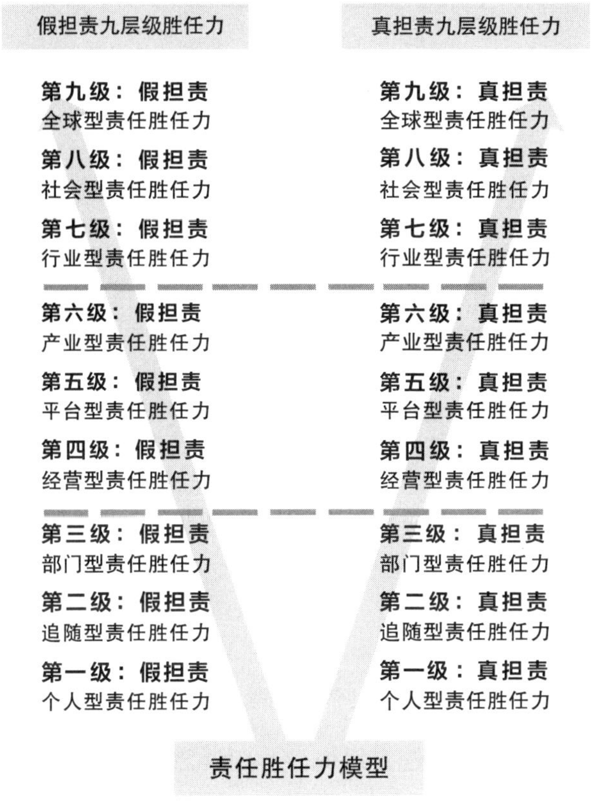

假担责九层级胜任力	真担责九层级胜任力
第九级：假担责 全球型责任胜任力	第九级：真担责 全球型责任胜任力
第八级：假担责 社会型责任胜任力	第八级：真担责 社会型责任胜任力
第七级：假担责 行业型责任胜任力	第七级：真担责 行业型责任胜任力
第六级：假担责 产业型责任胜任力	第六级：真担责 产业型责任胜任力
第五级：假担责 平台型责任胜任力	第五级：真担责 平台型责任胜任力
第四级：假担责 经营型责任胜任力	第四级：真担责 经营型责任胜任力
第三级：假担责 部门型责任胜任力	第三级：真担责 部门型责任胜任力
第二级：假担责 追随型责任胜任力	第二级：真担责 追随型责任胜任力
第一级：假担责 个人型责任胜任力	第一级：真担责 个人型责任胜任力

责任胜任力模型

图3-4　责任胜任力模型

真担责责任胜任力模型：一级是真担责个人型责任胜任力，二级是真担责追随型责任胜任力，三级是真担责部门型责任胜任力，四级是真担责经营型责任胜任力，五级是真担责平台型责任胜任力，六级是真担责产业型责任胜任力，七级是真担责行业型责任胜任力，八级是真担责社会型责任胜任力，九级是真担责全球型责任胜任力。

假担责责任胜任力模型：一级是假担责个人型责任胜任力，二级是假担责追随型责任胜任力，三级是假担责部门型责任胜任力，四级是假担责经营型责任胜任力，五级是假担责平台型责任胜任力，六级是假担责产业型责任胜任力，七级是假担责行业型责任胜任力，八级是假担责社会型责任胜任力，九级是假担责全球型责任胜任力。

第二节 第一级个人型责任胜任力：关注自我需求

个人型责任胜任力，是指他只关注个人的需求，为自己的行为负责，这是最基础的责任胜任力。个人型责任胜任力分为真担责个人型责任胜任力与假担责个人型责任胜任力。其中，真担责个人型责任胜任力指的是个体与生俱来、较为本真的层次状态；而假担责个人型责任胜任力可能受到外界因素影响或因自身的某些认知偏差，导致呈现的是一种并非完全真实或本质的层次状态，这两者之间的差异如图3-5所示。

真担责个人型责任胜任力：自在　　**假担责个人型责任胜任力：信赖**

心：自己　　　　　　　　　　　　　心：自认为的自己
道：追求自由自在，个性需求　　　　道：自认为的自由自在，个性需求

法：极致简单生活，　　　　　　　　法：极致简单生活，
　　以交换方式达成目标　　　　　　　　以预设交换方式达成目标
相：待在无人干扰的安全自在地方　　相：强求外界不要干扰的自在地方

责任胜任力结构=心+道+法+相

图3-5　真担责个人型责任胜任力与假担责个人型责任胜任力的结构图

1. 真担责个人型责任胜任力：心里只有自己

真担责个人型责任胜任力的人心里面只有自己，这样的人很自我，心胸狭隘，目光比较短浅，但算不上自私，只是心眼比较小，小到他的心里只能装得下自己。在他们心里，哪怕是对自己的孩子或是父母，也无法做到负责。因为他心里只有自己，没有别人。

对于真担责个人型责任胜任力的人来说，任何人都进入不了他的世界，更无法理解他生命的逻辑。他们普遍表现出自闭状态，只活在自己的世界里。

真担责个人型责任胜任力的人的理念是："我凭什么为别人负责，我连我自己都管不过来。我就是整个世界，这个世界只有我。"他的个性需求就是过于自我。他不喜欢跟任何人发生连接，因为与人发生连接是要对别人负责任。他们的理念是尽量不和人打交道，就想活在自己的世界："你们不要干扰我，我也不干扰你们，我们各自安好，你们过你们的，我过我的。"除此之外，任何人都无法介入他的生活。

真担责个人型责任胜任力的人的方法论是过最简单的生活，对人生没有规划，对事业没有追求，这种无欲无求的生活状态更接近于动物，就是单纯地活着。外界任何人与己无关，永远只在乎自己。

（1）真担责个人型责任胜任力的人的心道法相

真担责个人型责任胜任力的人的"心"：他们的"心"里只有自己，也只能装得下自己。因为不与人交流，他们不能理解别人的所思所想，别人也难以理解他们的所思所想。

真担责个人型责任胜任力的人的"道"：他们的"道"是只想自己独自生存，尽量不与人发生互动，选择去人少的地方来避免与人有生活的交集。他找到自己生存的世界，一辈子不会改变。

真担责个人型责任胜任力的人的"法"：他们的"法"是用自己的劳动力交换自己的需求，与人保持的距离越远越好，他们寻找食物的方式也是在不与人打交道的情况下。

真担责个人型责任胜任力的人的"相"：在他们的世界里没有一般人的人生的追求，没有世界规则，完全活在自己的世界里。他们明白，虽然活在自己的世界里，只爱自己，但是要避免跟外界发生更多的互动。一旦外界打扰他们的生活，他们就会选择离开，换到另一个不被打扰的地方，所以真担责个人型责任胜任力的状态叫作自在。

真担责个人型责任胜任力的人只为自己的生命负责，这个公园不让他待，他就跑到下一个公园，这张椅子不让他坐，他就找另一张椅子坐。他们活在自己的系统里，这个系统里只有他一个人。

（2）真担责个人型责任胜任力的人的生存方式

因为真担责个人型责任胜任力的人不会也不想与人有任何交流，所以他们大部分是流浪者（职业流浪和家庭富裕的人除外），没有物欲需求，仅满足活着即可，就是本能地生存。他们维持生计的"工作"就是捡废品换钱，或者到垃圾箱里找剩饭剩菜。

真担责个人型责任胜任力的人不喜欢社交，拒绝与人打交道，尤其厌恶与人合作做事，自然没有社会价值，没有社会价值就无法把自己的"价值"变现。他们没有固定的居所，大桥下、公园边、废弃的房舍里等，过着"天作被，地当床"的漂泊生活。

真担责个人型责任胜任力的人思想冥顽不化，难以跟人进行正常的沟通和交流，他们不洗澡，怎么劝都坚决不洗。送他们去收容站，他们无法忍受"睡觉按时关灯、每天按时洗漱、按时吃饭"的规则。在他们的意识里就是，"我有自己的一套规则，我不接受社会的规则"。他们不接受任何规则，思想没有逻辑性，非常排斥跟陌生人说话。

（3）真担责个人型责任胜任力的人的工作状态

真担责个人型责任胜任力的人几乎是进入不了企业工作的，即使侥幸进入企业也会很快离开，除非通过迭代成长到追随型责任胜任力。

我有一个学员的儿子责任半径只具备个人型责任胜任力，他的儿子30多岁了仍然无法进入社会。他曾经托朋友帮助他儿子找过几份工作，他儿子上班不到两天就会和同事起冲突打架，或者是受不了上班打卡的约束而离职。因为从20多岁开始，他的儿子就不再进入社会，每天宅在家里什么也不干，连跟父母都没有交流。后来他带着儿子找到我，我帮他的儿子做了一个"责任胜任力"的规划，经过3年时间，他的儿子已经具备了部门型责任胜任力，现在已经进入社会工作了。

真担责个人型责任胜任力的人类似于孤独症，他们完全活在自己的世界里，跟外界完全不联系。他们的心里只能容纳下自己一个人，他们一生中全部的世界只有自己。

真担责个人型责任胜任力的人属于本能生活，没有物欲，如图3-6所示。

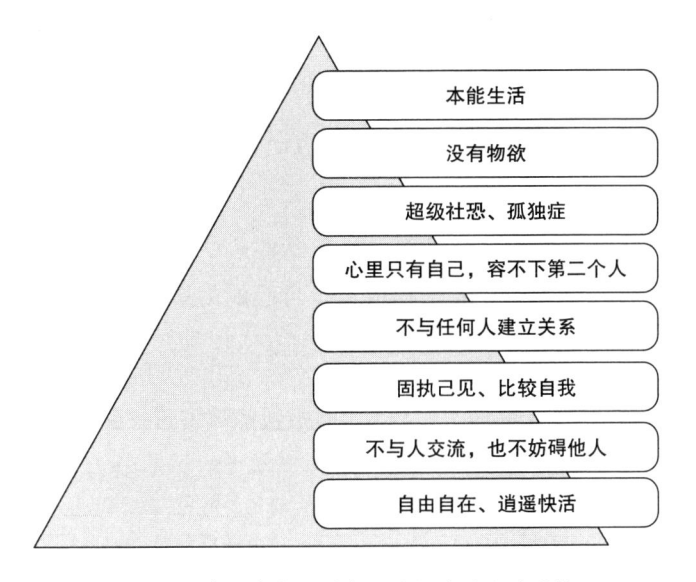

第三章 ┃ 企业人才梯队的九层画像：责任胜任力模型

```
         本能生活
         没有物欲
      超级社恐、孤独症
   心里只有自己，容不下第二个人
      不与任何人建立关系
        固执己见、比较自我
      不与人交流，也不妨碍他人
       自由自在、逍遥快活
```

图3-6　真担责个人型责任胜任力的人的画像

2. 假担责个人型责任胜任力人的心道法相

假担责个人型责任胜任力的人的"心"：他们的"心"是假心，他们假想出来的自己与真实的自己判若两人。他们只爱假的自己，活在自己理想化的世界里。

假担责个人型责任胜任力的人的"道"：他们的"道"是假道，他们的"自由自在"是建立在干涉别人的基础上。他们干涉别人在他们看来是应该的，但别人不能干扰到他们。

假担责个人型责任胜任力的人的"法"：他们的"法"是极致简单的生活，这种简单是他们自己定位的，没有是非观念，自己错了也要坚持是对的。不管社会规则是什么，只要他们认为有人干扰到他们了，那一定是别人的错。

假担责个人型责任胜任力的人的"相"：他们的"相"是攻击，他们要求世界为他们让路，世界为他们改变。一旦他们认为受外界干扰了，他们会疯狂地发起攻击，任何形式的沟通也没有用。比如，他们住在银行自动柜员机旁边，他们就认为那是自己的地方，"你取你的钱，我安心地住在这里"。银行让他们离开，他们仍然会回来。

第三节　第二级追随型责任胜任力：践行领导意志

追随型责任胜任力，是指他追随一位钦佩、欣赏甚至崇拜的领导，听从他的指示，坚定践行他的意志，积极贡献自己的力量。追随型责任胜任力分为真担责追随型责任胜任力与假担责追随型责任胜任力，如图3-7所示。

真担责追随型责任胜任力：追随　　**假担责追随型责任胜任力：付出**

心：自己+贵人　　　　　　　　　　心：自认为的自己+贵人
道：寻求依靠，　　　　　　　　　　道：自认为的双方需求，
　　重点考虑对方需求　　　　　　　　　重点考自认的对方需求

- -

法：赢得贵人信任，双向合同　　　　法：强求贵人信任，单向合同
相：双方达成以追随者为核心的　　　相：强求双方达成我认为的彼此
　　彼此依存关系　　　　　　　　　　依存关系

责任胜任力结构 = 心 + 道 + 法 + 相

图3-7　真担责追随型责任胜任力与假担责追随型责任胜任力的结构图

1. 真担责追随型责任胜任力的人的特征

真担责追随型责任胜任力的人的特征是追随。他们的心里只装着两个人，他们的世界也只能容纳两个人。这两个人一个是他自己，另一个是他认为的能帮助他的"贵人"。他们穷极一生都要去寻找一个能保护他、指引他的"贵人"。他会特别忠诚。不像个人型责任胜任力的人不思考，是本能生存。真担责追随型责任胜任力的人虽然不思考、没有主见，但他知道需要找一个人保护自己。所以，他要找到一位有责心、有担当，以及他崇拜的类似于偶像式的人，他称之为"贵人"，这样他会事事听命于对方。

真担责追随型责任胜任力的人会凭直觉去找那个对自己负责任、值得自己依靠的人忠于他。他只关心二人世界，不分对错地听从对方的指令。没有对方的指令，房子烧了与他无关，油瓶倒了也不扶，这类人是典型的忠心耿耿的追随型的人。

真担责追随型责任胜任力的人看不到两个人世界以外的风景。在真担责

追随型责任胜任力的人心里，永远只装得下一个"贵人"，这个人可能是他们部门的主管，也可能是部门主管的上级，也可能是公司老板，也可能是他的爱人，或者其他亲戚等。他最喜欢的是只有两个人的世界。

真担责追随型责任胜任力的人不管是男性还是女性，他们结婚后会主动选择为家庭牺牲事业，因为他们心里不想也没有能力容下二人以外的其他人。除非他们视为"贵人"的爱人给他们下达指令，为了小家能过好要求他们上班，或者到外面做事情，他们就会去做。他们也不会跟人有深入交往，这就是真担责追随型责任胜任力的人的特点，他们只喜欢和他们的"贵人"过二人世界。

真担责追随型责任胜任力的人对"贵人"会有这种要求："如果我追随你了，我听从你的指令了，你有没有考虑到我的需求？如果你能考虑到我的需求，同时要给予我相应的保护和规划的人生，我就会持续地追随你。"

真担责追随型责任胜任力的人没有太高的追求，只要"贵人"给他们安全感，告诉他们怎么做，人生路要怎么走，他们就会一直跟随"贵人"。他们对物质没有太多的需求，凡事都一心一意地按照"贵人"的指令去做。但是，如果"贵人"给不了他们想要的帮助，真担责追随型责任胜任力的人意识到这一点后就会离开。他们不会跟"贵人"纠缠不清，而是毫不犹豫地选择离开"贵人"，去寻找新的追随者。

真担责追随型责任胜任力的人的心道法相、在企业的表现和工作状态有以下特点。

（1）真担责追随型责任胜任力的人的心道法相

真担责追随型责任胜任力的人的"心"：他们的"心"里只能装得下他们和他们的"贵人"，他们只有爱自己和"贵人"的能力。

真担责追随型责任胜任力的人的"道"：他们的"道"就是找到"贵人"寻求依靠，得到"贵人"的保护和支持。他们会全部考虑"贵人"的需求，一心一意地追随并忠于"贵人"。

真担责追随型责任胜任力的人的"法"：他们习惯于接受"贵人"的各种行为指令去做事情，全力配合"贵人"，严格按照"贵人"的要求认真做事情，从而能得到"贵人"的信任，这就是他们做事情的模式。

真担责追随型责任胜任力的人的"相"：他们是没有思维能力的人，他们从来不会主动去思考，但是他们有接收行为指令的能力，只要他们的"贵人"告诉他们这件事情怎么做，他们会无条件地服从，并且会按照"贵人"交代的步骤去做。

真担责追随型责任胜任力的人如果发现"贵人"无法给自己带来安全感，他们会选择安静地离开，去找有担当的"贵人"。

（2）真担责追随型责任胜任力的人在企业中的表现

真担责追随型责任胜任力的人没有思维能力，但是能听懂"贵人"的行为指令。真担责追随型责任胜任力的人会不断地收集"贵人"的行为指令，他们相信"贵人"的每一个行为指令，"贵人"让他们做什么，他们都会全力去配合。他们自己不思考，也不会主动地向别人提建议，或者帮助他人做事情，他们只会听从"贵人"的行为指令。

在企业中，很多企业老板在与真担责追随型责任胜任力的人互动时，因为是真担责追随型责任胜任力的"贵人"，真担责追随型责任胜任力的人以"只忠诚自己老板一个人"来感动老板，作为他们"贵人"的老板会觉得他们极度忠诚和敬业。

真担责追随型责任胜任力的人也愿意跟其他人打交道。前提必须是他们的"贵人"下达的行为指令，告诉他们如何做这件事情，他们才会为了做事情跟他人打交道。无论他们和多少人打交道，他们心里都不会在乎对方。在他们看来，他们只是在履行自己追随的"贵人"下的行为指令。

真担责追随型责任胜任力的人经常会说："我不知道怎么办，我不知道该怎么解决。"他们说的是真心话，就是他们需要贵人明确的指令，比如，在工作中，领导者如果让他们做一个项目，就需要详细地告诉他们怎么去做。

（3）真担责追随型责任胜任力的人的工作状态

真担责追随型责任胜任力的人没有思考能力，不会处理问题，听不懂流程，只能详细地教给他们事情该如何去做，比较重行为。真担责追随型责任胜任力的人是不接受别人的行为指令的，他们只接受"贵人"的行为指令，但如果不是特别重要的行为指令，过一段时间就会遗忘。

对于真担责追随型责任胜任力的员工，领导者要不断地向他们下达行为指令，比如，让他们今天必须做完多少件事情、打多少个电话等。他们不会

第三章 ┃ 企业人才梯队的九层画像：责任胜任力模型

对别人的反应做出任何调整，只会对"贵人"的行为指令做出反应，而且要不停地对他们下达行为指令。他们不会随机应变，对行为标准不做调整。他们在工作中不会做统筹的事情，只按照流程来办。他们不是故意这么做的，因为他们不会根据实际情况灵活处理事情，只能做一件事情。没有应变和逻辑能力，只适合做简单的事情。

"你告诉我怎么做，我就怎么做，我不想动脑子。"这是真担责追随型责任胜任力员工的工作方式，他们没有逻辑思维能力，没有解决问题的能力，只能和人进行单线联系，只能和一个人打交道；不能处理不同意见，不能解决任何问题，也就是说，只和单个人连接，让他们开部门会议，面对的人多了，他们就无法执行。他们比较适合从事工厂、车间流水线的工作。

真担责追随型责任胜任力的人的画像如图3-8所示。

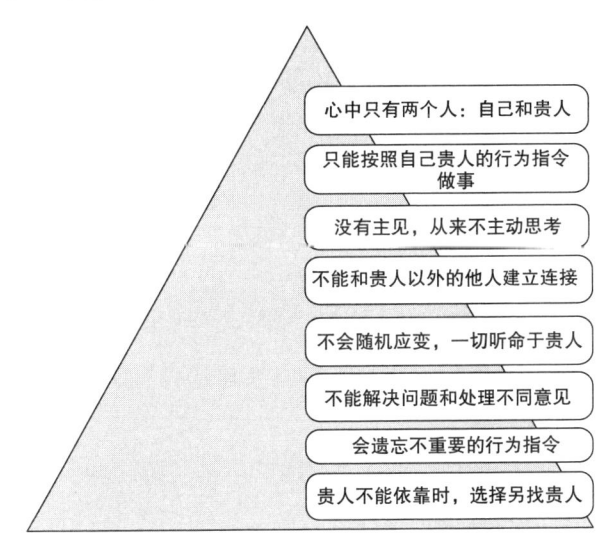

- 心中只有两个人：自己和贵人
- 只能按照自己贵人的行为指令做事
- 没有主见，从来不主动思考
- 不能和贵人以外的他人建立连接
- 不会随机应变，一切听命于贵人
- 不能解决问题和处理不同意见
- 会遗忘不重要的行为指令
- 贵人不能依靠时，选择另找贵人

图3-8 真担责追随型责任胜任力的人的画像

2. 假担责追随型责任胜任力的人的特征

假担责追随型责任胜任力的人的特征是依赖。他们心中也是只能装两个人，他们的世界也是只有他们和他们假想出来的"贵人"。但是假担责追随型责任胜任力的人是不会认真体会对方的所思所想、对方真正需要什么的。他们只在乎自己的感受，更多的是把自己认为最好的东西给"贵人"，也不管"贵人"是否喜欢。他们恨不得把"心"掏出来给"贵人"，但他们这种貌似慷慨的"给予"是标好了价格的，他们认为："我给了你这么好的东西，你就得为我的一生负责任，如果你承担的责任没有达到我的要求，那就是你的错。"

"贵人"一旦没有满足他们心中的标准，他们就会歇斯底里地去讨伐，威胁的手段层出不穷，他们会为了对方付出生命，或者同归于尽。让对方继续为他们负责。

假担责追随型责任胜任力的人为爱疯狂，他们希望把对方改造成他们心中想象中的理想依赖的"贵人"，满足他们想要的一切。这种依赖是强制性的。

假担责追随型责任胜任力的人的特征包括心道法相、在企业的表现。

（1）假担责追随型责任胜任力的人的心道法相

假担责追随型责任胜任力的人的"心"：他们的"心"中只有他们和他们的"贵人"，他们的世界也只装得下他们和"贵人"两个人。而且"贵人"和他们自己，也都是他们假想出来的自己和自己的"贵人"。

假担责追随型责任胜任力的人的"道"：他们的"道"就是用假的自己的需求，去依赖假我的人认为的"贵人"的需求。不管是自己的需求，还是他们"贵人"的需求，都是他们自己想象出来的，但他们会重点考虑他们"贵人"的需求，并且不遗余力地去完成。

假担责追随型责任胜任力的人的"法"：他们的"法"就是强求他们的"贵人"信任自己，不去管"贵人"的真实想法。对于"贵人"的指令，他们会按照自己的理解去做。

假担责追随型责任胜任力的人的"相"：他们的"相"就是偏执。他们会选择性地调整自己的感受，强求他们的"贵人"以他们的感受为主；他们对"贵人"的行为指令也是选择性听从，只听从他们自己认为对的行为指令；他们在执行"贵人"的行为指令时，也会选择性改变步骤，强求"贵人"按照他们的理解改变行为指令。

（2）假担责追随型责任胜任力的人在企业中的表现

假担责追随型责任胜任力的人在企业中的表现很能干，什么事情都操心，如果他们把企业里的老板当成"贵人"，他们心中就只有老板一个人，他们会认为公司是他们自己和老板两个人的，会拼尽全力地维护公司的利益。在平时工作中还会监督其他员工。但是，由于他们总是用自己认为的要求和标准对待工作，所以，当他们在工作中无法达到自己设定的目标，或者没有得到自己想要的利益时，他们就会认为是"贵人"的错，从而把责任推给对方。这时他们会表现得很愤怒，会对"贵人"各种声讨、指责、埋怨等，这种状态会一直持续下去。

对于假担责追随型责任胜任力的员工，企业管理者可以帮助他们成长。

第四节　第三级部门型责任胜任力：执行部门目标

部门型责任胜任力，是指他的责任半径能够承载起管理一个部门的工作，具备协调和管理团队的能力，推动部门目标的实现。部门型责任胜任力分为真担责部门型责任胜任力与假担责部门型责任胜任力，如图3-9所示。

真担责部门型责任胜任力：能力

心：部门（上级、平级、下级）
道：平衡部门各方需求，
　　了解各方面的能力

法：浅度思维，分工协作的流程性工作模式
　　事后调整型，条件达成型
相：上级、平级和下级都按照流程做事，
　　形成平衡的责权利状态

假担责部门型责任胜任力：榜样

心：自以为的部门（上级、平级、下级）
道：自认为的部门需求

法：根据自定部门目标
　　设定流程的工作模式
相：强求上级、平级和下级都按照流程
　　做事，导致非平衡的责权利状态

责任胜任力结构=心+道+法+相

图3-9　真担责部门型责任胜任力与假担责部门型责任胜任力的结构图

1. 真担责部门型责任胜任力的人的特征

真担责部门型责任胜任力的人"心"里会装着很多与自己有直接关系的人，他们的世界容纳的人必须是跟他们有直接关联的人。在公司里，真担责部门型责任胜任力的人"心"里会装着一个部门的人，他们会爱直属领导、爱下属、爱自己的团队。前提条件一定是本部门的人，他们思考的焦点只考虑自己的部门，骨子里认为部门就是团队，所以，他们的心里装着部门的上级、平级和下级。

在实际工作中，真担责部门型责任胜任力的人会以部门为主导的导向，做任何事情都是本位主义。比如，他如果在销售部，就会认为自己部门付出太多，觉得"钱都是我们赚的，你们其他部门都是花钱的"。如果他在财务部，他会认为自己部门是管钱的，自己的部门在公司做的贡献最大。

真担责部门型责任胜任力的人在工作中没有前瞻性，缺乏对未来趋势的预测和判断，他们不会建立商业圈，也不会进入商业圈；他们没有开拓性，不善于开拓陌生资源；工作中不懂得流程设计，不懂得不同的企业需要采用不同的管理方法，也不懂得不同的人要用不同的沟通方式；不懂得流程的设计原理，只有一套公司提供的方案，对方案能做些优化的工作，能把别人建好的流程和方法从6分优化到8分。

真担责部门型责任胜任力的人没有迭代原则，没有系统观念，对改变他人不感兴趣，如果让他们成长，需要经历困难期。他们在工作中找不到方法、工具包、资源，不知道成长会有很大的收益。

真担责部门型责任胜任力的人可以平衡人际关系，他们对工作的管理流程能很好地执行，不会越雷池一步。他们工作时只考虑自己的部门，会要求各个部门配合自己，不能有任何意外。

真担责部门型责任胜任力的人不能单独设计工作流程，比如，让他们负责加工采购原料，他们会提前半年下单。他们对设计公司的系统是巨大的破坏，只是在做自己部门的工作时效率才会很高。

下面是真担责部门型责任胜任力的人的心道法相、在企业中的表现和工作状态。

（1）真担责部门型责任胜任力的人的心道法相

真担责部门型责任胜任力的人的"心"：他们的心中能装下一个部门，他们的世界只有他们的部门。他们能与自己的上级、下级、平级沟通。真担责部门型责任胜任力的人因为心中装着部门的人，他们心中希望和上下级、平级之间能协调平衡。但是他们的能力决定他们只会关注自己的部门，其他部门跟他们没有任何关系。

真担责部门型责任胜任力的人的"道"：他们的"道"是懂得只有得到直属领导和下属的支持，部门才可以经营好。因此，他们会了解领导的需求并全力配合，分担领导的责任，同时也会了解本部门的需求，与本部门的成员互帮互助，彼此支持。他们对本部门的成员具有深刻洞察，在这个基础上建立部门内部的合作模式。能平衡部门各方需求，了解各方面的能力。

真担责部门型责任胜任力的人的"法"：他们的"法"是流程思维，对流程会进行优化，但流程为什么要这么设计他们不知道。他们能跟着领导学习，也能学会，但是不要告诉他们为什么。比如，你告诉他这个项目流程的每个步骤，他们就能照着去做。对部门计划能做到事后调整，比如，部门本月计划没有完成，或者超额完成，他们会针对部门成员的工作表现调整下个月的目标。

真担责部门型责任胜任力的人的"相"：他们的"相"是部门思维，思想有浅度思维、流程性思维，不懂得流程的设计原理。即别人设计的流程，他们能懂，也能执行流程，也会掌握方法，却不能设计流程。所以，他们的行为是流程性行为，一切按照别人设计好的工作流程去做。他们会根据部门目标调整心态，但范围局限于自然环境。

（2）真担责部门型责任胜任力的人在企业中的表现

真担责部门型责任胜任力的人只能负责一个部门，如果让他们担任一个部门的主管，他们能把企业部门的事情做得非常好，但他们就无法顾及家里面的事情了。比如，无法协调好家中的亲戚关系。最大的卡点是无法兼顾事业和家庭，只能负责一个部门的工作。所以，真担责部门型责任胜任力的人因为能力不够，无法做好两个部门的工作。

真担责部门型责任胜任力的人有悟性，懂得专业学习，但不懂得如何生命迭代。通过学习，他们的能力会得到很大的提升。

（3）真担责部门型责任胜任力的人的工作状态

真担责部门型责任胜任力的人在工作中侧重于做实事，如果团队成员不好好干，他们就自己干；他们不喜欢跟人打交道，跟人交流或沟通也只是为了把工作做好；他们的工作注重流程和方法，但都是别人设计好的；他们没有整合资源的能力，擅长与人协助做事情，但不擅长建立团队。别人把团队建立好了，他们会根据建立好的制度和流程用人。

因为真担责部门型责任胜任力的人无法同时兼顾两个部门的工作，因为不和其他部门沟通，阻碍了公司各个部门之间的协同交流。当真担责部门型责任胜任力的人做了部门主管后，他们的焦点会集中在只关注本部门的利益，由于他们解决问题的逻辑只在本部门内部这个维度，而不是跨部门解决的维度，所以就形成了"部门墙"。

真担责部门型责任胜任力的人对工作是怎么高效怎么做，但部门高效并不一定让工作高效，真正高效的工作需要建立系统，有了系统，部门成员的工作就有了规律。

什么是规律？用不同的方法和策略叫作规律。规律是通用的，会让部门成员自动担负起责任。真担责部门型责任胜任力的人不掌握规律，典型的对事不对人，事情有流程了，上级来协调，上级做到哪一条了，他们能再继续做下去。对人没有感觉，他们能看到每个人的不同之处，但是不能做到理解人与人之间的差异。

真担责部门型责任胜任力的人有严格的流程观，他们会根据流程把事情安排好，如果没有流程他就不会解决。公司流程没有好的体系，他不会主动解决。他们只在自己的部门做优化，在自己的岗位做优化。

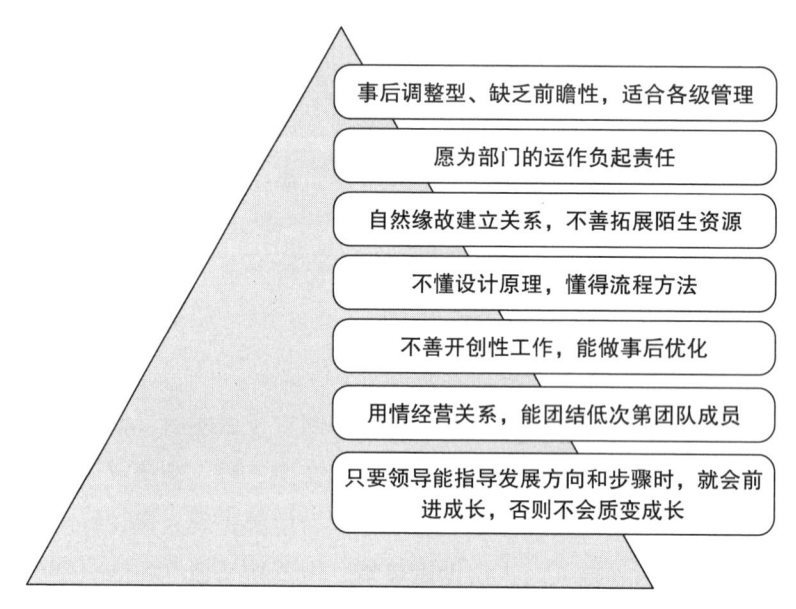

真担责部门型责任胜任力的人的画像，如图3-10所示。

- 事后调整型、缺乏前瞻性，适合各级管理
- 愿为部门的运作负起责任
- 自然缘故建立关系，不善拓展陌生资源
- 不懂设计原理，懂得流程方法
- 不善开创性工作，能做事后优化
- 用情经营关系，能团结低次第团队成员
- 只要领导能指导发展方向和步骤时，就会前进成长，否则不会质变成长

图3-10　真担责部门型责任胜任力的人的画像

2. 假担责部门型责任胜任力的人的特征

假担责部门型责任胜任力的人对人缺乏深刻的理解和洞察，他们总是用理想化的眼光看待别人，他们总是理所当然地认为别人应该怎么样，上级应该是怎么样的，他们所在的部门同事应该是怎样的，他们爱的都是理想化的

人，从来不会爱上真实的人。

在生活中，假担责部门型责任胜任力的人会不断地对周围的人提要求，在家对父母、爱人、孩子提要求；在外面对上级提要求，他们希望自己的部门更好而不断对领导提要求，"领导，你应该这样做，你应该那样做"。除了上级领导，他们也会对自己部门或是其他部门的人提要求。他们所提的要求不是基于真实的人，不是基于对方真实的能力基础，而是基于自己理想化的人。如果假我的人在领导团队，他们在支持团队时，越是使劲儿，矛盾冲突越大，事情失败的概率也较大。

下面是假担责部门型责任胜任力的人的心道法相和工作状态。

（1）假担责部门型责任胜任力的人的心道法相

假担责部门型责任胜任力的人的"心"：他们"心"里装的人很多，包括上级、下级、平级，以及他们所在的整个部门的人，但是这些人都不是真实的人，都是他们在心中理想化了的人。

假担责部门型责任胜任力的人的"道"：他们的"道"是他们自以为了解公司和部门的所有需求，其实这些需求都是他们在真实的基础上加以想象后的"需求"。

假担责部门型责任胜任力的人的"法"：他们的"法"就是自己会为部门制定目标，这个目标是他们在理想化评估部门成员的实际工作能力后定的。

假担责部门型责任胜任力的人的"相"：他们的"相"就是在工作中通过理想化的感受，选择性调整心态，比如，他们自己的业绩没有达标，他们有很多理由和借口，别人没有达到，他们就会很生气；在工作过程中出现问题，他们解决不了的，就会选择不做或者认为是别人没有配合他们；对于一些他们认为难度系数高的项目，哪怕他们做了三分之二，也要想办法交给其他人去做。

（2）假担责部门型责任胜任力的人的工作状态

在工作中，假担责部门型责任胜任力的人容易跟人发生冲突。他们习惯于在想象中工作、跟他人交往，面对工作中出现的实际问题，他们口号喊得比谁的声音都大，但是只限于"动口不动手"，不是他们不想干活，而是他们过高评估了自己的能力，对工作力不从心。

无论是假担责个人型责任胜任力的人、假担责追随型责任胜任力的人，还是假担责部门型责任胜任力的人，他们都活在自己的世界里，并同环境产生强烈的冲突。他们对客观世界没有客观的评估，而是将自己的世界投射到外部世界。活在自己世界的程度越深，对外部世界的投射就会越大，同外部环境的冲突也就会越大。

第五节 第四级经营型责任胜任力：操盘企业经营

经营型责任胜任力，是指他的责任半径能够承载企业的日常经营管理工作，具备将战略执行落地的综合能力，确保企业的稳健发展。经营型责任胜任力分为真担责经营型责任胜任力与假担责经营型责任胜任力，如图3-11所示。

真担责经营型责任胜任力：全局
心：自己地盘的所有人事系统，
　　以利益为核心
道：经营全局所需的各种团队与资源
法：系统性原理思维，成为全能冠军
　　建立系统模型，拿到企业整体结果
相：超越个人感受层面，团队观念
　　以建立信任的团队为导向
　　系统性原理思维，建立系统，拿结果

假担责经营型责任胜任力：操心
心：自认为自己地盘的所有人事系统，
　　自以为的以利益为核心
道：自认为经营全局所需的各种团队与
　　资源
法：自认为的能力范围
　　自认为的合作方式
相：自认为的突破感受层面，团队观
　　自认为的系统原理思维，拿结果

责任胜任力结构＝心＋道＋法＋相

图3-11 真担责经营型责任胜任力与假担责经营型责任胜任力的结构图

1. 真担责经营型责任胜任力的人的特征

真担责经营型责任胜任力的人能追随很多人，也能调动很多人。他们对人性的认知比较透彻，能一眼看到事物的本质。洞察能力强，具备独立思考能力和决策能力。

在职场上，真担责经营型责任胜任力的人懂得如何协调各方的利益关系。他们心里装着领导、装着下属、装着本部门，也装着其他部门。如果他们是中层领导，就能做到上下兼容、左右协同，做好各个部门的沟通协调。

他们在与领导相处时，心里知道领导是什么样的人，能清楚地了解领导的长板和短板；对平级同事，他们也能了解对方的长处和不足之处。如果他们是领导，他们就会非常清楚自己下属的优点和缺点。

在与人沟通时，他们会针对每个人的性格，用对方能接受的方式进行交流，对每个人要求的工作要达到的结果也不一样。对于大家工作中出现的问题，真担责经营型责任胜任力的人是以客观公正的立场寻求最佳解决方案。他们能客观分析客户的需求是什么，社会的反应是什么。通过真实的反馈信息不断修正自己对世界的判断，以此来了解事物的真相。

下面是真担责经营型责任胜任力的人的心道法相、在企业中的表现和工作状态。

（1）真担责经营型责任胜任力的人的心道法相

真担责经营型责任胜任力的人的"心"：他们的"心"里装着公司里所有的人，知晓每个人的优点和缺点，所有的人事系统以价值为核心。

真担责经营型责任胜任力的人的"道"：他们的"道"就是能建立全局所需要的各种资源，能建立各个层级的高效的团队和管理系统，能够统一团队的思想和行动。有系统观，会研究规律，做任何事情会深度考虑。比如，为什么要设计这个系统，是否适合自己的企业；部门之间如何开展高效协同。

真担责经营型责任胜任力的人的"法"：他们的"法"就是让自己成为全能冠军，在企业搭建完善的管理系统，建立团队合作机制，让各级团队实现合作共赢。

真担责经营型责任胜任力的人的"相"：他们的"相"就是要求自己是全能，他们在企业中会做所有的事情，包括不擅长的事情。他们会根据系统需求用心经营资源，其能力超越个人感受层面。他们的思想是系统性原理思维，根源性深度思维。他们的行为是通过"大舍大得"拿结果。

（2）真担责经营型责任胜任力的人在企业中的表现

真担责经营型责任胜任力的人是天生的做难题的"全能型人才"，企业"需要我做什么我就做什么"，几乎是什么都懂但不精通，他会建立系统、懂得销售、懂得技术原理、能识别人才、能做薪酬、能招人用人、能做财务等，只要是企业需要做的事情他都亲自去做，他都能解决。因为他精通各种系统原理，做事情时会先建立系统，虽然不会亲自去做，但是会通过专业人士和团队协作解决问题。

真担责经营型责任胜任力的人着眼于全局,基本都是企业老板、高层领导,在企业属于经营层,甚至是战略层,他们的心里装着的是系统建设需要什么样的团队,以及系统构建需要的各种各样的组织,这是他们"心"的边界。

他们能深刻地理解系统建设需要依靠团队,个人是没有办法建立系统和组织的。那么,团队依靠的是什么?团队依靠的是对人性的理解,他们会在洞察人性的基础之上设计各种各样的机制,通过机制把大家凝聚起来。

真担责经营型责任胜任力的人通过各级团队来建立组织,建立运营系统。他们是企业的全能型冠军,作为一把手,他们精通组织背后的所有原理,只有精通原理,才可以根据原理来指导下属设计各种各样的组织,帮助下属成功,是典型的成就人才的领导者。

(3) **真担责经营型责任胜任力的人的工作状态**

真担责经营型责任胜任力的人在工作中的状态有以下四个核心特质,如图3-12所示。

01 主动学习掌握"商业逻辑"
02 建立强大的资源关系网
03 拥有前瞻性规划思维
04 秉承"长期主义"价值观

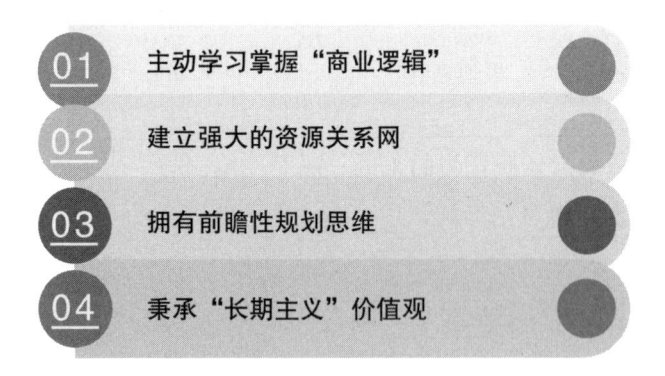

图3-12 真担责经营型责任胜任力的人的工作中的四个核心特质

第一个核心特质:主动学习掌握"商业逻辑"。

真担责经营型责任胜任力的人具有非常强的学习能力,通过系统的学习,他们掌握了企业的"底层原理",如企业经营的原理、战略规划的原理、团队建设的原理、营销系统的原理、市场开拓系统的原理、生产交付系统的原理、支持系统的原理、供应链管理的原理,以及行政系统的原理、人力资源的原理、财务系统的原理等。随着不断深入的探索,他们对各种原理获得更深度的理解,从而能更好地知道企业当下该做什么、要做什么,以及怎么去做。

第二个核心特质：建立强大的资源关系网。

真担责经营型责任胜任力的人逐渐对原理有了深度理解之后，他们就会触类旁通，知道自己的企业需要什么样的资源和人才。他们会带着这些需求进入各种类型的商圈，来寻找企业所需要的资源、客户和人才。通过盘活和整合各类资源，建立一个强大、有效的人际关系网，来助力自己的事业和企业的发展。

第三个核心特质：拥有前瞻性规划思维。

真担责经营型责任胜任力的人拥有前瞻性规划思维，他们总是在做突破性工作。因为他们懂得为未来做规划，清楚企业发展的战略蓝图，知道自己目前需要做什么。所以，他们会做很多前瞻性的、突破性的工作。

第四个核心特质：秉承"长期主义"价值观。

真担责经营型责任胜任力的人秉承"长期主义"价值观，他们不像普通员工那样，这个月工作，等着下个月拿工资。他们更多的是追求长期的价值，为企业做一些长远规划，秉承"长期主义"，他们会有很多投资的模式，会种下很多因果，他们这种没有私欲的"舍得"精神为企业的未来发展奠定了基础。这就是他们能成为企业领导人的核心原因。

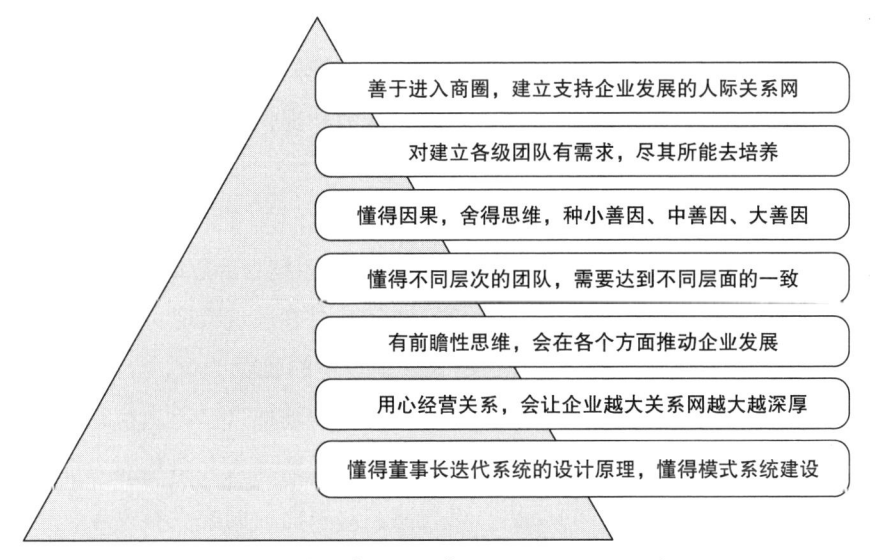

真担责经营型责任胜任力的人的画像，如图3-13所示。

善于进入商圈，建立支持企业发展的人际关系网

对建立各级团队有需求，尽其所能去培养

懂得因果，舍得思维，种小善因、中善因、大善因

懂得不同层次的团队，需要达到不同层面的一致

有前瞻性思维，会在各个方面推动企业发展

用心经营关系，会让企业越大关系网越大越深厚

懂得董事长迭代系统的设计原理，懂得模式系统建设

图3-13 真担责经营型责任胜任力的人的画像

2. 假担责经营型责任胜任力的人的特征

假担责经营型责任胜任力的人很执着，只相信自己。他们心中有个理想的世界，他们对待领导和下属是以自我为中心，领导就应该是他们心中想象的"完美"领导，下属必须是他们理想中的下属。总之，他们心中装的每个人，都要符合他们理想世界的模板。

假担责经营型责任胜任力的人不是坏人，而是不现实，他们认为社会就是他们想象出来的理想的世界，他们用理想的标准要求上级和下级，因为过于偏离真实，导致他们在与人沟通时经常出现问题。

下面是假担责经营型责任胜任力的人的心道法相、在企业中的表现和工作状态。

（1）假担责经营型责任胜任力的人的心道法相

假担责经营型责任胜任力的人的"心"：他们"心"中没有一个真实的世界，他们认为的世界是他们心中想象出来的，他们认为的现实世界就是他心中的理想王国，他们认为企业的所有人事系统是以利益为核心的。但是理想和现实差距太大，导致他们想管的事情越多，麻烦越大。虽然事事操心，但事事都没有好的结果。

假担责经营型责任胜任力的人的"道"：他们的"道"是非常浅显的，他们认为建立了员工正常工作所需要的全局性资源，但按他们建立的系统去做，就一定会出问题，拿不到想要的结果。

假担责经营型责任胜任力的人的"法"：他们的"法"就是他们自认为的能力范围，自认为的合作方式。他们的能力和提供的合作方式，都是无效的，只会给别人的工作添乱。

假担责经营型责任胜任力的人的"相"：他们的"相"就是他们自认为的突破感受层面，他们的思想也是他们自认为的系统目标思维，他们的行为也是自己认为的系统拿到结果的模式。他们的这些外在表现跟现实远远不符合。

（2）假担责经营型责任胜任力的人在企业中的表现

假担责经营型责任胜任力的人想管事，目的是把自己无法执行的决策寄托给别人。当他们把自己那套理论和解决方案讲给别人并希望对方能够落实执行时，通常会引起对方的反感。因为他们对事物的洞察没有深度，也不精准，导致他们认为的"理想方案"全部泡汤。

虽然假担责经营型责任胜任力的人在企业中为各个部门操碎了心，管的事情也多，但是没有效率，也得不到他人的支持。而且他们没有自知之明，觉得自己是对的，不明白为什么大家不按照他们说的去做。他们之所以会这样，是因为他没有真实了解对方的能力，对方做不了他们所说的东西，他们所有的方案是不适合现有团队、现有组织和现有系统的。所以，假担责经营型责任胜任力的人操的心也是假心。

（3）假担责经营型责任胜任力的人的工作状态

假担责经营型责任胜任力的人的核心特质是"管人"，但这是他们自己认为的"管人"。由于假担责经营型责任胜任力的人活在自己的思想里，他们对人的能力、对事物的洞察不深刻，这就导致他们无法精通事物的原理，所以，假担责经营型责任胜任力的人看到的更多的是表象。他们有责任感意识，但是没有担当的能力。他们会用这样不现实的标准要求他们的上级，他们对下级要求更高，对周围每个人的要求都是按照他们的理想标准。

假担责经营型责任胜任力的人对自己的认知也是理想化的，他们对自己的判断也是错误的。他们认为自己外在的表现就是理想化的那么"完美"，因为活在自己的一种分析和判断之中，他们有自己的一套理想化的逻辑，他们跟现实完全脱节。所以，他们听不进去别人对他们提出的正确建议。

假担责经营型责任胜任力的人无法容人，他们觉得你好就是好。如果他们做了领导，就会用自己理想化的标准强求整个团队听他们的，给下属很大的压力，当工作中出现问题，他们还会把责任全部推给下属，导致自己和公司里的每个人都矛盾重重。

第六节　第五级平台型责任胜任力：推动平台发展

平台型责任胜任力，是指他的责任半径能够承载一个或多个平台的运营和管理，具备整合资源、创新业务的能力，推动平台的快速发展。平台型责任胜任力分为真担责平台型责任胜任力与假担责平台型责任胜任力，如图3-14所示。

真担责平台型责任胜任力：平台	假担责平台型责任胜任力：大爱
心：平台的所有人事大系统 道：建立平台的各种资源与资本， 　　注重使命、愿景、价值观	心：自认为平台的所有人事大系统 道：自认为建立平台所需的各种资源， 　　自认为注重使命、愿景、价值观
法：建立资源平台，通过兼并小企业， 　　建立供销型集团 相：建立大平台、大系统、大团队	法：自认为的建立平台能力， 　　自认为的共赢方式 相：自认为建立大平台、大系统、大团队

责任胜任力结构＝心＋道＋法＋相

图3-14　真担责平台型责任胜任力与假担责平台型责任胜任力的结构图

1. 真担责平台型责任胜任力的人的特征

真担责平台型责任胜任力的人的特质是能与不同的组织共生共长共赢，他们是最成功的组织建设者。他们具有大气的精神人格、过人的胆识、非凡的智慧、内在的气度、广阔的胸襟等素质的综合，用一颗包容的心看待世界，接纳万物，善于用人之长。

真担责平台型责任胜任力的人表面上看很会赚钱，但实际上他们是会做时间管理。通过时间管理缩短成功的时间，他们会把别人成功实践的时间买来，给对方的成长时间赋能。他们做的是时间管理，把别人的成功直接吸收，直接"玩时间流"。他们擅长建设各种平台和组织，把别人的成功经验变成数字化的系统，用自己的智慧来做时间流。

下面是真担责平台型责任胜任力的人的特征，包括心道法相和工作状态，如图3-15所示。

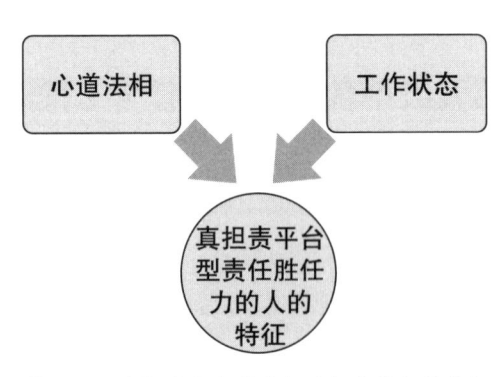

图3-15　真担责平台型责任胜任力的人的特征

（1）真担责平台型责任胜任力的人的心道法相

真担责平台型责任胜任力的人的"心"：他们的"心"中能装下所在的组织和平台，以及组织和平台所需要的全部资源，他们能建立一个具有强大的凝聚力、感召力、引导力、爆发力、约束力的组织或平台，为企业创造更具凝聚力的文化氛围，使组织和平台的前途与企业的命运紧密地结合起来。

真担责平台型责任胜任力的人的"道"：他们的"道"是他们能清楚所在的组织或者平台建设依靠的是组织与资源，而组织与资源需要的是信仰的纽带。这种信仰是一种社会使命感，为社会创造更大的价值观，为百姓造福，为国家作贡献。

真担责平台型责任胜任力的人的"法"：他们的"法"就是他们会去建立企业发展所需要的全部资源、商圈，通过建立各种商圈和社会连接，从而与政府连接。同时，他们会兼并不同类型的小企业，打通上下游的产业链的组织形态，建立供销型的组织集团。

真担责平台型责任胜任力的人的"相"：他们的"相"表现在三个一致性，即他们具备建立平台一致性心态，建立平台一致性思维，建立平台一致性行为的特点，并且都是与组织形成一种"共暖、共生、共长"的关系，最后实现大一统的共赢。

（2）真担责平台型责任胜任力的人的工作状态

真担责平台型责任胜任力的人在工作中的状态有以下四个核心要点，如图3-16所示。

01 平台系统

02 整合各种各样的企业

03 将社会责任感渗透至体系之中

04 打造一个高赋能体系

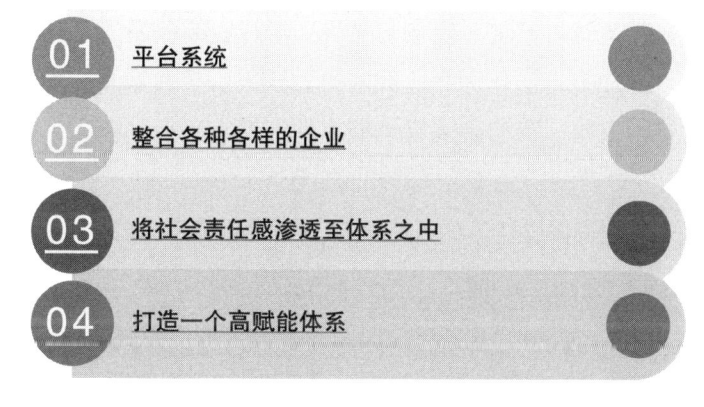

图3-16 真担责平台型责任胜任力的人在工作中的四个核心要点

第一个核心要点：平台系统。

平台系统就是平台输出的模型不是直接的业务，更多的是资本，是组织体系、运营体系、人才体系等。通过输出，下面的直属公司会去建立直接的业务。所以真担责平台型责任胜任力的人的平台总部是以平台为主，输出更多的资源来扶持下属公司，由下属公司或机构完成落地，这是第一个核心的要点。

第二个核心要点：整合各种各样的企业。

真担责平台型责任胜任力的人的平台元素是把各种各样的企业整合在一起，真担责平台型责任胜任力的顾问体系什么类型的企业都有，如生产型企业、营销型企业、资源型企业等。他们把这些企业整合成一个平台。真担责平台型责任胜任力的人做事情的核心不再是以"个人"为核心，而是以组织、平台或者企业体系为核心。

第三个核心要点：将社会责任感渗透至体系之中。

因为真担责平台型责任胜任力以组织或者企业体系为核心，除了管控体系，更多的是把社会责任感渗透到体系之中，使整个体系里拥有深刻的社会责任感渗透。通过社会责任感、社会价值观、社会使命、社会愿景将组织或者企业的思想统一在一个高度，把分散在全国，乃至国际的企业凝聚在一起共做有社会责任感的、利国利民的事业。

第四个核心要点：打造一个高赋能体系。

真担责平台型责任胜任力的人具备极强的前瞻性，他们对行业发展的规律有深刻的洞察，他们能洞察未来行业发展的趋势和国家未来的变化，所以，他们更多的是懂得蓄势、谋势与借势，形成更高的眼界、更深的洞见、更大的格局。再加上自己作为企业群主的力量来引领大家共同发展。他们会建立自己的资本机构、商学院来完成资本的组织和平台的投入，打造一个高赋能的体系。

真担责平台型责任胜任力的人的画像，如图3-17所示。

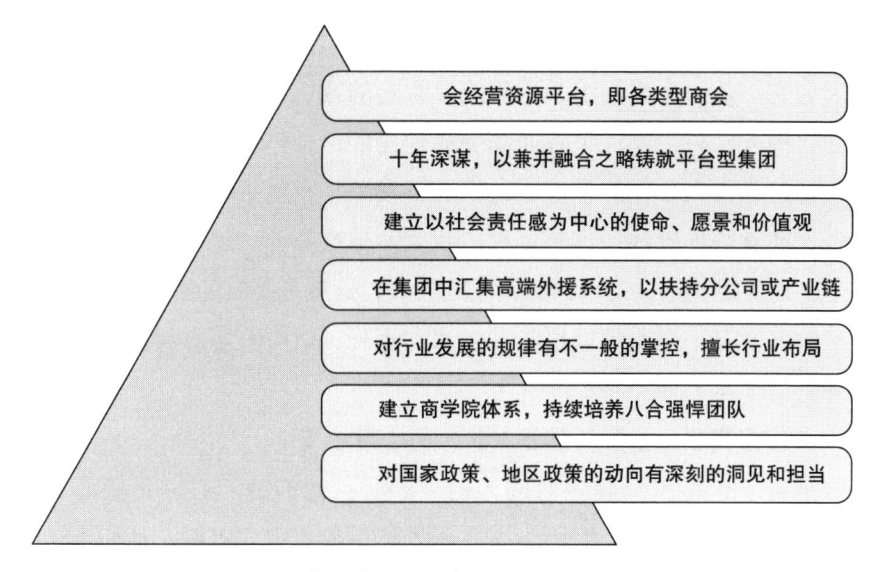

```
        ┌─────────────────────────────────┐
        │  会经营资源平台，即各类型商会    │
        ├─────────────────────────────────┤
        │  十年深谋，以兼并融合之略铸就平台型集团 │
        ├─────────────────────────────────┤
        │  建立以社会责任感为中心的使命、愿景和价值观 │
        ├─────────────────────────────────┤
        │  在集团中汇集高端外援系统，以扶持分公司或产业链 │
        ├─────────────────────────────────┤
        │  对行业发展的规律有不一般的掌控，擅长行业布局 │
        ├─────────────────────────────────┤
        │  建立商学院体系，持续培养八合强悍团队 │
        ├─────────────────────────────────┤
        │  对国家政策、地区政策的动向有深刻的洞见和担当 │
        └─────────────────────────────────┘
```

图3-17　真担责平台型责任胜任力的人的画像

2. 假担责平台型责任胜任力的人的特征

假担责平台型责任胜任力的人的特质是整合，他们想做一个平台，但他们更多的是通过整合，而不是承担起建立这个平台的责任，所以他们的心中是装不下一个平台的。他们希望用整合的方式来解决问题，但是整合时会发现很多问题根本就无法解决。

我有一个学员是做餐饮的，他整合了200家餐饮企业做了个联盟。大家一起搭建了一个平台，有钱的出钱，有体系的出体系，希望通过这种方式和大家合力做事业，一起打包上市。

这个方式看起来很美，仔细分析就会发现，这里面有很大的问题，他不了解这些小企业的老板并没有那么大的格局，小企业的老板更多的是要看到短期的利益，而不是真心地把自己的管理系统赋能给大家。在整合的过程中，很多人说得很好，但是做的时候就没有想象中的力度。没有真心做事情的力度，就很难通过合力把企业群组组合在一起。结果两年亏了8000多万元。

我这个学员犯的错误就是他需要依靠别人，不是依靠自己的资源、自己的资金、自己的体系，而是希望借助别人的体系、别人的渠道、别人的资金来整合，这是不可能的。

假担责平台型责任胜任力的人只要是用整合的模式来做平台就必死无疑。因为它不是一个软组织，它不能投大量的钱、大量的组织系统以及大量的人才，即人、财、物三个方面都要靠他建的这个体系来完成：你的企业缺人，我就给你投人；你的企业缺组织运营模型，我就给你投组织运营模型；你缺钱，我就给你投钱；你缺资源，我就给你投资源。这些重要的东西都在我手上，然后我会把你的小的赚钱模式放大，这就是平台的逻辑。

平台需要有一个大的思想纽带捆绑在一起，即大家要有共同的信仰、社会责任感，这样才能做长久。

（1）假担责平台型责任胜任力的人的心道法相

假担责平台型责任胜任力的人的"心"：他们的"心"是假心，他们"心"中的大爱是真的，但因为内心深处把世界想得太美好，他们会认为别人也会有他们一样的"大爱"。

假担责平台型责任胜任力的人的"道"：他们有整合资源的能力，当他们把平台系统按照他们心中所想的搭建好后，他们会自认为这个平台的所有人跟他们一样会尽其所能各显身手，一起共同发展。

假担责平台型责任胜任力的人的"法"：他们一厢情愿地认为，自己拥有建立平台的能力，并且认为每个人都会像他们那样注重个人使命、社会愿景，以及正确的价值观，最终实现共生共赢。

假担责平台型责任胜任力的人的"相"：他们的假心会导致他们带着跟每个人一样的一致性心态、一致性思维、一致性行为，投入全部精力去搭建他们认为的实现赢的平台。殊不知从他们建好平台那天起，也注定了他们的失败。

（2）假担责平台型责任胜任力的人的工作状态

假担责平台型责任胜任力的人在工作中表现非常出色，他们竭尽全力地去做一项他们认为无比神圣的工作。因为他们具备整合资源的能力，虽然他们心中假想出来的工作成果看上去很美，他们也足够努力，不惜搭上自己的身家资产，但是理想很丰满，现实却很骨感，他们的失败在他们开始行动时就显现出来了。所以，假担责平台型责任胜任力的人如果不提升生命层次，那么他们做什么事情都很难成功。

这就是为什么有很多有能力、品德好的人却总是失败的原因。

第七节　产业型到全球型责任胜任力：引领行业变革到推动社会进步、全球经济繁荣

由于产业型、行业型、社会型和全球型责任胜任力的人属于世界级的商界奇才，比较罕见。所以，本章就只做简单介绍。

1. 产业型责任胜任力的人的特征

（1）真担责产业型责任胜任力的人的特征

产业型责任胜任力，是指他的责任半径能够承载一个产业的布局和发展，具备洞察行业趋势、制定产业战略的能力，推动产业的升级和转型。真担责产业型责任胜任力的核心是要打通整个产业链，即打通整个产业链逻辑，在某个产业链形成强大的竞争力。

真担责产业型责任胜任力的人能打通上下游的产业链，比如，种植销售大米，他们能负责育种、栽培、种植、加工、销售的完整产业链。

我有个学员是（专业生产）帮别人加工保险丝，在我国市场占90%的份额。他不但挖原材料提炼保险丝，而且能做设备、矿石。

真担责产业型责任胜任力的人在行业市场竞争中能做到逐步形成垄断市场，这种垄断不是一家独大，而是市场中头部企业占据绝对的市场份额。同行无法与他们竞争。一般企业在行业中只能做到赚钱，特别是民营企业只喜欢赚快钱，不愿意做不赚钱的事情。国家正在聚焦战略性新兴产业发展，大力推进专业化整合。这种竞争会使很多企业倒闭，使资本挤垮别人。成功经验的快速复制就是产业链，产业链属于垄断行业。

（2）假担责产业型责任胜任力的人的特征

假担责产业型责任胜任力的人是希望通过别人来打通产业链，就是说不同于真担责产业型责任胜任力的人具备可以打通产业链的直属资源的能力，假担责产业型责任胜任力的人希望通过整合各种资源来打通各种产业链，但这种方式基本上很难成功。

2. 行业型责任胜任力的人的特征

（1）真担责行业型责任胜任力的人的特征

行业型责任胜任力，是指他的责任半径能够承载和影响整个行业的发展方向和竞争格局，具备引领行业变革、制定行业标准的能力。真担责行业型责任胜任力的人做行业，赚的是垄断资本。其核心是整合行业。我们耳熟能详的腾讯、阿里巴巴、华为等企业之所以对一个行业产生了颠覆性的变革，就是因为他们在行业上生根，在行业里形成护城河。

（2）假担责行业型责任胜任力的人的特征

假担责行业型责任胜任力的人更多的是希望通过别人来打通行业链，不同于真担责行业型责任胜任力的人有精通行业链的直属资源，他们是希望通过简单地整合行业资源来打通行业链，这种方式基本上很难成功，并不是他们不想精通行业链，而是能力有限。

3. 社会型责任胜任力的人的特征

社会型责任胜任力，是指他的责任半径能够承载社会责任，关注社会福祉，通过企业行为推动社会的进步和发展。真担责社会型责任胜任力将企业战略与国家战略紧密结合，他们的企业发展到一定程度时，会对国家的发展产生影响，因此需要与国家战略保持一致。

4. 全球型责任胜任力的人的特征

全球型责任胜任力，是指他的责任半径能够站在全球视野下思考企业和社会的发展问题，具备跨国经营、国际合作的能力，推动全球经济的繁荣和稳定。真担责全球型责任胜任力的人拥有世界性的视野，他们在全世界都属于凤毛麟角一类的天才创业者，他们的企业不仅对国家，而且对整个世界文明的发展都有很大的影响。他们从世界的角度去考虑问题，而不是局限于一个国家。

第四章

企业人才梯队的搭建体系：
任职资格评测

第一节　企业人才胜任力升级价值：降本增效 100% ~ 300%

企业转型是一项复杂的任务，需要有一支具备责任胜任力的高素质人才队伍来支持和推动，以应对市场的发展和变革。具体来说，企业人才升级包括从传统的管理员工行为到管理实施团队，从管理实施团队到管理职能部门，从管理职能部门到管理独立运营，从管理独立运营到管理组织系统，从管理组织系统到管理业务群组，从管理业务群组到管理矩阵集团。

在这个过程中，需要不断提升人才的责任胜任力，因此，企业或组织需要加强具备责任胜任力的高素质人才的培养和引进，建立企业人库，提高人才的待遇和福利，以吸引和留住具备高层级的责任胜任力人才。只有拥有一支高素质的责任胜任力人才队伍，才能更好地承载企业转型的任务，实现企业组织的可持续发展。

前面我们分别对九级责任胜任力的数字化人才梯队模型做了详细分析。那么，人才责任胜任力模型用于企业中会产生什么变化呢？

我们辅导的一家企业，其核心主管有7个人，3个人具备真担责部门型责任胜任力，企业让他们各自管理一个部门，但结果参差不齐：有3个人能将他们的部门管理得很好；有2个人管理的团队氛围不错，但整体能力不足；另外2个人的团队则问题颇多，沟通和解决问题的能力都不够。

我们在对他们整个企业诊断后进行了调整，将7个部门划分为5个，由3个将部门管理得很好的核心主管、老板以及两个核心股东（他们都具备企业型责任胜任力）共同管理。经过重新梳理人才结构和团队后，公司长期存在的问题得到解决，部门运作高效，团队成员的成长也有了负责人。调整前，企业营业额为1500万元，第2年达到3000万元，第3年在我们进行人才赋能后，更是达到了近5000万元。

我们辅导的另一家企业，在惠州和东莞都设有公司和分厂。但其派出的领导人和团队核心都不具备企业型责任胜任力，无法独当一面，导致分公司和分厂问题不断，如技术、品质、销售团队建设等。我们在对公司诊断后重新调整了组织结构，将销售团队收归总部直管，分公司主要负责执行。同时，为分厂引进了两个具备企业型责任胜任力的空降兵，经过磨合，建立了整个系统。通过梳理和诊断，分公司和分厂的问题得到解决，企业也进入快速发展期。因此，在用人时，精准识别非常重要。

从以上实例的变化可以发现，企业业绩的提升，需要我们在员工的能力本质上下功夫，让其本质发生改变。而这种改变并非靠管理、激励或绩效考核，而是要让员工的心性、格局、对事物的理解以及解决问题的方法都发生改变，这样他们的外在表现才会改变。责任胜任力提升需要在心、道、法、相四个方面下功夫，推动团队整体迭代和成长。

从我们辅导过的企业反馈的实际情况来看，通过运用责任胜任力模型，企业人才梯队迭代在以下方面发生了变化，如表4-1所示。

表4-1　数字化人才梯队迭代六大价值

	企业短期降本增效10%～30% 企业长期降本增效100%～300%
1	通过数字化精准识别人才，从而降低人才使用出错率30%以上
2	通过数字化精准掌握人才使用逻辑，从而提升空降兵存活率30%以上
3	通过数字化精准匹配人才、岗位、组织，从而提升运用效率30%以上
4	通过数字化精准搭建人才梯队，从而提升科学化管理水平30%以上
5	通过数字化精准发掘全员迭代内驱力，从而提升全员高效自运营水平10%～30%
6	通过数字化精准建立人才迭代模型，提升人才储备能力30%以上

从我们辅导过的很多企业的改变来看，数字化人才梯队模型确实能在短期内为企业带来10%～30%的增长。所以，要实现更大的降本增效，企业就需要根据该模型培养人才，将个体员工管理行为提升到一线组长管理团队行为，再提升到基层主观管理实施团队，然后是部门总监管理职能部门，接着是运营总经理管理独立运用体系，最后是企业总裁管理组织系统，再到总部董事长管理业务群组。

如果企业能通过1～2年的培训学习实现人才迭代，业绩就能实现翻番。

表4-2是责任胜任力测评能力素质模型面谈表。表4-3是责任胜任力测评面诊表。

表4-2 责任胜任力测评素质模型面谈表

责任胜任力测评和能力素质模型面谈表

姓名			部门		入职日期		工龄	
职位			层级级别		自我次第评估值		初诊次第值	
自我核心测评	测评项	专业技术能力		情绪管控能力	有效沟通能力	工作价值观	心理风险评估	职业综合素养
	测评分值							
岗位核心测评	测评项	工作计划统筹能力		工作分配合理能力	汇报工作有效能力	部门沟通协助能力	岗位决策担当能力	团队员工管理能力
	测评分值							
\multicolumn{9}{l}{自我核心测评雷达图　　　　　　　岗位核心测评雷达图}
潜在能力								
工作短板								
急需转化事项								
工作经历								
自我职业规划								
自我改善方向								
期望得到支持								

表4-3 责任胜任力测评面诊表

责任胜任力测评和能力素质模型面谈表

姓名		部门		入职日期		工龄	
职位		层级级别		自我次第评估值		初诊次第值	

责任胜任力次第自画像	性格能力	性格偏向	对人的感觉	表情判定	对事关系	与人关系	全局观
	次第值						
	通用能力	工作逻辑	问题解决	工作主动性	团队影响力	赋能系统	综合评定
	次第值						
领导力雷达图	影响力	管控力	决策力	前瞻力	感召力	创新力	合计
评分							

性格能力雷达图   **通用能力雷达图**   **人才领导力雷达图**

面诊关键词记录							
工作自述能力	岗位职责	工作流程	工作中常遇问题	领导的赋能	跨部门协调	薪资/培训	企业文化

以下是关键词记录：

人才稳定性	稳定因素		人才培养价值 企业方填写存档		ˇ 重点培养
	不稳定因素				ˇ 储备培养
	稳定性等级				ˇ 建议考虑

第二节　追随型责任胜任力应用：基层员工任职资格评测分析

在责任胜任力模型中，责任胜任力的提升就意味着你所承担的责任半径在扩大，你对自己工作和事业的认知也将随之提升。同时，你的能力会有所提升，做事情的范围也会扩大，相对应地，你处理问题的难度也会随之扩大。

这一章我们开始对责任胜任力模型做精细化分解。由于个人型责任胜任力的人活在自己的世界里，已经不能适应社会，更无法进入企业工作。所以，我们不再讲个人型责任胜任力的人，只对追随型责任胜任力到平台型责任胜任力的人进行逐一分析。

前文我们提到过真担责追随型责任胜任力的人的核心逻辑模式是心中只装着两个人——自己和他所追随的"贵人"，他会尽力满足这两个人的需求。由于真担责追随型责任胜任力的人没有思考问题的能力，因此无法发现和解决问题。他们只会信任并听从追随者的指令，并按照其示范进行学习。他们在性格上非常忠诚追随的人，非常值得信赖，但因为能力有限，真担责追随型责任胜任力的人只能处理简单的事情。

我有一个学员是老板，他的一个下属是维修工，跟随了他11年，对他忠心耿耿，而且要求不高，从来没有提过升职。虽然维修工看起来需要技术，但实际上并没有什么技术含量。在这11年中，那些和他同时入职的人要么得到提拔，要么离职去了其他公司，只有这个维修工还在原来的岗位上。

我的学员看到维修工做事踏实、认真、可靠，就提拔他做了主管，管理6个人。提拔后，他每天的工作内容发生了变化，因为不能自主地安排工作。所以，他每天要给我这个学员打几十个电话，询问的都是非常幼稚的问题。他实在不知道如何处理，所以要问老板该怎么做。

两个月后，我这个学员受不了了，告诉他，有些事情可以自己做决定，不必再事事都打电话请示。听了我这个学员的话，他上班成了煎熬，不知道该怎么办了，每天一到公司就开始纠结：到底要不要给老板打电话？因为每天需要给6名下属安排工作，他实在不知道如何安排，只能自己辛苦做事。

我这个学员听了我的课后，测出他的那个主管应该是真担责追随型责任胜任力，不适合提拔为主管。于是和他商量，让他像以前那样自己做事。他听后非常高兴。他如实地告诉老板，如果再让他继续工作下去，他就要崩溃了，并且承认自己现在与人沟通时存在障碍。这是因为人在崩溃时，胜任力会下降，再让他继续担任主管，可能会导致他难以做好目前的工作。

1. 遗忘和较长期留存

真担责追随型责任胜任力的人对于追随者的指令是对生存形成的条件反射，只能留存7~15天，之后他就会遗忘；经过长期训练后，他们会形成较长期记忆。

2. 被动与主动

真担责追随型责任胜任力的人都是被动地追随，需要他的"贵人"主动找到他，对他下指令；经过长期被训练后，他们会提前按指令主动行动，并且明确你指令的具体含义。

第三节　部门型责任胜任力应用：中层骨干任职资格评测分析

真担责部门型责任胜任力的人是浅度思维，属于流程方法性思维，在社会和企业，真担责部门型责任胜任力到真担责经营型责任胜任力的人占绝大多数，因此，我们将重点讲解真担责部门型责任胜任力与真担责经营型责任胜任力的模型。

真担责部门型责任胜任力的人是按部就班执行流程开展工作，他们的核心逻辑模式是关注部门流程，对事不对人，因为只关注流程，他们的逻辑是按照流程做事就是对部门的负责；他了解并遵循领导设计的流程和方法，以及其中的岗位职责。

真担责部门型责任胜任力的人对事情本身的流程较为敏感，他们认为流程是都可以做到的。真担责部门型责任胜任力的人不善于观察他人的性格。

另外，真担责部门型责任胜任力的人是流程性思维，他不了解背后的原理，不知道为什么要使用这个流程和方法。他只是在按照流程执行后，知道什么方法有效，什么方法无效，但具体如何设计他并不清楚。

真担责部门型责任胜任力分为一线组长、基层主管和部门总监。一线组长主要管理事务；基层主管对流程中的人的需求和能力更为敏感，对人的性格有深刻的洞察力，他们对不同人的不同需求了如指掌，能够与他人建立良好的关系，所以基层主管主要管理实施团队，部门总监主要管理职能部门。

接下来，我们将对个人员工、一线组长、基层主管和部门总监的不同模型逐一进行深入的探讨。

1. 个人员工

个人员工，即普通员工，具有以下特质：

（1）对事不对人

他们对他人没有感觉，无论是对他人的性格、需求，还是各种特质，他们都没有印象。个人员工只对能否按照流程做事情有感觉，也就是说，他们做的所有事情都是对事不对人。

（2）做事遵循流程

个人员工在工作中了解流程、掌握流程和方法，但在流程方法中不能有任何灵活的处理，他们需要的是标准化的流程并加以执行，所以他们的做事方式就是遵循流程。

（3）按照自己的方式解决问题

个人员工会接受各种流程性的指令，听从领导的安排。但是，他们遇到问题不会主动找领导询问解决方法，而是按照自己的方式解决。如果无法解决，他们不会向领导汇报，而是把问题搁置一旁。所以，他们没有能力主动与他人交流问题，只是分享做事情的经验。

个人员工需要执行指令，凡是与人相关的事情、具有弹性的事情他都处理不了，他会严格遵守流程，所以他也很讨厌别人不按流程走，觉得这个人不遵守规则。他只能全心全意地做事，工作非常细致。他对团队建设之类的事情不感兴趣，也不会主动与领导或其他人沟通，而是坚持按照已有的流程走。如果有问题，他会自己进行一些处理，处理不了就放任不管。

2. 一线组长

一线组长，具有以下特质：

（1）做事情只与内部成员协调

一线组长对他人的性格有一定的感知，他能看出一个人做事是细致还是粗糙，是主动还是被动，是内向还是外向。因此，他会根据人的性格进行内部成员的沟通和协调，但不对沟通和协调的结果负责。

（2）对事情能灵活处理

一线组长在遇到问题时，他能进行一些改善，并且能做到灵活处理。他在内部进行沟通协调，想办法解决问题。对于不能解决的问题，如果有他值得信赖的人询问如何解决问题，他会愿意配合。但是遇到困难，他不会主动向领导汇报。如果领导主动找他，他愿意沟通。出了问题，他也愿意全力配合。

（3）管理团队需要他人指导

一线组长知道可以进行改善，只是他只能解决一些小问题，进行一些协调和沟通，并且需要有人指导他如何改善和操作。因此，一线组长可以为企业内部管事，但只能管理一个小组。这个小组需要领导来指导，他需要协调好内部的协作。

3. 基层主管

基层主管，主要包括以下特质：

（1）敏锐的洞察力

基层主管对人的需求和感受有深刻的理解。他们清楚对方想要什么，以及此刻的感受，知道说什么话能让人感到舒适，需要什么样的支持和帮助。这种对人当下需求和感受的敏锐洞察力，使得基层主管能够快速与人建立关系。

（2）善于建立人际关系

由于基层主管能够与人建立良好的关系，使他们展现出能干的特质。他们会通过人际关系与领导建立联系，或跨部门建立关系，来帮助自己或是他人解决问题。他们擅长主动沟通，与领导和跨部门进行协调。然而，他们的沟通协调主要是在遇到具体问题时进行沟通，并试图解决问题，但并不一定会承担解决问题的责任，所以，他们并不在乎问题能否解决。

(3) 注重跨部门协调

基层主管了解需求并建立情感关系，他们会在情感上投入很多，例如，他们会和他人一起吃饭、聊天、关心彼此。因此，基层主管的团队相对和谐。他们愿意让周围的人都变好，但不会直接指导他人，而是通过分享自己的成功经验来带领团队。这种方式对团队的能力提升有限，只能产生有限的影响。

4. 部门总监

部门总监，主要包括以下特质：

（1）精通部门管理

部门总监的核心特点是精通本公司、本部门的原理。他们了解部门所需的所有能力、流程以及原理，因此能够清楚地知道每个团队成员掌握的能力。这样，他们就能更好地带领团队。

（2）能够为团队成员提供指导

部门总监因为精通部门管理，所以他们能够为团队成员提供指导，能够胜任部门总监。他们能够指出个人在能力方面的不足，是缺乏方法、对流程不了解，还是对管理不熟悉，并给予相应的指导。他们能够帮助团队成员提高个人能力，因此团队更加团结紧密。当团队出现问题时，他们也愿意承担责任。他们能够在部门中独当一面，还能够培养执行团队。他们懂得所在部门的绩效考核和部门的工作计划。但是他们不能独立设计部门的流程、部门的绩效考核、部门的目标规划等，需要他人教给他们，他们才能照着去做。

（3）具备跨部门责任感

部门总监对工作不是就事论事，他们还会关注对方的流程，通过了解对方的运作模式，来实现跨部门的沟通和协调。部门总监会尽力支持其他部门，从而赢得他们的支持。

真担责部门型责任胜任力到部门总监的提升，每个层次的跨越都意味着员工处理事情的能力扩大了3倍，思考问题的宽度扩大了3倍，内心的格局扩大了3倍，由此可以看出，员工次第的成长并非简单的工作能力的成长，而是层次裂变，即3倍的能力裂变，如图4-1所示。

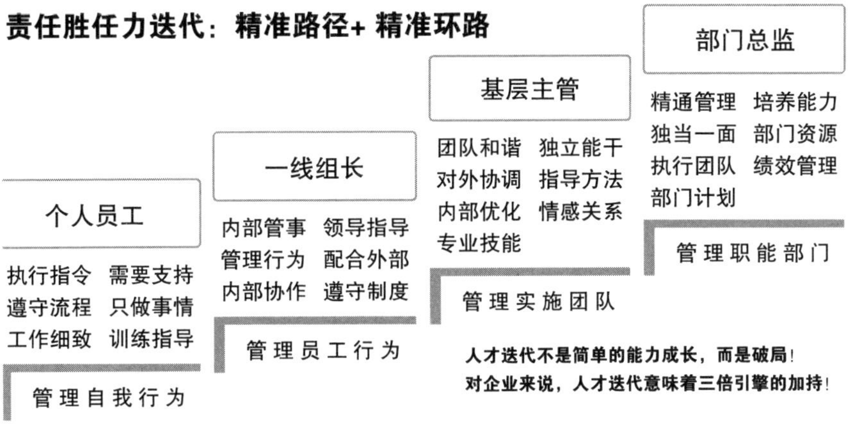

责任胜任力迭代：精准路径 + 精准环路

```
部门总监
精通管理  培养能力
独当一面  部门资源
执行团队  绩效管理
部门计划
管理职能部门

基层主管
团队和谐  独立能干
对外协调  指导方法
内部优化  情感关系
专业技能
管理实施团队

一线组长
内部管事  领导指导
管理行为  配合外部
内部协作  遵守制度
管理员工行为

个人员工
执行指令  需要支持
遵守流程  只做事情
工作细致  训练指导
管理自我行为
```

人才迭代不是简单的能力成长，而是破局！
对企业来说，人才迭代意味着三倍引擎的加持！

图4-1　个人员工到部门总监是3倍能力裂变

第四节　经营型责任胜任力应用：高层领导任职资格评测分析

真担责经营型责任胜任力分为运营总经理、企业总裁、总部董事长和集团董事局主席。运营总经理负责独立运营，企业总裁管理组织系统，总部董事长管理矩阵集团。

运营总经理是原理思维，能建系统。擅长运用系统和原理，能精准识别员工的层次，是用人高手。运营总经理关注个人能力和管理团队能力，是成就自己的。他们对企业核心的逻辑模式是系统观，他们了解商业逻辑，会根据商业逻辑进行分析判断，然后决定采用何种流程和方法做事。同时，由于具备底层逻辑，他们对事物发展有清晰的认识，并且能进行一定的布局。

企业总裁关注的是团队迭代，是成就团队的。他们会让团队成员升级，因为他们意识到这种"升维"对企业有很大的帮助，因此会支持团队的成长和发展。运营总经理则更注重提升销售能力和管理、财务等方面的岗位能力。企业总裁的企业会更加专业化和标准化，思想统一，价值观一致，并且会努力突破现状。在商圈中，他们会成为有影响力的人，注重口碑，并尽力支持他人。企业总裁会承担内部团队成长迭代责任，他们有很强的号召力，不但能影响合作者，还能影响他们周围的每一个人，这种影响力对合作者影响的力度会更大。他们尽全力影响和帮助他人一同成长。他们秉持经营哲学，会制定2~3年的规划。

总部董事长专注于组织建设，是成就组织的，但他们属于组织层面，尚未达到系统级别，真正的系统需要将上下游融合，组织是内部的，越往上发展，效率越高，但难度也越大。总部董事长对内部组织与外部组织会有很深的融合，对内部的体系会有职业生涯规划，即2~3个台阶的规划发展。

集团董事局主席则致力于系统合一，是成就整个组织的。由于集团董事局主席代表系统信息化，实现工作高效，将文化和组织全部数字化，并与客户端和上游端联通，实现客户与企业的统一管理，提供数字化管控模型，实现各环节的联动，从而大幅降低成本。集团董事局主席认为企业与客户是联通的，客户的问题无须反馈就能知晓。所有问题都实现了信息化。

集团董事局主席是让企业与上下游企业紧密合作，合作理念和默契度能够完全一致，并且都有股份联通、资源共享，如同一家人。双方的成本清晰可见，而且通过股份联通，即使入股少量也能清楚核算成本，核心在于数字化技术。

下面我们将对运营总经理、企业总裁、总部董事长和集团董事局主席的不同模型进行详细阐述。

1. 运营总经理

作为企业的运营总经理，年收入在150万~500万元，具有以下特质。

（1）利益导向

运营总经理秉持短期生意型商业逻辑，倾向于加入商会、协会以获取资源。在商会中，他们目标明确，只与他们有业务关联的人进行交流，对商会建设的投入较少。因此，运营总经理在商会中的影响力较小，属于追随者。运营总经理会与上下游建立朋友关系，但这种关系仅限于利益层面。比如，客户跟他们有供应链合作关系，因为有"利益"在，他们就会把客户当成朋友，在了解对方需求后，会尽全力帮助对方。

（2）团队建设

运营总经理懂得企业各部门的运作原理和方法，他们会给予部门负责人以指导，即通过打破"部门墙"，建立自己的管理团队和执行团队，实现企业独立运营。在管理团队时，他们允许成员有思想和做法上的差异，不会强行要求团队标准化。运营总经理管理团队擅长做优化，不擅长做突破性工作。因为运营总经理全部是岗位制，标准化的时候是一个岗位，它可能拆分成若干小的细分岗位。运营总经理企业比较注重个人能力，如果企业里的优秀销售员离职，或者研发人员离职，对企业影响很大。

（3）寻求顾问

运营总经理对未来的洞察能力有限，只能洞察1年的变化。由于对未来规划的不同，运营总经理注重利益，与人打交道时围绕利益设计流程、方法和策略，运营总经理寻找的顾问都是短期的，他们旨在解决具体的、部门性的问题。例如，针对营销、管理或品质问题寻找相应的顾问。

（4）经营规划

运营总经理的规划方式叫作经营规划，又称业绩规划，企业今年要赚多少钱，或者企业要生产什么产品，今年要招多少人，围绕的全是业绩，或者是围绕着业绩规划。或者叫经营规划，就是企业为了经营，需要增加产品，需要增加生产线，或者要增加多少员工，就是根据企业业绩或者经营目标来做规划。

2. 企业总裁

企业总裁在企业属于总裁级别的领导者，年收入在500万～1500万元，具有以下特质。

（1）具有战略思维

企业总裁注重企业的专业化与标准化，会尽力影响外部人群及合作者共同成长迭代，对合作者的督促力度更大。他们也会影响外部周围的人一同成长，且只能为对方规划上一个层次。其年薪通常在500万～1500万元。这类人一般为管理型团队，擅长团队优化，但不擅长建队，难以承担突破性工作，帮助对方时会尽力而为。他们具有战略思维，能思考推动企业转型升级，对企业战略的思考时长为3年，其经营哲学为内部承载，即经营人的生命。他们还特别重视人品，认为只有人品好、有大格局的人才能具备更强的系统观和团队责任感，而这与系统建设和长期发展相关。他们经营生命，既注重内部合作，也注重外部影响，同时注重人品。

（2）团队标准建设

企业总裁重视团队建设，强调标准化建设或团队标准建设。他们并非系统建设者，只有人品好、心中有大局的人才能够自愿去掉个人化和团队化。人品越好，次第越高。他们在与外部合作时，会影响周围的人，也会帮助对方提升胜任力。他们注重系统建设，要求系统内所有人都以建立系统为首要任务。企业总裁会让团队内部成员的思想一致化，内部团队的流程思想一致化。

企业总裁以团队协作为主，整个团队成员离开，对企业影响很大，但如果其中有一个人离职对团队的影响很小，他们可以快速地培养另一个人。对于企业总裁来说，团队对企业的影响很大，比如，如果研发团队离开，企业就会受到很大的影响；再如，销售团队已经形成了模块化的工作，如果销售人员甚至销售总监离职对企业影响较小，但销售团队离开，企业就会受到很大的影响。所以，对于企业总裁来说，团队很重要。他们无法复制团队，只能复制个人。

（3）资源获取途径

企业总裁也会在商会寻找资源，但与运营总经理不同，企业总裁乐于助人，不论是否存在利益关系，只要对方在共同的商圈，他们都会尽力帮助对方。因此，他们在商会中口碑非常好，往往成为重要的甚至领军的人物，从而获得更多的资源和支持。

（4）生态战略规划

企业总裁做的是生态战略规划，旨在推动自身企业转型升级，着重于与上下游企业聚焦协同，相融共生，以局部一体化形式来整合上下游企业与自身企业生产关联的部分，对外部合作的企业不是全盘规划，只是施加影响、助力推动，携手共创发展新局面。

3. 总部董事长

总部的董事长，具有以下特质。

（1）建立团队培养模型

总部董事长重视系统化建设，他们在团队建设中会充分考虑人性因素，而不是完全依赖系统。因为他们明白，只有格局高的人才能让整个团队的系统建设效率更高。所以，总部董事长非常重视系统建设。

总部董事长擅长建立模型，他们已经把团队培养的能力模型导出来了。他们不是以团队为核心，而是有标准化，用数字说话，这种标准不是团队的标准，而是系统化。但并不是都是以系统为大，他们会尽量把团队的能力全部提炼到系统上。去团队化和个人化，如果团队成员离开，他们可以马上复制出一个团队。所以，团队的离开不会对企业造成影响。

（2）建立共赢生态规划

总部董事长是建立战略规划，是包含上下游企业的，就是上游下游企业你得跟我一起成长，叫作战略规划，也叫作业态规划。他们注重用系统建设上下游企业的生态。他们会与上游企业和下游企业融合，建立上下游企业生态系统融合，运营协同作战。战略思维是指与上下游企业融合，实现共赢生态。你的战略和我的战略之间有融合，你的运营和我的运营之间也有很多的融合。他们彼此的组织之间是统一的。

总部董事长是给上下游企业提供配套的成长系统，让对方跟自己一起成长。比如，对方的生产设施不齐全，他们会提供配套的设备，让对方的能力提升，因为对方只有成长才能和自己做到融合，你要参与到我的研发，参与到我的技术，甚至参与到企业规划中来。我要降本，你要跟我一起降本，他做的是生态规划，或者叫上下游规划。有时候，总部董事长对客户的影响力弱，他就可能不会对客户进行规划，但是能规划的他都会去规划。

（3）与外部企业深度融合

总部董事长会让自己的组织与外部组织深度融合，如上下游企业的融合。彼此相当于跨企业一体化，但尚未镶嵌成完整整体，有很深的融合度。他们对内部有成长体系，能为整个体系团队建立职业生涯规划，可让对方连续成长2~3个台阶，对内部团队也有职业生涯规划，有2~3个台阶的发展区间。其年薪在500万~2000万元。总部董事长只管自己的企业成长，对外部企业只是影响，对方是否成长，他们会尽力影响，但不承担这份责任。

总部董事长是协同系统共融，就是把自己企业的系统和上下游企业统一，实现共融共通，很多地方是和上下游企业协同作战，你的系统和我的系统有很多的交叉。对方企业的规划他们很清楚，有很多事情可能是一起做研发，也就是他们会有很多的协同一起做研发。比如，参与下游企业的研发，提供什么样的什么品质，他们能做到心里更加有数。明白跟对方有很多系统共融的地方，他们会参与你的供应链的管控，但不是完全一体化，就是有很多共融的部分。会参与到很多上下游企业，有很多的事情会一起去参与，比如，对方的采购计划和他们的生产计划之间会有很多的协同，也可能和你的研发之间就有很多的协同，就是系统有融合的部分。

（4）商会建设

总部董事长注重用系统建设上下游企业的生态，能够组建200人规模的商会，并且以出色的领导力担任商会会长，以便更好地与政府进行对接。

4. 集团董事局主席

集团董事局主席，具有以下特质。

（1）数字化管控一体化规划

集团董事局主席对企业制定5~8年的产业链规划，即在产业链上建立团队。此时，企业开始建立精神系统，在思想底层进一步达成一致。同时，集团董事局主席实现了完全数字化管控，整个系统内外已一体化，如合作的上下游企业的订单情况与自身供应链已经融为一体。此外，他们对社会也有一定程度的融合。

（2）与上下游企业运营一体化

集团董事局主席更注重组织建设。相当于上下游协同作战，完全一体化，称为组织建设，即数字化管控上下游完全一体化。集团董事局主席数字管理模型的核心就是一体化，也就是说，与上下游企业进行一体化的管理。比如，对方企业的生产进度和我们的生产进度是一体的。你那边生产的情况，我这边马上能看到，我会根据你那边的实际情况马上安排生产，或者加班，叫组织一体化。系统融合可以实现上下游的协同作战，甚至做到了上下游企业的计划跟自己企业的计划是一体的，即上下游战略组织一体化。

他们上下相关联度很高，我的企业可以跟他合作，也可以跟他另外合作。集团董事局主席合作一定是一体化的，这就是系统融合，系统融合协调，协同作战。

（3）与上下游企业共生共长

集团董事局主席能够进行全方位一体化规划，以确保集团各业务板块协同运作，高效发展，实现整体战略布局的精准落地与稳步推进。集团董事局主席不仅规划自己的企业，他们还会规划上下游的企业，因此必须具备大局观，不能只关注自己企业的发展。他们不仅要有高尚的人品，还要有大局观。企业不仅要配合下游企业，还要配合上游企业，这就是大局观。与此同时，集团董事局主席一定会承担让上下游企业成长的这份责任。

（4）带领企业承担社会责任

集团董事局主席不仅注重大局观，还会注重社会责任。他们不只是做到与上下游企业一体化，还会带领上下游企业一起注重社会责任。

（5）配合政府履行社会责任

集团董事局主席会与政府有深度合作，其经营项目符合当地政府需求，获得支持并享受政策。因为他们的企业规模比较大，他们会注重跟政府的关系，会配合政府的很多政策。对政策有很强的敏感度，和政府协同融合，要配合政府的环保、政府的税收、地方的劳动就业，配合政府为社会做一些有意义的事情，这就是集团董事局主席。

由此来看，每个人会因为次第的高低形成收入的差异，每上升一个次第，获得的收入也将有所增加，进入次第越高意味着责任更大，眼界越开阔，格局越大，生命就越辽阔，收获的成功也越大，相应地也会获得更多的收入。

企业的发展也和员工的次第相关，要想让员工生命层次提升，就要让员工打倒"假我"，承担起应该做的事情，做符合他们次第的事情，在实践中修炼，建立系统，找到有慧根、能成长的人来指导员工，这样才能推动企业迭代发展，如图4-2所示。

责任胜任力迭代：精准路径+ 精准环路

集团董事局主席
共命模式　数据模式
矩阵经营　政商一体
四环结构　精神文化
业态团队　产业布局
管理 矩阵 集团

总部董事长
共长模式　战略团队
集团模式　上下扶持
三环结构　政商资源
组建商帮　长远布局
管理业务群组

企业总裁
内部扶持　经营团队
外部共生　共生资源
整合小企　商帮核心
经营哲学　布局未来
管理 组织 系统

运营总经理
全面负责　顾问外援
管理团队　上下朋友
资源圈子　生意哲学
系统运营　商业环路
管理独立运营

人才迭代不是简单的能力成长，而是破局
对企业来说，人才迭代意味着3倍引擎的加持

图4-2　运营总经理到集团董事局主席责任胜任力迭代

第五章

人才梯队的发展路径：任职能力成长

第一节　人才梯队任职能力：寻找专业顾问团队做指导

在商业世界中，企业员工的价值与薪酬常常是一个复杂的问题。员工初入职时可能并不值他们所领的薪水的价值，但这并不意味着他们没有潜力。事实上，员工的成长是一个从无到有的过程，这是用人的基本逻辑。新员工入职时，可能并不具备与薪水相称的价值，需要通过培养和磨炼，才能逐渐变得有价值。一旦他们变得有价值，他们自然会期望得到更高的报酬，这是员工的正常逻辑。

我辅导过一个企业，这个企业的一把手具备运营总经理的能力，其中三个部门总监只有一位具备部门总监的能力。企业每年的营业额为3000万元，但由于人才能力不平衡，跑冒滴漏严重，企业利润极低。我们建议根据实际情况对企业的组织架构和岗位职责进行了调整，以适应人的能力和需求。把不能胜任的两个部门总监合并成一个部门，由总经理直接参与监督。

在此之前，企业是按论资排辈来区分的。比如，有的员工跟着老板时间长，不论能力论资历，均可以担任部门主管；有能力的人资历不够，只能在部门做着不能完全发挥能力的工作。因为组织架构和岗位职责是根据员工的责任胜任力调整的，调整完了企业的效率就提高了。同时，为每个人规划了成长目标，建立了顾问体系。我负责辅导老板，顾问团辅导精英层和管理层，咨询师指导基层。

通过以上的调整，企业的效率得到了提高，盈利也得到了增长，再通过人才梯队胜任力迭代整体提升，由最初的3000万元的营业额增长到现在的3亿元。

另外，企业留不住人的主要原因是没有给员工提供足够的发展空间。当员工提出涨薪的要求时，他们往往还没有达到那个价值水平。企业空降的人也可能不值他们的薪酬，因为他们需要几个月的时间来适应。因此，解决这个问题的关键是建立一个标准化的模型，将员工的赚钱欲望与他们的成长联系起来。在这个过程中，企业需要给予员工支持，帮助他们变得专业，这需要团队作战的模式。

要解决这个问题，关键在于企业要持续为他们灌输情怀。其中，有几个关键问题需要解决。

1. 建立阶梯式的目标模型至关重要

这意味着员工的薪酬应该与他们的价值相匹配，即"你值多少钱，就拿多少钱"。这就是薪酬模型的核心。

2. 让员工变得有价值是关键

在销售部门和生产部门都是如此，员工一旦成熟，就会提出涨薪的要求。其他部门也会有类似的情况。因此，企业需要具备将员工从无价值培养成有价值的能力。这种能力的体现就是为员工制定持续的成长规划，让他们经历多个阶段的发展。

一个企业如果能够为员工提供1~2个波段的培养，那么他们就能留住员工2~4年；如果提供3个波段以上的培养，员工就能在企业待上6~7年，甚至10年以上。然而，很多企业只能提供1个波段的培养，到第2个波段就无能为力了。这时，员工很可能会选择离开。

3. 对员工进行专业化培养

企业把岗位拆开进行专业化处理也是一个重要的策略。员工专业化培养需要3个部门的联动，这样员工的收入会有较大幅度的提升。但许多企业仍然依赖个人能力，这导致了人才的流失。企业需要采用团队化作战的模式，形成明确的标准，并为员工提供成长的波段。

对于中小企业来说，对员工培养至少要2个波段，尤其是在销售部门。很多企业只注重1个波段的培养，让员工在销售团队中自行摸索。这样的企业很容易流失人才。企业应该用团队化作战的模式，降低员工的流失率。

通过以上措施，企业不仅可以解决员工价值与薪酬之间的矛盾，也能够为员工提供更多的发展机会，从而留住人才。这样，企业和员工都能从中受益，实现双赢的局面。

企业留人的关键在于老板自身的迭代，如果老板不成长，团队便没有成长的空间，也无法实现团队化和波段式成长。达到企业总裁阶段后，可以进行2个波段的培养；达到总部董事长后，需进行3个波段的成长规划。未达到企业总裁则会陷入两难困境：培养人才可能变成竞争对手，不培养则无人干活。此时，应保持积极正向的思维，将其视为短期合作。

如果企业存在人才迭代问题，需要认识到这可能是自身带人方式的问题。给予人才资金或不给予都会引发问题。大企业通常采用这个模式，小企业至少应建立三个模型。若一把手未迭代，就会不断培养竞争对手。这些员工就像"恶菩萨"，提醒老板要加快成长。不成长则会被内外人员取代。老板不成长就无法跟得上时代的脚步，特别是在当今时代，一把手和二把手职责有天壤之别，一把手要擅长任用比自己更强的高手，充分利用资源和外部赋能。

思考如何充分利用人才，能体现出企业管理者的成长思维之快。而员工的迭代采用的是裂变思维，谁能得到领导的扶持，谁就具备一把手思维。然而，有些人在得到扶持一段时间后，会产生自我意识，变得傲慢，对他人不屑一顾。

那么，谁能有把你培养成一把手的思维呢？需要在外部寻找那些比你的能力高3倍或10倍的人，在他们的指导下能够迭代。如果对方比你高3倍，你可以全面模仿对方的方法，但一定要有专业老师指导，否则可能会让你看走眼。而高10倍的人则会在核心理念上给你带来颠覆，其中的逻辑需要深入剖析，因为表面看到的只是冰山一角。这就是一把手的责任胜任力迭代过程。

二把手的特点是喜欢用责任胜任力相近的朋友，相互帮助、互补、相互学习，这是二把手的思维方式。他们会选择与自己水平相当的人，相互帮助。这样的人在企业中会有很多兄弟，但没有很多贵人。他们注重的是质变。

三把手的思维是以自我为中心，认为自己最了不起，什么事情都由他来解决，他只用比自己弱的人。他是最厉害的，整个团队都依赖他。

真正的一把手团队是由高手、朋友和追随者组成的，一把手的团队结构也有三层：第一层是比自己更厉害的高手，也就是贵人、顾问导师或上师[①]；第二层是朋友；第三层是愿意追随自己的员工。

企业采用的模式决定了企业未来的发展方向。企业的结构就是一把手的

---

① "上师"是一个古老而充满尊敬的称谓，特指那些在德行、知识和修行方面非常卓越的佛教导师。在佛教传统中，上师被认为是一种灵感的导师，能够引导学生走向解脱和觉悟之路。本书在人才管理中引用的"上师"这个称谓，特指那些品行、才学、认知或职场经验都高于自己的领导、主管或职业教练等。

结构，企业文化就是一把手能力模式的复制。

对于假担责的人，要学习他有价值的部分；要体谅他，如果无法改变他，就接受他。一个人有假担责的部分，也就有真担责的部分，可以与他的真担责的部分合作。

企业要运用团队的逻辑来建立团队，要从创业团队开始解决，需要有具备运营总经理的人才能建立团队，一个是自己人，一个是用顾问。建立团队和体系，运营总经理也可以做到，帮助企业建立团队，企业总裁成就组织建设，总部董事长实现企业全面数字化建设，如图5-1所示。

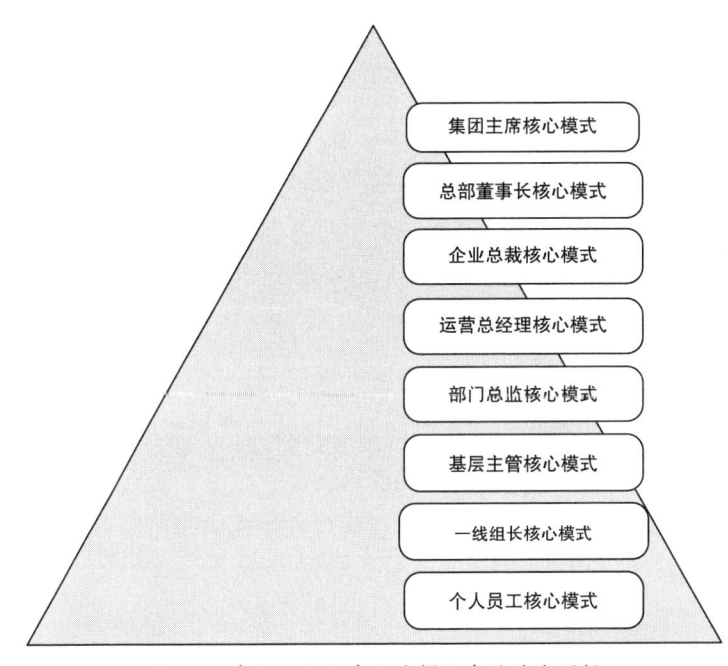

```
                    集团主席核心模式
                   总部董事长核心模式
                   企业总裁核心模式
                  运营总经理核心模式
                  部门总监核心模式
                  基层主管核心模式
                  一线组长核心模式
                  个人员工核心模式
```

图5-1　责任胜任力在人才梯队中的迭代逻辑

对于企业领导人，要给他们讲解运营总经理以上的模型。从个人员工到一线组长突破一个能力，从一线组长到基层主管突破三个能力，从基层主管到部门总监突破五个能力，从部门总监到运营总经理突破七个能力。这是我对企业的辅导模型，我们可以根据这个模型来制定成长规划。

重点强调一下，"迭代"本身无法带来能力上的提升。无论听多少老师讲课，自身能力都不会得到提高。培养能力的关键在于取得成果，无论是自己取得的成果，还是在顾问导师的带领下取得的成果，顾问导师是我们成长的捷径，最好由顾问导师带领我们成长，而不是自己摸索和探索。在顾问导师的引领下，我们可以少走弯路。

顾问导师有两个作用：一是教你方法和策略；二是可以全面地教给你能力，包括带团队的能力。

1. 自己实践和尝试，不断试错和改进

这种方式的成本和时间都是巨大的。在迭代过程中，拜师是更好的方式。拜师可以学习到系统和窍门，顾问导师会告诉你关键点和难点。如果没有人指导，你需要自己一个个去尝试才能找到窍门，而在上一个层次会有很多需要掌握的窍门。这就是拜师的意义所在。

2. 拥有完整的顾问体系

企业需要拥有一个完整的顾问导师体系。自己成长最快的时候不是有顾问导师的指导，而成长较慢的时候是没有人指导，只能依靠自己。特别是许多企业老板，一旦成功后就丢掉了这个模式，不再有顾问导师的指导。因此，一定要找到真正的师傅。师傅会手把手地教你，而老师则是给予你理念。老师提供了正确的方向，但无法告诉你具体的操作窍门。师傅则在实践中给予指导并指出关键。顾问体系就是一种师傅体系，而上课则属于老师体系。所以，上完课后一定要请师傅指导来落地。要确保找到的师傅是真诚的，而不是虚假的。虚假的师傅可能会让你认为成长很容易，但无法提供系统性的迭代帮助，更多的只是局部的改进。

企业老板需要了解这部分内容，以实现人才梯队的迭代。

图5-2是华为顾问导师体系。

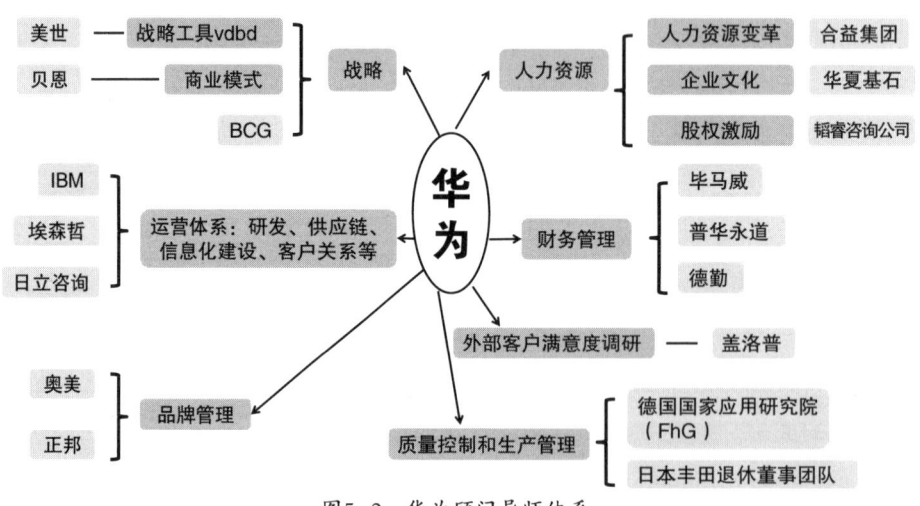

图5-2　华为顾问导师体系

第二节　人才梯队发展路径：需高阶顾问导师引领

在当今竞争激烈的商业环境中，企业人才的成长与发展对于企业的成功至关重要。对于企业中个人员工以上的员工而言，通过责任胜任力迭代实现自我提升，是职业发展道路上的关键。一般来说，企业人才责任胜任力迭代的内涵主要包括以下三个方面的事项，如图5-3所示。

迭代事项：不擅长领域**迭代**不擅长事项 —— 顾问导师赋能

突破事项：擅长领域**突破**不擅长事项

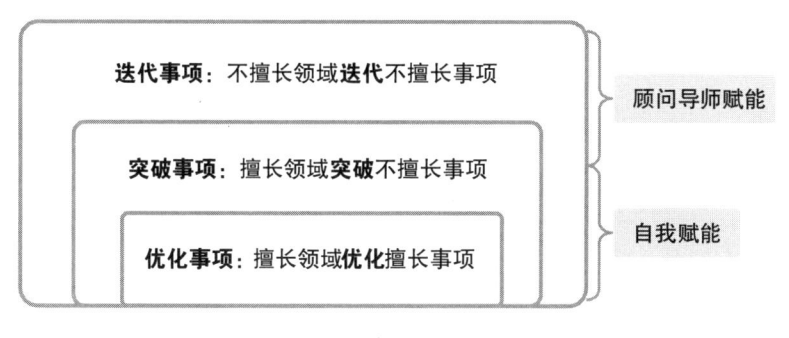

优化事项：擅长领域**优化**擅长事项 —— 自我赋能

图5-3　企业人才责任胜任力迭代的内涵

1. 优化事项：在擅长领域精益求精

每位员工都有自己擅长的工作领域，但即便是在这些领域中，也存在进一步优化和提升的空间。以销售领域为例，有些员工在个人销售业务上表现出色，但当面临带领销售团队、管理团队事务等新任务时，可能会感到棘手。此时，就需要对现有的工作方式和方法进行深入反思与调整，通过优化来提升自己在该领域的能力，从而更好地应对新的挑战。

例如，一名销售精英在拓展客户、促成交易方面能力出众，但在团队成员的培训与指导、团队目标的制定与执行等管理工作上经验不足。那么，他就需要对自己的工作模式进行优化，学习团队管理的知识和技能，调整工作重心，以实现从优秀销售员到卓越销售团队领导者的转变。

2. 突破事项：在擅长领域突破局限

在自己熟悉且擅长的领域中，随着企业的发展和市场的变化，往往会出现一些以往未接触过或不擅长的工作任务。然而，这些新的任务又是实现个人职业发展和企业目标所必须面对和解决的。此时，员工需要勇于突破自我，挑战这些不擅长的事项，实现能力的拓展和提升。

例如，一位长期从事销售工作的员工，因公司业务发展需要，被调配到策划部门参与产品策划工作。虽然在初始阶段，他可能对策划工作的流程、方法和理念都不够熟悉，但只要他敢于突破自我，积极学习策划相关的知识和技能，充分运用自己在销售领域积累的市场经验和客户需求洞察，就有可能在策划领域取得优异的成绩，为企业的产品推广和市场拓展提供有力的支持。

3. 迭代事项：涉足不擅长领域，实现跨越发展

迭代是人才成长的重要阶段，它不仅意味着对现有能力的优化和突破，更意味着要勇敢地踏入那些完全陌生且不擅长的领域。在这些领域中，员工往往缺乏相关的经验、知识原理和资源支持，但正是这些挑战，为员工提供了实现跨越发展的机遇。

那么，如何在不擅长的领域中实现突破和成长呢？员工可以通过以下三种学习方式来助力自己的成长。

（1）自我赋能

自我赋能是员工成长的基础方式。员工可以通过自主阅读专业书籍、查阅权威资料、参加在线课程学习等途径，获取相关的知识和技能，进而解决工作中遇到的问题。这种方式对于在自身擅长领域内的知识深化和技能提升具有重要作用。

（2）借力赋能

在面对不擅长的事项时，员工可以积极借助外部力量来实现能力的突破。例如，跨部门合作时，与其他部门的专业人员进行沟通交流、协作配合，借鉴他们的经验和专业知识，为自己的工作提供新的思路和方法。再如，在开展一个新的项目时，可以寻求行业专家或外部顾问的指导和建议，借助他们的智慧和资源，推动项目的顺利进行。

（3）顾问导师解决

当自我赋能和借力赋能都无法有效解决问题时，寻找顾问导师进行指导就显得尤为重要。顾问导师是指那些在专业领域、人生经验和思维层次上都高于我们的人。他们能够以更高的视角和更丰富的经验，为我们提供精准的指导和建议，帮助我们实现更高层次的成长迭代。

相比自我赋能和借力赋能，找顾问导师能让我们实现高段位的责任胜任力迭代。如果员工处于部门总监位置，那么寻找至少高于自己一个层次，能够改变我们的底层逻辑，帮助我们从新的角度去理解和解决问题；而寻找高我们两个层次，则能够颠覆我们的思想，为我们带来全新的思维方式和理念。

此外，寻找顾问导师时，尽量选择三位顾问导师为宜，因为同一级责任胜任力的顾问导师，其擅长的领域和精通的原理也存在差异。例如，有的顾问导师对企业的经营管理和战略规划有着深刻的见解和丰富的经验；有的顾问导师擅长团队建设和人才培养，能够帮助员工提升团队协作和领导能力；还有的顾问导师在资源整合和市场拓展方面独具慧眼，能够为员工在业务拓展和市场竞争方面提供宝贵的指导。

总之，在企业人才的成长过程中，通过在擅长领域的优化、突破以及向不擅长领域的迭代，并借助顾问导师的指导和引领，员工能够不断提升自己的能力和责任胜任力，实现个人的职业发展目标，同时为企业的发展注入源源不断的动力。

第三节　个人员工成长为一线组长：由管理自我到管理事务

一个人成长的核心，如果跟着比自己高两个段位的人学习，即高两个能力层级的人学习，可以改变你的内心和生命的逻辑。而高一个能力层级的人只能改变你做事的方法，无法改变你的心道。因此，我们如果寻找比自己高一个能力层级的人，他们会详细地讲解很多方法。而高两个能力层级的人则重点改变你的底层思路和格局。

个人员工在很多企业中比较常见。个人员工代表性格内向，对人无感，达到岗位合格标准。一线组长较为被动，对人的个性有感知，与人打交道较为顺利，但自身愿意与人打交道，表现得腼腆害羞，面部无太多表情，主要关注团队。基层主管在熟悉的圈子中较为活跃，表情丰富，对人的需求有感知，对当下人的情感需求能敏锐察觉。虽然有表达欲望，但无法完全抒发，处于被动状态，除非他人主动邀请，否则不会主动。希望带领团队，有团队领导意愿。

个人员工学完后很难成长，因此需要建立模式，并为其配备好顾问导师。一个人胜任力不足，在工作中是很难取得成果的。特别是从事销售行业，无法搞定大客户。

1. 情绪化

情绪化是指无法控制情绪。如果找不到方向，说明你的胜任力不够，需要寻找责任胜任力更高的人来指引方向。

2. 担心

担心意味着过度操心，操心超出自己能力范围的事情。例如，有些人总是担心未来，但由于责任胜任力不够，他们会感到心慌和有压力。这是因为自己没有能力处理，责任胜任力不够，所以要么降低责任胜任力，要么提升自己的责任胜任力，学会迭代。

个人员工有局部思维和部门思维，他们有上级、下级和平级的概念；他们对事不对人，他们只关注事情本身，按照标准化流程处理问题，不会灵活处理。他们在社会上是典型的对事不对人的类型。

个人员工对事不对人，他们看不到人与人之间的差异，认为人都应该按照流程来走。他们不会主动与人沟通协调，有事自己处理，也不会和领导或同事进行沟通。他们只会按照例子中的流程来做，比如，上一道工序出错了，也不会反馈。他们只会完全遵守指令，这种人适合在特别规范的企业中担任小主管，且必须有明确、固定的指令。他们缺乏应变能力，只能执行指令，属于个人式员工，安排什么就做什么。

一线组长，管理几个人，进行内部协调。他们会与内部的人沟通协调，熟悉流程，但他们不具备安排人员工作的能力和影响力，只能进行一些微小的协调，且协调难度不能太大。

一线组长仅限于了解人的性格，无法准确把握人的需求和感受。他们与人建立关系的速度较慢，属于慢热型，需要很长时间才能与人熟络。因此，他们只能与熟悉的人，也就是内部的人进行沟通协调，基本上会回避与领导或跨部门的沟通。但如果领导或其他能干的人主动与他们沟通协调，他们是愿意配合的，只是比较慢热。

在处理问题方面，一线组长只能进行一些小的协调，而无法解决问题。

协调主要是针对换班、洗手间等小问题，大家说清楚就可以。此外，他们具有出色的团队协作能力。对于人，他们需要较长时间才能对人有感觉，虽然知道人与人之间存在差异，但这方面并不突出。

一线组长在管理员工行为上比较擅长，但他们无法让团队变得快乐，也无法做好其他方面的事，但能在一些事情上进行协调。

在某个部门中，有三个关键岗位，一线组长能精通一个板块。这是一线组长个人的能力，而且他们能够把握他人的情感需求，知道说什么话能让大家开心、舒服，也愿意建立情感关系。知道良好的情感关系有利于工作的顺利开展，因此会通过情感关系来弥补其他不擅长的部分。

一线组长在工作中对整个部门只擅长三分之一的工作，比如，财务部分为几个板块，虽然他们可能只精通一个板块，但对其他板块的工作，也能通过协调沟通拉近关系来弥补不足。

他们关心团队成员，能够让团队变得温暖，也能意识到团队的困难。但他们看不懂下属的能力瓶颈，无法理解别人工作上的短板在哪里，因此只能分享。他们没有能力教人提升能力，只能通过提升办公氛围来改善现状。他们看不清人的短板，不知道如何指导他人，也不知道他人的能力需要在哪些方面成长。但是，当下属不开心时，他们会通过各种方式来宽慰下属，让下属感觉良好，从而创造一个比较和谐的氛围。

一线组长的领导在处理重大事件时可能会比较困难，但是在处理一般的不开心和小矛盾时，他们会采用很多方法，如哄、劝、陪伴、理解等，让人的心情好起来。在带领团队时，如果团队成员需要支持，他们会利用团队内部的情感关系，让关系好的成员提供帮助。他们在内部关系处理方面有一定的技能。

人才迭代模型，是我在30多年的企业培训中，根据员工实际情况设计的人才梯队迭代能力的数字化模型，人才迭代成长涵盖性格能力、通用能力和岗位能力，如图5-4所示。

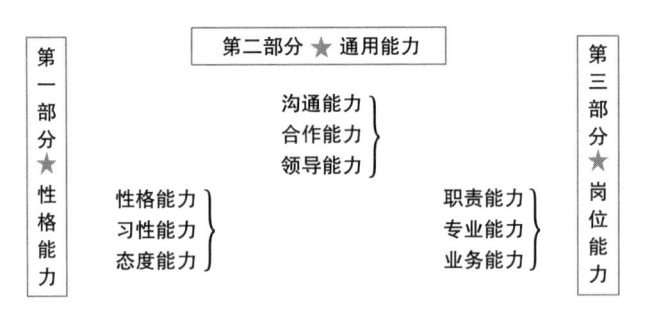

图5-4 人才梯队迭代能力模型

1. 性格能力

性格能力包含性格能力、习性能力、态度能力。员工要明晰自身优势、劣势、个人特长与性格喜好，通过自我认识与管理，合理制定职业生涯规划。同时，保持积极端正的态度，具备对团队或环境的适应与学习心态。

2. 通用能力

通用能力有沟通能力、合作能力、领导能力，包括自我管理能力、任务执行能力、创新创造能力、高效沟通能力、人际合作能力。这些能力可帮助员工更好地融入团队、提高工作效率，促进个人与组织共同成长。

3. 岗位能力

岗位能力是指与具体工作岗位相关的专业技能和知识，主要有职责能力、专业能力、业务能力。员工需在最短时间内认同企业文化、忠诚企业、有团队归属感，并具备敬业精神与职业素质。专业能力和业务能力也是企业对员工的基本要求，这些岗位能力是员工在特定职位发挥作用的基础。

上述三个能力是责任胜任力迭代的基础，每个能力需要三个工作任务支撑，完成任务即可提升能力。

从个人员工迭代到一线组长是突破一个能力，从一线组长提升到基层主管需突破三个能力；从基层主管突破到部门总监是五个能力的突破；从部门总监突破到运营总经理是七个能力的突破；从运营总经理突破到企业总裁是十个能力的突破。

1. 做好情绪管理

在深入了解自身性格的基础上，做好情绪管理与把控，不要让负面情绪干扰自己，坦然接纳自己。学习一线组长的人与人沟通的能力，在工作中要积极接触不同类型的人群，锻炼协作能力，延展性格的弹性空间；以积极的姿态应对工作中的变化，适时调整思维与行为模式，满足新需求。

2. 做好时间管理与把控

在工作中精心制定计划与时间表，合理分配时间资源，确保任务准时完成；精准区分任务的轻重缓急，优先处置重要且紧急的事务，坚决克服拖延现象。

3. 对工作有正确的认知

一线组长能清晰明确自己的工作范围，这是一线员工层级的人需要学习的地方，要在工作中不断成长，不断增强责任感与使命感，以积极主动的姿态拓展工作范围。同时，要尊重团队成员的见解与建议，踊跃参与讨论与决策过程，充分发挥自身优势；用心倾听与理解他人，搭建良好的沟通协作桥梁，携手解决工作问题。

第四节　一线员工成长为基层主管：由管理事务到管理团队

有位学员处于一线员工，后来他意识到能力不能盲目扩张，要有层次地学习。当能力不足时，他换公司、换行业、换部门都无法解决问题。他认真学习后，被公司老板提拔为营销总监，但他表示有些吃力，没有做下属时轻松。

上完课后，他自认为已经拥有部门总监的能力，然而实际上他的能力范畴仅与基层主管相符，而现在则是一线组长。不要因为受到打击而失去信心，因为当时的自信可能是虚假的，要了解真实的自己。

领导人要学会尊重团队，当团队有内在需求时，要为他们配备导师。基层主管和部门总监都没有自我改变的能力，他们只有优化的能力。为他们建立迭代模型后，遇到问题时他们会找顾问导师，因为他们只有解决问题的能力，没有成长的欲望，只有在遇到问题时才会成长。在企业发展前期，领导人可能会比较辛苦。有了顾问导师后，他们在遇到问题时可以找顾问导师解决。因此，需要建立模型。

一线员工成长为基层主管需要提升三个层级，即建立情感关系的能力、理解不同人需求的能力、掌握情感需求沟通和理解方式的能力。一线组长对人的差异认识较浅，需要较长时间才能对人有感觉，而基层主管则能够快速对人产生感觉。基层主管需要理解人的情感需求，例如，马斯洛需求层次理论中提到的，不同人可能追求不同的需求。

一线组长可通过夸赞员工、满足他人情感需求等方式成长。

1. 了解团队成员的情感需求

有的人需要不断被夸奖，这种夸奖能激励他；有的人需要真心关怀，关注其成长。掌握这些需求可建立良好的关系。

2. 具备团队建设能力

了解领导喜好，服从领导安排，就容易获得领导的支持。对跨部门的人建立互助关系，这样有利于工作开展。还要主动跨部门沟通，学会内部协调。

3. 建立内部情感团队

与团队内部的人建立良好的关系，有事情请教时他们会帮忙。主动学习岗位能力，认真工作，深入理解窍门，建立小圈子，形成合作模式。

一线组长成长为基层主管还需要理解两者的区别，一线组长把握不住人的感觉，也不会跨部门沟通，工作能力一般，按规矩做事，不思考窍门。基层主管对工作窍门有一定了解，但不全面，在部门中能起到三分之一作用。一线组长不了解人和工作窍门，工作表现差。基层主管知道协调人际关系，但不知如何把握。一线组长根据领导需求配合，这是窍门。

培养基层主管要把握关键点的能力，了解人的情感按钮和工作关键点。他们会主动找关键人物解决问题。

对于企业员工层级能力成长培养，我们一般是从一线组长开始，一线组长以下员工不在培训范围内。

精通岗位职责，即掌握岗位职责中的方法、流程、原理，此为第一个任务，完成后进行第二个任务——工作目标。管理能力即员工对工作的每日安排。第三个任务是能够借力，如基层主管具备调动一个部门的能力，但仍有不擅长部分，需要与他人协作借力完成工作。所以，团队融合能力也很重要。

如果一个一线组长想要迭代到基层主管，必须借助基层主管的"力"。因为基层主管的个人岗位能力强，具有团队融合能力，能在内部建立情感关系，使团队成为温暖型团队，成员之间会内部协调、互帮互助，营造相互协助关系；对于外部协作能力，他也能与上下级建立互助关系，关心、帮助、支持平级同事，构建情感圈子，从而获得工作支持与帮助。

一线组长，需要跟着基层主管提升以下几种能力，同时需要三个顾问导师给予长期赋能，如表5-1所示。

表5-1 一线组长成长为基层主管的能力模型

一线组长成长为基层主管 三个长期赋能顾问导师	1.外部协作能力	任务	上下级建立互助模式
			平级间建立互助模式
			建立外部工作支持圈子
	2.团队融合能力	任务	建立内部情感关系团队
			建立内部协调关系模式
			建立内部难题解决模式
	3.个人岗位能力	任务	精通本岗位的职责
			工作目标管理能力
			借力支持工作能力

1. 外部协作能力

一线组长成长为基层主管要提升外部协作能力，要完成三个任务：①与上下级建立互助模式，即在了解自己个性的基础上提升领导能力，在工作中明确目标与规划，与上下级、各个部门保持良好沟通与协调，争取资源支持，平时要关注了解下属，合理分配任务，建立激励机制；②平级间建立互助模式，即和同事合理分工协作；③建立外部工作支持圈子，即在工作中建立社交圈子，尽可能地帮助他人解决问题，提供支持和鼓励，以建立良好的关系。

2. 团队融合能力

一线组长成长为基层主管要提升团队融合能力，要完成三个任务：①建立内部情感关系团队，即通过增进团队成员之间的交流互动，开展团队活动，关心成员的需求等方式，拉近彼此距离，增强信任与认同，从而打造和谐、高效的团队；②建立内部协调关系模式，即在团队中明确目标与分工，细化任务，建立沟通机制，及时传递共享信息，培养合作文化，增强团队成员的信任，设立协调角色，解决矛盾，建立反馈机制，优化工作；③建立内部难题解决机制，即在和团队成员沟通时要懂得科学决策与解决问题，引导团队积极探讨。

与人交流时要积极倾听、专注对方内容，适当反馈；清晰表达，语言简洁、逻辑清晰，根据对方的问题来调整自己的表达方式；沟通后要认真地向对方反馈与确认，并及时改进对方提出的意见。

3. 个人岗位能力

一线组长成长为基层主管要提升个人岗位能力，要完成三个任务：①精通本岗位的职责，即在工作中要持续学习，关注行业动态，把所学知识积极加以实践，多承担具有挑战性的工作，同时，要明确自己的职业发展方向，不断地优化工作方法，主动寻求他人的指导；②工作目标管理能力，即设定清晰、合理目标，分解目标为可行任务、制订执行计划、监控进度与质量、灵活调整策略、评估成果等，只有高效达成工作目标，才能提升绩效；③借力支持工作能力，即善于发现和整合身边资源，巧妙借助外部力量，比如借助团队成员协作、专家指导、技术支持等，以增强自身工作成效，实现工作价值与目标的最大化。

第五节　基层主管成长为部门总监：由管理团队到管理部门

基层主管可以改变人的情感关系，让人感到舒适。而部门总监可以提升一个人的工作能力和岗位职责的全面性。

基层主管并不是一个合格的主管，真正合格的主管需要达到部门总监的能力。主管需要提升团队成员的能力，部门总监能够精通本公司本部门的原理，但这种原理是有限的，只适用于本部门的生产，换个地方可能就不适用了。他们只了解本部门的生产流程。

原理在于，基层能够根据部门所需的能力，针对重要岗位的人员，了解他们缺乏的是技巧、方法、流程，还是其他方面。基层主管在具体能力上能够提供专业指导。基层主管有指导人的方法和策略，能够针对不同人的不同岗位进行专业指导。基层主管更多的是让人在感觉上变好，哄哄你、理解你、同情你、关心你，让你心情好起来。但基层主管并不能看到你缺乏沟通技巧、专业知识、通用管理技能、工作流程或工具使用等方面的问题。

此外，部门总监与紧密相关的部门会有跨部门的责任感。基层主管会与部门进行跨部门的沟通，并向领导反映情况，但并不为事情的结果负责。部门总监则会与紧密关系的部门进行沟通协调，了解对方的流程，并尝试在流程上进行沟通和协调。

部门总监还具有目标管理的习惯，能够进行部门管理、安排工作并跟进。只要经过训练，部门总监就能学会并掌握这种能力，因为他们有这种思维结构和对部门流程、方法论等所有东西的理解，所以能够独当一面。

生意型企业的老板通常将赚钱视为首要目标。他们建立管理团队时，成员可能是部门总监，这些人在各自部门中都很能干。这些人可能没有经过系统训练，管理看起来比较粗糙，但能掌控自己的部门。

运营总经理可以带领基层主管，部门总监可以带领具体的团队。企业总裁能够带领部门总监实现整体改变，因为部门总监已经具备了很多能力，只有让他们更上一个台阶，他们才会信服。企业总裁能够带领部门总监更进一步。运营总经理会教授方法，但要改变一个人，需要站在更高的层次，思考改变人的底层逻辑，也就是心和道。

总部董事长可以改变一个人的整个思想结构和底层逻辑，而企业总裁可以学习具体的做法。一个人需要有两个导师：一个是高他两个层级的人来颠覆他的生命，另一个是高他一个层级的人来教他迭代方法。

只高一个维度的领导，是很难带动他下面的员工的。部门总监不通晓商业，只通晓部门原理，运营总经理则通晓商业逻辑，能够进行系统建设。部门总监只了解一个部门，在流程上可以协调跨部门，但对于跨企业的责任感和流程则不了解。因为企业可能有多个部门，如营销部、产品部、设计策划部、财务部等。部门总监可能只懂一个营销部门，但设计部门和产品部门也是一个系统。运营总经理不仅要了解营销部、产品部、财务部等所有板块的运作原理，还需了解合作的企业，这就是商业原理和系统原理。

商业的核心是跨企业的底层逻辑，而部门总监却不具备跨企业的能力，只有跨部门的一些逻辑和责任感。也就是说，部门总监会在跨部门方面提供支持，但在跨企业方面则觉得与自己无关，而运营总经理则知道商业的核心是要承担起跨企业的责任，即与供应链保持良好关系对企业的发展至关重要。运营总经理已经理解商业的核心就是要承担起跨企业的责任。

部门总监只有跨部门的责任感，而跨企业则是更高层次的责任。同时，商业模式是指各种业务形态。并不是像前文我们提到的那4种商业模式，只有单一商业模式的就是生意型或经营型的模式，比如，有的是销售型公司，只懂得销售业务；有的是生产型公司，只熟悉生产运作。因为销售和生产的核心技能不同，运营总经理只通晓一种商业模式，企业总裁既了解整个生产流程，又了解销售公司的运营。生产型公司和销售型公司的经理每高一个层次，他们对商业模式的理解就越透彻一步。

我认识一个老板，他是做食品行业的，他懂营销模式，这属于一环。他既懂营销模式，又了解产品技术创新，这就是二环。同时，他还懂得产品从生产到销售的整个流程，这就是三环。运营总经理相当于了解企业的三种经营模式，比如，销售型公司，他们了解销售的产品以及销售技巧；生产型公司，他熟悉如何生产，能掌握抓质量和保证质量等一系列流程，而工厂的员工相对低端。

销售型公司的人员通常比较高端，他们需要具备灵活处理问题的能力。企业总裁则精通两种模式。比如图书出版，如果了解编辑内容，这是一环；既了解出版流程，又能经营印刷厂，这就是二环；三环则是除了经营印刷厂，还能开书店。

要理解部门总监，就需要将其与运营总经理进行对照，了解部门总监成长为运营总经理需要哪些方面的提升。只有理解了以上几个要点，再比较成长所需要的部分。而基层主管要成长为部门总监，需要实现五个能力突破目标以达成相应能力，同时要有三个顾问导师给予长期赋能，如表5-2所示。

表5-2 基层主管成长为部门总监的能力模型

基层主管成长为部门总监 三个长期赋能顾问导师	1.目标达成能力	任务	精通部门运营原理
			部门目标管控模式
			部门资源建设模式
	2.迭代团队赋能能力	任务	掌握岗位能力模型
			精准个人能力使用
			精准个人能力赋能
	3.迭代跨部门流程能力	任务	与A部流程协作模式
			与B部流程协作模式
			与C部流程协作模式
	4.迭代领导合作能力	任务	与跨部领导合作模型
			与上级合作工作模型
			共建经营团队模型
	5.迭代赋能体系能力	任务	部门工作培训赋能
			个人能力培训赋能
			外援资源赋能模式

1. 目标达成能力

基层主管成长为部门总监，需精通部门原理。目标达成能力包括：①精通部门运营原理，即部门运营原理即方法与工具。以销售部为例，如设计销售模式、组建团队、制定绩效考核等的原理；②部门目标管控模式，即目标管控模式是对部门内每个人工作的安排以及工作节点的检查，明确每个人的工作规划以及汇报时间与节点，此为目标管控能力；③部门资源建设模式，即部门资源建设模式要求具备寻找资源的能力，能够在部门中独当一面，如销售部、生产部、设计部等，要具备解决部门内部问题的能力。

2. 迭代团队赋能能力

迭代团队赋能能力包括以下三点：①掌握岗位能力模型，即明确每个岗位的工作职责、流程、方式等工作能力；②精准个人能力使用，即，要清楚每个岗位所需能力，并且帮助能力不足的员工提升能力；③精准个人能力赋能，即要做到能够合理用人，并依据模型对员工予以指导，使团队战斗力

121

增强。

3. 迭代跨部门流程能力

部门总监需承担与紧密关联部门的协调工作，达成精通与A部、B部、C部的流程协作模式。例如，对于本部门与其他部门，能够发现流程卡点，并与对方协商梳理流程、协调处理问题。

4. 迭代领导合作能力

迭代领导合作能力是指与跨部门领导合作模型、与上级合作工作模型、共建经营团队模型，部门总监将此作为目标。

（1）与跨部门领导合作模型

与跨部门领导建立关系，便于合作解决问题。基层主管仅跨部门沟通协调，而部门总监会参与团队整体协商，打造精英团队，进行多部门整体协调。

（2）与上级合作工作模型

定期向上级领导汇报工作进展与成果，梳理上级领导布置的任务完成情况，保持定期汇报工作的习惯，确保与上级领导同步，避免工作偏差。

（3）共建经营团队模型

当各部门需打造一体化或衔接不畅时，愿意出谋划策，参与共建模式。

5. 迭代赋能体系能力

建立迭代赋能体系能力，需要实现对他人能力的培训，实行师徒制来指导他人成长。①部门工作培训赋能，即依据不同人员，指导岗位原理、流程、方法、工具的核心内容；②个人能力培训赋能，即以方法和工具进行师徒制指导，形成培训模式，对本部门或集体开展岗位原理、流程、方法、工具的培训，建立部门培训机制；③外援资源赋能模式，即对于不擅长或培训效果不佳、不专业的内容，会邀请老师进行技能培训。部门总监的所有培训和指导不涉及人的改变。

专业技能的培训基层主管成长为部门总监要提升的五个核心能力，成为其目标，每个目标以三个任务支撑，责任胜任力得以全方位提升。

第六节　部门总监成长为运营总经理：由管理部门到管理运营

部门总监拥有外向的性格，对人的能力有感知，能在初次见面时了解对方具备何种能力。有强烈的影响他人的意愿，会通过情绪感染他人。比如，会问"哥们儿，怎么样？"以使对方开心。情绪具有目标性，擅长演讲并希望与对方互动。有表情，做事时会先拉拢与自己关系好的人。这是其能力短板，做事有目标感、大气，会支持他人，需要资源时会争取部门支持。

能力提升后就能获得相应报酬，具备统筹能力。通用能力方面，无论是财务还是销售，都完全按照流程工作，并会根据性格对流程进行优化，擅长内部协调工作。这种工作方式以关系为基础，若无人支持则无法取得成果。

此外，还需要具备以下几种能力：一是迭代达成目标的能力；二是团队赋能能力；三是跨部门流程优化能力；四是迭代领导合作模式的能力，包括懂得跨部门领导、与上级合作以及精英团队的跨部门协调能力；五是迭代体系的能力。要精通本部门合作的原理，懂得目标管控模式，具备部门资源建设能力。每种能力的突破都需要有导师指导。

部门总监可以改变人的能力，运营总经理可以改变人看问题的角度和态度，企业总裁可以让人的生命上升到一个新的层次。

部门总监需要负责特定的范围，企业总裁领导会带领企业实现质的蜕变，总部董事长会为员工做职业规划。

运营总经理具有深度思维，能够改变人看问题的角度和态度。企业总裁可以提升人的层次。它能改变人看问题的角度和对待生命的态度，从不同的角度看问题，可能会有不同的结果。企业总裁能让人的思维上升一个层次。

真正能使人迭代的是企业总裁，它可以让人有意识地改变自己。企业总裁可以为他人做生涯规划，包括从主管到更高级别的发展规划，以及个人成长所需的能力。这样可以改变人对事物的看法，让人更加清晰地理解。

企业总裁会激发人的使命感，他们所关注的是事业上的意义，而非生命的意义。它能让人看到在事业上升到一定阶段后，存在的意义和价值会发生改变。

部门总监和运营总经理不太注重人的价值观是否统一，他们采用多种个性化的管理方式和规划。只要能赚钱，大家合力就行，其他方面的思想或打法可能存在不一致的地方。他们通过情感来维系不一致，认为只要把事情做好、赚到钱并分钱就可以了。因此，他们的企业文化是一种分钱文化。这种文化使得运营总经理对企业有一定的责任感。

运营总经理及以上是企业老板的层次，他们不仅有迭代的逻辑，也很爱学习。

运营总经理及以上的人更多的是从系统层面考虑问题，他们心中装着系统。运营总经理大多数是小老板，他们的企业属于生意型企业，对企业进行1年以内的项目性规划。他们不会进行超过1年的规划，所有规划都是项目性的，例如，新项目、新产品或增加部门人员等，而不是从企业发展的角度考虑。运营总经理主要改变人的态度，而不是整体。企业总裁改变则需要上升一个维度，具有战略思维。企业的战略思维起步价是企业总裁，即需要上升一个维度才能有战略思考。

运营总经理是战术思维，通常用于项目运作、技术改造或管理提升的都是局部行为，而非全面思维。这种突破往往是局部的，而非全面的经营和系统思维。此外，突破时可能只是局部突破。

运营总经理会跨越企业，满足客户需求，并与供应链协调。他们注重利益交换，通过供货和付款来达成平衡。他们会与客户建立情感关系，但目的性很强，是为了通过搞好关系来合作赚钱。他们也会付出努力来建立关系。因此，他们的企业文化存在不一致、思想不统一的问题，不同部门之间的打法也不同。领导们有不同的管理方式，企业允许这种差异存在。解决问题的方式主要是协调沟通。

这样的企业领导人是典型的生意型，他们的团队能够做好事情，但缺乏突破性。他们擅长管理部门，但在进行新的尝试或重建营销系统方面，需要运营总经理以上的人才，因为这些人具有系统思维和深度思维，能够建立真正的企业系统。建立团队需要运营总经理以上的人才具备建立团队的能力，即懂得建立系统并能够改变人才。运营总经理能够改变人看问题的角度，而部门总监只能提供专门的能力，难以建立统一的体系。

此外，运营总经理还会进入商会协会寻找资源，他们只关注与自己利益相关的人，对其他不相关的人不会太用心。他们参与商会主要是为了寻找生意机会。

1. 运营总经理会建立管理团队，能够指导每个部门的成立

运营总经理可以进入商会和协会，在那里寻找业务资源，与客户或供应链建立情感联系。运营总经理还能建立团队，包括管理团队和执行团队，并且以其决策为主。他们有目标管控体系，能够制定年度目标，并分解为年、月、日的目标。他们通常会制定详细的联动目标和分解计划。运营总经理都有复盘的习惯。

2. 运营总经理具备建立组织的能力

运营总经理能够搭建组织结构、明确岗位职责和流程。但是，运营总经理对岗位职责和组织结构认识相对粗糙，因为企业规模不大，颗粒度较大。颗粒度是指企业具体的详细和清晰程度。颗粒度越细，表示细节越多，清晰度也越高，从而能够具体描述和解释一个整体。

3. 运营总经理具备迭代团队的运作能力

运营总经理拥有卓越的团队迭代运营能力，能够处理工作中的突发状况和异常情况。同时，他们还会安排正常的工作，以及进行团队建设。核心层是否需要团队，以及如何增强团队凝聚力，都有一套方法体系。

4. 运营总经理为企业制订传帮带计划

运营总经理通过为企业制订传帮带计划来为团队赋能，他们以师徒制为主，也会有专业培训，可能会送员工出去培训。

企业如何迈向更高的发展层级，你是否深入思考过？又需要落实哪些全面且系统的举措？解决这些问题，需要师从专业导师，才能明晰如何切实地付诸实践。然而，即便完成学业，也难以即刻实现无缝对接与落地执行。这是因为其中蕴含诸多微妙且难以捉摸的诀窍与要点。在员工成长进阶的历程中，会存在着很多意想不到的疑点以及颇具挑战性的难点亟待探索与攻克。

内部和外部的迭代系统应该如何去做？如果要提供支持，应该怎么去扶持？能否建立起商圈的人品？窍门是什么？大量的工作和时间安排应该如何安排？

内部团队要从部门总监成长为运营总经理，体系要全部实现标准化，部

门要开始专业化和细分化。这么多事情,到底先做哪一个?后做哪一个?要做到什么程度?许多企业在迭代方面,知道了逻辑、方向和核心点后就开始行动,但这样做必然会失败。因为你的思维结构不过关,相当于用不过关的思维去做过关的事情,是很难做好的。

从部门总监成长为运营总经理,需要提升七个能力,每个能力对应三个任务。为培养其能力,需要为其设定成长目标,每个目标分解为三个任务,完成任务即可达成能力目标,同时要有三位顾问导师长期给予赋能,如表5-3所示。

表5-3 从部门总监成长为运营总经理迭代模型

从部门总监成长为运营总经理 三个长期赋能顾问导师	1. 通透老板生意能力 (建立通生意、进平台生意模式)	任务	通透生意型商业逻辑
			融入一个商业圈子
			融入一个学习圈子
	2. 积累利益资源能力 (建立积资源、求发展利益模式)	任务	建立与客户链接关系
			建立与供应商链接关系
			建立与顾问链接关系
	3. 搭建落地团队能力 (建立组团队、做承载团队模式)	任务	建立生意型之决策团队
			建立生意型之管理团队
			建立生意型之实施团队
	4. 建立合作模型能力 (建立共利益、共协作合作模式)	任务	建立客户利益合作模型
			建立供应商利益合作模型
			建立顾问利益合作模型
	5. 建立组织运营能力 (建立粗犷化、协调式运营模式)	任务	生意组织架构模式
			生意岗位职责模式
			生意流程工具模式
	6. 建立经营管控能力 (建立追结果、抓关键管控模式)	任务	制定分解年度经营目标
			建立年度月度目标管控
			目标过程复盘优化管理
	7. 建立系统优化能力 (建立解问题、做调整优化模式)	任务	建立团队关系建设模型
			建立专业能力成长模型
			建立异常问题处理模型

1. 通透老板生意能力

部门总监，要通透老板生意能力，即学习建立通生意、进平台生意模式，通透老板生意能力要历经三个阶段：①通透生意型商业逻辑，包括明晰生意盈利原因、生意逻辑、团队与组织建设等生意模型的商业逻辑；②融入一个商业圈子，即需要进入商会或协会等商业圈子，寻找客户、合作伙伴、供应链等资源；③融入一个学习圈子，即进入学习圈子的目的，是学习商业运营、股权模式等，以理解并解决问题、把握趋势等。

2. 积累利益资源能力

建立积资源、求发展利益模式，需做到：①建立客户链接关系，即进入圈子后与客户建立朋友关系，通过情感链接以积累客户资源；②建立供应商链接关系，即明确与供应链伙伴的共同目标，制定发展策略和规划，坦诚合作，实现共赢发展；③建立顾问链接关系，即与专业顾问或能给予指导的人建立朋友关系，将其发展为利益资源。

3. 搭建落地团队能力

建立组团队、做承载团队模式，需做到：①建立生意型之决策团队，即企业上项目时，能找生意圈朋友或搭档征求意见，建立决策团队；②建立生意型之管理团队，即在各部门找主管，组建能独当一面的管理型团队；③建立生意型之实施团队，承载客户与供应链等需求。

4. 建立合作模型能力

建立共利益、共协作合作模式，需做到：①建立客户利益合作模型，即通过团队与客户建立合作与利益分配模型；②建立供应商利益合作模型，即与供应商建立利益合作模型，明确供货、回款、赊账等事宜；③建立顾问利益合作模型，即与顾问建立合作模型，明确工作内容与报酬。

5. 建立组织运营能力

建立粗犷化、协调式运营模式，支撑该合作模型需建立组织架构，明确各岗位责任，需做到生意组织架构模式、生意岗位职责模式、生意流程工具模式，将组织架构、岗位职责、流程工具清晰化。此运营模式较为粗犷，存在模糊地带，需协调下属岗位分工与流程。

6. 建立经营管控能力

建立追结果、抓关键管控模式，需做到：①制定分解年度经营目标，即，部门总监需将目标分解为年度经营目标，规划企业或部门的营业额、项目、设备、人员增减、业务进退等；②建立年度月度目标管控，即运营总经理建立年度月度目标管控，目标存在一定差异，将年度目标分解为月度；③目标过程复盘优化管理，即月度目标一般不设每周详细安排，但会进行目标过程复盘，完成任务分解与复盘优化，注重结果，对过程管控不够细致。

7. 建立系统优化能力

建立解问题、做调整优化模式，需做到：①建立团队关系建设模型，即建立团队关系管理模型，促进团队关系良好，便于协调与精准流程；②建立专业能力成长模型，即通过内外部培训、师徒制等建立专业能力指导模型，促进能力成长；③建立异常问题处理模型，即针对各层面异常问题，建立处理机制、方法与模型，协商解决问题。

图5-5是人才能力迭代模型。

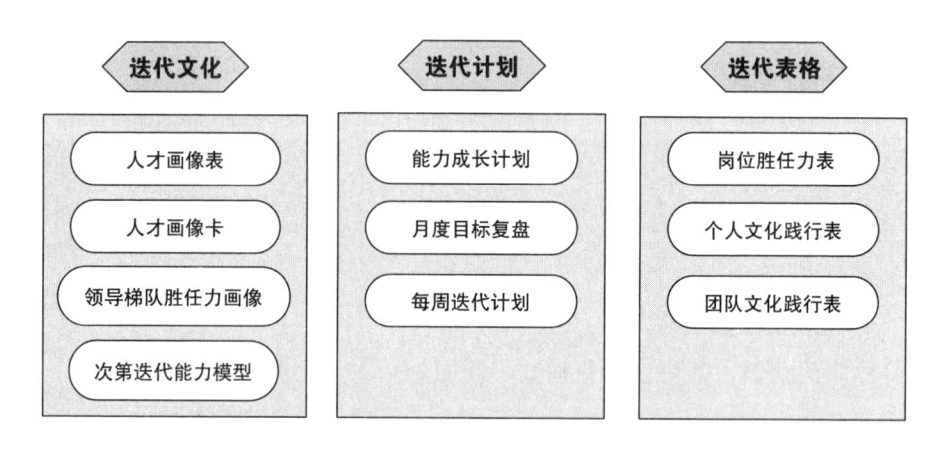

图5-5　人才能力迭代模型

第七节　运营总经理成长为企业总裁：由管理运营到管理发展

运营总经理成长为企业总裁，需完成十个能力目标以实现能力突破。通常，运营总经理的能力突破不是个体行为，而是要构建一个系统，该系统包含三个核心任务，同时要有三个顾问导师长期给予赋能，如图5-4所示。

表5-4 运营总经理成长为企业总裁迭代能力模型

运营总经理成长为企业总裁	1. 董事长之迭代能力（建立长扶持、通商业迭代模式）	任务	通经营型商业逻辑
			拜董事长为迭代赋能上师
			建董事长之决策私董会
	2. 组建圈子迭代能力（建立积资源、储团队圈子模式）	任务	组建行业资源兄弟圈子
			组建商业资源兄弟圈子
			组建学习资源兄弟圈子
	3. 组建外部创团能力（建立新赛道、高客户外创模式）	任务	建立商业迭代外部创团
			建立企业经营外部创团
			建立业务拓展外部创团
	4. 组建内部团队能力（建立能迭代、建模型的内创模式）	任务	建立战略迭代担责创团
			建立经营迭代担责创团
			建立管理迭代担责创团
	5. 组建顾问创团能力（建立赋专业、担重点顾问模式）	任务	导入企业转型赋能顾问
			导入部门转型赋能顾问
			导入领导转型赋能顾问
	6. 经营型战略迭代能力（建立短效益、长效益营收体系）	任务	经营型三年企业战略性规划
			经营型两年人才发展性规划
			经营型一年经营目标性规划
	7. 经营型组织迭代能力（建立高效性、低成本运营体系）	任务	经营型中心架构标准化模式
			经营型岗位职责标准化模式
			经营型流程工具标准化模式
	8. 经营型营销迭代能力（建立开拓式、服务式营销体系）	任务	经营型市场部运营标准体系
			经营型销售部运营标准体系
			经营型专客部运营标准体系
	9. 经营型交付迭代能力（建立降成本、增效益交付体系）	任务	经营型采购部运营标准体系
			经营型生产部运营标准体系
			经营型物流部运营标准体系
	10. 经营型支持迭代能力（建立专业化、业务化交付体系）	任务	经营型总经办运营标准体系
			经营型财务部运营标准体系
			经营型人力部运营标准体系

1. 董事长之迭代能力

董事长之迭代能力需建立长扶持、通商业迭代模式，涵盖通晓经营型商业逻辑、拜高于自己层级的董事长为迭代赋能上师、建立董事长之决策私董会。

（1）通晓经营型商业逻辑

运营总经理成长为企业总裁，需要通晓经营型企业的商业逻辑，包括经营规划、市场战略、团队与组织建设、市场策略等。

（2）拜高于自己次第的董事长为迭代赋能上师

企业总裁面临复杂问题，需要寻找导师或企业顾问赋能，一般要找三位不同领域的专家请教，获取建议以处理问题。

（3）建立董事长之决策私董会

建立由老板组成的私董会，为企业的各种问题做诊断与决策，通过导师或企业顾问赋能和私董会决策确保发展方向正确。

2. 整合资源迭代能力

确定方向后，需根据企业发展方向建立积资源、储团队的模式，整合行业资源、商业资源、学习资源，为我所用。

（1）整合行业资源

整合行业资源，是为了汇聚行业上下游人员，共同研究行业发展，为未来合作做准备。

（2）整合商业资源

整合商业资源，拓展业务渠道挖掘人、财、物等资源。

（3）整合学习资源

整合学习资源，一般来说，资源圈子的成员在营销、管理、生产等方面各有所长，大家相互学习、互帮互助、共同发展。

3. 组建外部创团能力

组建外部创团能力即建立新赛道、高客户外创模式，包括建立商业迭代外部创团、建立企业经营外部创团、建立业务拓展外部创团。

（1）建立商业迭代外部创团

企业可以从圈子中寻找合作者，大家联合在一起组成外部创团，共享资源，根据各自的需求来开展新的项目合作、在行业内开展融通对接活动。

（2）建立企业经营外部创团

企业与外部创团可以在商业圈子基础上开展经营合作，如投资、输送商业模式、整合产业链资源等，属于外部团队合作。

（3）建立业务拓展外部创团

拓展外部创团，就是共同开展新项目、进入新市场，实现业务拓展。

4. 组建内部团队能力

组建内部团队能力是建立担责迭代、建模型内创模式，包括建立战略迭代担责创团、建立经营迭代担责创团、建立管理迭代担责创团。

（1）建立战略迭代担责创团

战略迭代担责创团在企业内部创团时，是由企业内部人员组成，而外部创团则是合作形式。内部需要有战略创团、经营创团和管理创团以承载发展，战略创团由战略型人才承担企业整体发展责任。

（2）建立经营迭代担责创团

经营创团承担局部突破任务，如销售、生产、技术、人力资源管理等方面的突破，助力企业从生意型向经营型、总部型转型升级。

（3）建立管理迭代担责创团

管理创团负责优化企业事务，提炼成功经验以提高效率，此内部承载团队对企业发展意义重大。

5. 组建顾问创团能力

顾问团队为企业或部门全面赋能，如销售顾问为销售部门赋能、人力资源顾问为人力资源部门赋能。组建顾问创团，需要建立赋专业、担任重点顾问模式，包括导入企业转型赋能顾问、导入部门转型赋能顾问、导入领导转型赋能顾问。

（1）导入企业转型赋能顾问

立足企业核心，运用专业评估体系、依照企业战略规划、借助大数据分析、依据企业发展痛点、结合行业发展趋势、通过专家团队评审精准导入企业转型赋能顾问

（2）导入部门转型赋能顾问

部门转型赋能顾问为企业积极寻找优质资源，深度挖掘资源价值，将资源高效转化为外部创团、内部创团和顾问创团，以实现资源的最大化利用与

创新转化。

（3）导入领导转型赋能顾问

领导转型赋能顾问全面为企业、部门和领导个人进行精准赋能，深入圈子内广泛寻找资源，并清晰明确资源需求，为企业的发展与转型提供坚实的支撑与保障。

6. 经营型战略迭代能力

经营型战略迭代能力是建立短效益、长效益营收体系，包括三年企业战略性规划、两年人才发展性规划、一年经营目标性规划。

（1）经营型—三年企业战略性规划

经营型企业制定三年战略规划，明确企业从生意型向经营型转变的路径及每年任务。

（2）经营型—两年人才发展性规划

提前进行人才储备与布局，为战略规划提供人力支持与责任承担者。

（3）经营型—一年经营目标性规划

实现当年战略规划与人才布局的落地变现，转化为营业额，形成"321"战略规划模型。

7. 经营型组织迭代能力

经营型组织迭代能力是为企业建立高效性、低成本运营体系，包括经营型—中心架构标准化模式、经营型—岗位职责标准化模式、经营型—流程工具标准化模式。

（1）经营型—中心架构标准化模式

建立经营型中心化组织架构，实现架构、职责、流程和工具的标准化，重点抓好营销，包括前端、终端、后端，前端负责营销，终端负责交付，后端负责支持。

（2）经营型—岗位职责标准化模式

经营岗位负责企业日常经营管理工作，如营运、销售、市场策划、业务拓展、客户关系维护等。

（3）经营型—流程工具标准化模式

要明确经营目标和业务战略，确定需要标准化的流程范围和关键流程，进行流程的顶层设计，如绘制流程架构图、梳理流程之间的逻辑关系和层级结构。

8. 经营型营销迭代能力

经营型营销迭代能力是建立开拓式、服务式营销体系，包含经营型—市场部运营标准体系、经营型—销售部运营标准体系、经营型—专客部运营标准体系。

（1）经营型—市场部运营标准体系

市场部建立市场开拓部门，通过广告、展会、抖音等宣传方式吸引客户资源。

（2）经营型—销售部运营标准体系

市场部吸引客户后，销售部了解客户需求、建立信任，为客户提供方案，促成合作。

（3）经营型—专客部运营标准体系

专业客服部在市场部之后，具备调动专业人士解决客户问题的能力，提供专业服务。

9. 经营型交付迭代能力

经营型交付迭代能力是建立降成本、增效益交付体系，包括经营型—采购部运营标准体系、经营型—生产部运营标准体系、经营型—物流部运营标准体系，为客户提供专业售后定期服务。

（1）经营型—采购部运营标准体系

交付部门的采购部建立采购管理系统，对供应链供应商进行分级，建立整体管控与评级模型，实现采购运营标准化。

（2）经营型—生产部运营标准体系

生产部门建立标准化流程涵盖生产流程、质量管控、成本控制、人员管理等多方面的标准化规范与制度，用于提高生产效率、保证产品质量、实现生产部的经营目标与可持续发展。

（3）经营型—物流部运营标准体系

物流部门对运输方式、收货发货等环节建立标准化流程。

10. 经营型支持迭代能力

经营型—支持迭代能力是建立专业化、业务化交付体系，包括经营型—总经理办运营标准体系、经营型—财务部运营标准体系、经营型—人力部运营标准体系。

（1）经营型—总经理办运营标准体系

总经办协助总经理处理日常事务和突破事项，承担总经理部分责任，如日常行程安排和销售、生产、人力资源系统的突破任务。

（2）经营型—财务部运营标准体系

财务部进行日常记账和财务管理，为销售、生产等前端部门提供数据支持，分析效能问题，实现专业化。

（3）经营型—人力部运营标准体系

经营型人力部运营标准体系解决人才成长问题，使人力资源走向专业化，包括战略、业绩管理、员工发展板块。战略板块规划人力资源体系；业绩管理板块以考评和激励改善为核心；员工发展板块关注企业与员工共同发展，提升员工队伍素质。

第六章

企业人才梯队的迭代核心：
责任在手，成在顾问导师

第一节　企业持续迭代的关键：人才责任胜任力与商业模式升级

企业转型升级的本质是从市场驱动转向人才驱动和领导力驱动。企业转型升级的具体表现是员工能力的提升，包括从管理自我到管理团队，从管理团队到管理职能部门，再到管理独立运营和组织系统等。每次提升都需要员工能力提升三倍，管理范围和问题难度也相应地增加三倍。

企业转型升级的关键在于人才迭代，而人才迭代的核心在于"责任在手，成在导师"。这意味着人才迭代的责任在企业手中，但能否成功则取决于是否能找到合适的顾问导师。顾问导师可以为人才提供精准的规划和明确的成长路径，帮助他们取得成果。顾问导师分为两种：一种是高一级的导师，会教授完整的方法和策略；另一种是高两级的导师，可以影响人对事业的态度。

企业持续迭代的关键在于人才责任胜任力和商业模式升级。企业需要注重内部培养人才，合理利用空降兵，并找到合适的顾问导师来帮助人才成长和迭代。只有这样，企业才能实现转型升级，不断发展壮大。

商业模式由战略决策决定，而战略决策可以类比为炒菜。炒菜可以根据现有原料或菜谱进行，也可以提前备好相应原料再进行。根据原料炒菜是以始为终的战略决策，根据菜谱炒菜是以终为始的战略决策，除此之外，还有一种基于人生观的战略决策，如图6-1所示。

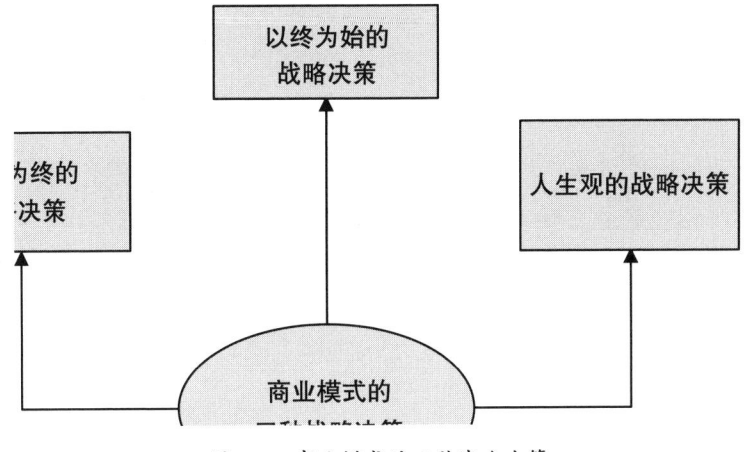

图6-1 商业模式的三种战略决策

1. 以始为终的战略决策

以始为终的战略决策，就是根据现有创团的人才责任胜任力商业模式，依据以始为终的原则做战略决策的企业往往十分重视企业的稳定和安全，表现出防御保守的特点。而在企业转型突破方面略显乏力。

2. 以终为始的战略决策

以终为始的战略决策，是秉持高级人才承载企业快速发展的理念，以未来商业模式为目标，即企业将要成为怎样商业模式的企业。在开始推动企业转型升级之前就首先确定企业想要前进的方向和到达的目的地，制定软组织和硬组织的战略目标，基于战略目标匹配相应人才，然后再采取相应的行动。依据以终为始的原则做战略决策的企业往往十分重视企业迅速发展，整合各方面人才和资源，表现出激进扩张的特点，而对企业长久稳定和防范风险意识略显疏忽。

3. 人生观的战略决策

人生观战略决策，是根据现有创团的人才层级设计商业模式，并以企业下一步的商业模式规划人才创团，根据企业发展周期有序布局，形成稳固发展的组织系统。依靠组织系统控盘迭代，既能够让企业抓住时机快速突破、迅速发展，又能够对企业潜在风险及时采取措施有效防范和化解；既能够踩油门加速弯道超车，又能够踩刹车及时止停。以下举例子说明。

企业如果是个体型人才梯队商业模式，那么在保证现有商业模式稳定运行的基础上，要积极"备菜"，即规划升级为生意型人才梯队商业模式所需的人才创团。

在企业完成生意型人才梯队商业模式的升级之后，战略决策又要转向以始为终，同时以终为始，规划经营型人才梯队商业模式所需的人才创团。

人生观战略决策意味着企业的转型升级尽在自己的掌握之中，其中最为关键的是企业从一种商业模式升级为另一种商业模式的过程中会进入一段过渡期，比如，生意型商业模式在升级为经营型商业模式时会先进入一段小经营型商业模式的过渡期。

企业中的顾问创团就是跟踪、把控和推动整个升级的中坚力量，确保企业平稳过渡和迅速转型。比如，某企业在由生意型转向经营型商业模式的过程中，顾问创团会盘点企业现有人才梯队，明确每个人的职责，同时规划该阶段需突破的部分并划分为层级目标，落实在各负责人。如果交付体系不完整就进一步完善，支持架构不完整就进一步优化。

由此可见，企业的发展模式会先后经历生意型人才梯队商业模式、经营型人才梯队商业模式、总部型人才梯队商业模式和集团型人才梯队商业模式。

因此，战略不是简单的行动规划，也不是扩大规模、增加商品、提供优质服务或制订年度运营计划，而是企业转型升级所需的全面系统规划，是能够确保企业持续迭代的短、中、长期系统规划。

小企业最忌讳的是创新和探索，应该做的是复制。复制别人的经营理念、梯队架构模型、组织模式、运营体系、软组织和硬组织等。通过复制，企业的基因中有80%是通用的，剩下的20%可以进行个性化调整。

一般来说，个体型企业一般能够生存在大企业不愿意涉足的领域。例如，开馄饨早餐店，需要自己制作面团等。由于现代人的需求多样化，如需要玉米、豆浆、包子等，个体户无法满足所有需求。所以，只要大企业介入的领域，小企业就很难有生存空间。

从目前的市场环境来看，个体型和生意型的企业几乎不能独立生存，特别是大企业愿意涉足的行业，只有在成为其加盟店的情况下，部门总监的水平企业才能生存下去。

个体店的利润一般不大，但对于配送不便的馄饨等食品，个体店仍有生存空间。这些个体店通常由老板带着几个人经营，老板的能力达到部门总监的水平，虽然这个部门能够生存，但他们比大企业更辛苦，收入也更少。这种小规模的个体户模型，营业额大约在每月20万元。这是最小的个体户模型，全部是单层结构。

这样的个体店要想进行转型升级，必须有专门的师傅指导，大约需要12个月，转型后的营业额将会得到增长。然后进入经营型模式。在这个阶段，需要师傅手把手地指导。

第二节　商业模式的迭代：企业转型期的四种模式

企业商业模式转型过程中，董事长作为企业转型升级的舵手，需要一手抓大创业团队建设，一手抓大组织体系建设。而企业商业模式需要战略规划来推动，即从个体型商业模式逐步升级为个体型、生意型、经营型、集团型（总部型）商业模式，如图6-2所示。

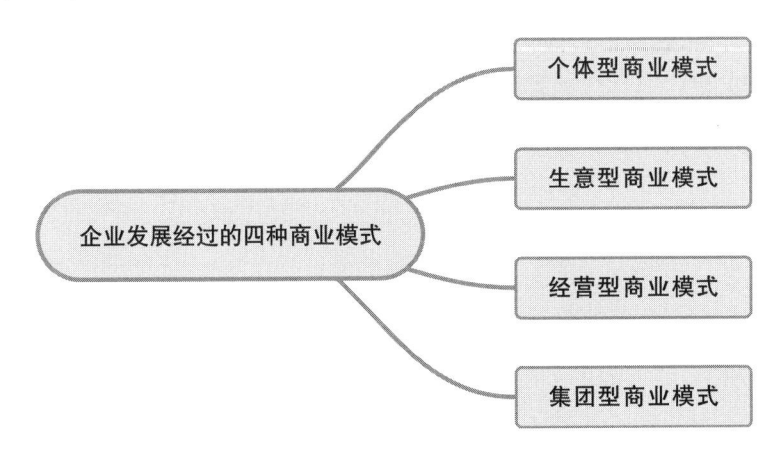

图6-2　企业发展经过的四种商业模式

1. 个体型商业模式

个体型企业是一个企业发展的初创期，规模小、盈利少，组织的精力侧重于单一产品的生产和销售，目的就是先活下来。

个体型商业模式主要以产品链为中心，根据市场需求不断丰富产品链，但对产品的品质和服务缺乏重视。典型的个体型企业如街边的早点铺、小面馆等，它们与客户之间的关系不密切。个体型企业的组织架构很简单，通常是1+N模式，即一个老板带几个执行人，没有管理层，虽然有岗位职责，但没有部门。

2. 生意型商业模式

生意型商业模式是企业的初步发展期，已经有了一定的粗犷式管理经验积累，整个商业模式升级为生意型。

生意型企业建立了二级管理团队，总经理统筹各部门，推动企业运行，各部门具体工作由各部门长负责。生意型企业的规模较小，管理是粗犷式的，甚至没有明确的岗位说明书，岗位之间常常有交叉，会出现模糊地带。部门内的工作没有详细的工作流程，遇到问题往往需要就地协商。部门之间会存在"部门墙"，通常通过兄弟情义拆"部门墙"，但并不能从根本上解决问题。因为生意型企业的制度和流程并不健全，依靠情感维系，随着企业的壮大，情感维系一旦不那么密切，部门墙的问题会越发严重。

生意型商业模式主要以客户链为中心，以做深做透客户为主要任务，深度挖掘客户需求，并开始重视服务，提升客户满意度。同时，生意型企业的老板会不断尝试学习拓展，建立客户、顾问、朋友等各类资源圈，以寻找业务相关的资源，但在商圈中往往缺乏影响力，如图6-3所示。

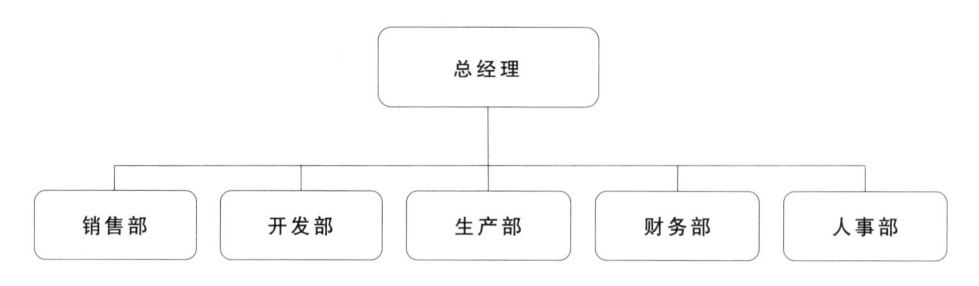

```
                    总经理
    ┌─────┬─────┬─────┬─────┐
  销售部  开发部  生产部  财务部  人事部
```

图6-3 生意型商业模式组织架构

3. 经营型商业模式

经营型商业模式需要企业领导者具备战略眼光和迭代能力，以带动员工共同成长。这个时期，企业领导者的迭代能力至关重要，需要有空降兵来指导和带领他们实现突破。生意型向经营型转变，团队也需要发生变化，除了内部资源，还需要顾问团队的支持。顾问团队将成为企业的一员，参与企业发展规划的制定，这不是局限于局部突破。顾问包括三种：企业转型升级顾问、局部功能转型顾问和领导个人顾问。

经营型商业模式注重企业规划，团队需要制定企业规划模型。流程管理转变为组织架构管理，需要从多个方面进行升级。

这时企业的迭代是先决定后成为。企业如果明确的战略目标是成为经营型企业，领导者自己要从运营总经理的能力水平提高到企业总裁的水平，团队整体的责任胜任力也要有所提升，迭代是整个系统的突破。

以始为终是以现有的模式制定目标，以稳定和安全为主，在熟悉的领域进行突破和成长，推动现有发展。这种根据现有的条件去发展，迭代会有很大的难度。而以终为始则是先确定目标，然后根据目标来制订计划和培养人才，掌握商业发展规律和组织建设，以实现企业的转型和发展。

以终为始是掌握商业发展规律和掌握组织建设，根据战略来匹配人才，企业内部70%的人要进行成长，以未来3个月模式来培养人才，这叫作以终为始的模式，就是先决定后成为。以终为始是我必须成长，企业和人才必须突破哪个层级，要有完整的能力模式。

企业战略核心先要有人才才能转型，领导者必须具备运营总经理的水平，所以，企业战略核心需要有人才来推动转型，领导者要具备迭代能力，带领团队实现从生意型向经营型的转变，以实现企业的可持续发展。

企业在经历了初期的快速发展后，会逐渐进入成长的成熟期，商业模式也会升级为经营型。在这个阶段，企业开始注重组织系统的搭建，在营销、交付、支持等方面逐渐成熟，形成自己的核心能力和竞争优势。

营销部门通常负责产品或服务的零售，交付部门则负责批发。赚钱的部门通常是交付部门。零售部门可以被称为连锁赚钱公司，它们都是赚钱部门。真正的财务部门也应该注重赚钱。

经营型企业的典型特点是组织系统运作呈现专业化和标准化，形成以总经理或董事长为核心的领导班子，确定营销中心、交付中心和支持中心的将帅，由其凝聚和领导各自部门，系统管控，形成整体。我们可以看到，经营型企业岗位职责明确，系统化流程清晰，分工精细，运转高效，各个环节紧密相扣，为企业的稳定发展奠定了坚实基础。如图6-4所示。

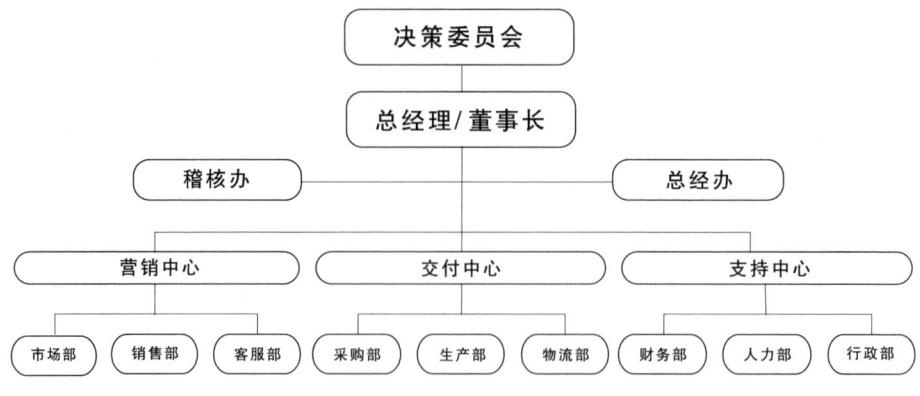

```
                        ┌──────────────┐
                        │  决策委员会  │
                        └──────┬───────┘
                        ┌──────┴───────┐
                        │总经理/董事长 │
                        └──────┬───────┘
            ┌──────────────────┼──────────────────┐
        ┌───┴───┐                              ┌───┴───┐
        │稽核办 │                              │总经办 │
        └───────┘                              └───────┘
        ┌───────┐         ┌───────┐         ┌───────┐
        │营销中心│         │交付中心│         │支持中心│
        └───┬───┘         └───┬───┘         └───┬───┘
    ┌───┬──┴─┬────┐   ┌───┬──┴─┬────┐   ┌───┬──┴─┬────┐
   市场 销售 客服      采购 生产 物流      财务 人力 行政
    部   部   部        部   部   部        部   部   部
```

图6-4 经营型商业模式组织架构

进入经营型商业模式，企业组织的稳定不再是以情感为纽带，而是必须去个性化，建立其内部系统的文化模式。经营型企业的组织架构有一个特殊的组织——总经办，遵循总经理的意志，代替总经理突破企业发展中遇到的卡点。除总经办外，还有稽核办，这时企业能够及时洞察系统漏洞，防患于未然。

企业一旦升级为经营型，就开始逐步整合一些生意型企业，并且同专业的顾问公司建立长期的合作，在顾问公司的赋能之下制定战略规划，与客户建立共生关系，并与供应链建立共生合作关系。

进入经营型商业模式，很多的空降兵会进入企业。这个时候空降兵往往会和原创团队发生矛盾。原创团队长期吃苦耐劳、艰苦作战，伴随企业度过一个又一个艰难时期，对企业有很高的忠诚度。而空降兵虽然见识广、能力强，但缺乏对企业和团队的忠诚度。所以，空降兵与原创团队的矛盾在所难免。

另外，经营型企业老板的权力开始受到约束，很多决策需要经由经营层达成一致意见之后才能决策，而不是一言堂。因此，经营型企业在经营层中有一套完整的共识决策系统。这一时期，我们看到企业开始去家族化，企业必须对企业员工一视同仁。任何利益的倾斜都可能会导致企业陷入困境。

4. 集团型商业模式

集团型企业也称为总部型企业，企业的发展取决于人才的迭代，人才决定了企业的发展。

成功的关键在于复制，这是最快的方法。商业模式在五千多年的历史中基本没有变过，创新的是花招，而商业本质并没有创新。创新的是方式，比如，以前人们通过送信、电话来交流，现在则是通过技术创新来实现。

制造模式和商业模式是不同的。我辅导过上千家企业，关注的是本质，而不是表面。因为企业在经历了初期的快速成长后，会逐渐进入成长的成熟期，商业模式也会升级为经营型。在这个阶段，企业开始注重组织系统的搭建，在营销、交付、支持等方面逐渐成熟，形成自己的核心能力和竞争优势。

企业成功的商业模式是总部型商业模式。随着企业业务、人员、组织、盈利开始进入稳定期，企业由经营型商业模式转型升级为总部型商业模式。这个阶段如同人的青春期一样，是企业蓬勃发展的阶段，企业规模、业绩都有了很大的发展和提升，拥有了一定的资源和组织能力，如图6-5所示。

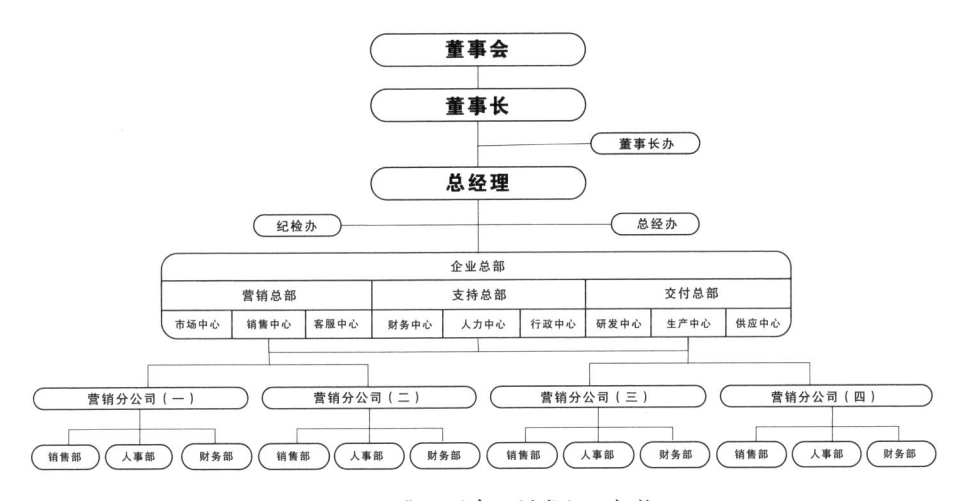

图6-5 集团型商业模式组织架构

总部型企业的典型特点是去业务化，具体业务全部在分公司。总部型企业资源高度整合，由总部统筹规划资源的配置，赋能分公司，形成协同效应，提高企业核心竞争力。

分公司虽然组织并不完善，但它们具备突出的优势和丰富的一线作战经验。比如，营销分公司只专注于一线营销，其财务部只是处理社保、记账、出纳等基础的功能。高端人才的招、用、育、留均由总部完成，基础员工则是由各分公司负责。除此之外，还有市场开拓、品牌塑造、客服等都由总部完成，营销分公司只要把营销做好即可。

生产分公司只负责生产，其原料由总部优化供应链统一采购，技术由总部研发，生产分公司在生产中心的统筹和支持下有序生产。

第三节　总部型领导职责：董事长和总经理分工明确

阿里巴巴是一家总部位于中国的跨国科技公司，其业务涵盖电子商务、金融科技、云计算、数字媒体和娱乐等多个领域。阿里巴巴通过一系列的战略收购和整合，实现了业务的快速扩张和协同发展。

在电子商务领域，阿里巴巴通过收购和整合淘宝、天猫、支付宝等多个平台，打造了全球最大的在线零售市场和支付平台。此外，阿里巴巴还通过投资和合作，整合了物流、供应链金融、跨境电商等多个领域的资源，形成了一个完整的电子商务生态系统。

在金融科技领域，阿里巴巴通过收购和整合蚂蚁金服，打造了全球最大的移动支付平台和金融科技公司。蚂蚁金服通过整合支付宝、余额宝、芝麻信用等多个业务，提供了支付、理财、贷款、保险等多种金融服务。

在云计算领域，阿里巴巴通过收购和整合阿里云，打造了全球领先的云计算平台。阿里云通过整合计算、存储、网络、安全等多个领域的资源，为企业和个人提供了高效、稳定、安全的云计算服务。

在数字媒体和娱乐领域，阿里巴巴通过收购和整合优酷土豆、阿里影业、阿里音乐等多个平台，打造了一个完整的数字媒体和娱乐生态系统。此外，阿里巴巴还通过投资和合作，整合了游戏、文学、动漫等多个领域的资源，形成了一个多元化的数字娱乐生态系统。

通过一系列的企业整合，阿里巴巴实现了业务的快速扩张和协同发展，成为全球领先的科技公司之一。

由此来看，总部型商业模式是集资源、信息、技术等于一身，统筹规划，协同作战，统一管理。在这种模式的运作下，总部具有决策权和权力分配能力，可以统筹规划公司战略和资源配置，通过各种方式整合公司内外资源，形成协同效应。同时，总部建立数据管理系统，实现智能化管理和决策，在大量数据分析基础上集中研发设计等创新活动，提高产品质量和技术含量。最后，通过规模效应降低成本，并实现供应链优化。

企业在进入总部型时，原本集董事长和总经理于一身的职责开始分由两人承担，总经理负责企业日常管理，保证整个系统稳定运行，而董事长则是更多地看向未来——企业的未来走向哪里！这一时期，董事长开始思考长期主义、共生长青，并与外部顾问公司形成战略合作。

第四节　企业转型的舵手：创始人迭代成长变现

企业从一种商业模式升级转型为另一种商业模式，本质上是董事长成长迭代的变现。

小米公司的创始人雷军通过不断迭代和成长，实现了从创业者到企业家的转变，并成功将公司带向了新的高度。

雷军在创立小米之前，已经是一位成功的企业家和投资人。他于2010年创立了小米公司，起初主要生产智能手机。随着公司的发展，雷军逐渐将业务扩展至智能家居、消费电子和互联网服务等领域。

在公司发展过程中，雷军不断学习和迭代自己的管理和领导能力。他注重技术创新和产品研发，通过不断推出具有竞争力的产品，赢得了消费者的青睐。同时，他也注重品牌建设和市场营销，通过多种渠道提升品牌知名度和影响力。

除了在公司内部的成长，雷军还积极参与行业交流和合作，与其他企业家和科技公司建立了良好的合作关系。他通过不断学习和借鉴其他公司的成功经验，不断完善自己的管理和领导能力。

随着公司的不断发展壮大，雷军也逐渐实现了个人的成长和变现。他的个人财富和社会地位得到了提升，同时为社会创造了更多的就业机会和经济价值。

雷军通过不断迭代和成长，实现了从创业者到企业家的转变，并成功将小米公司带向了新的高度。由此可见，创始人的成长和迭代是企业成功的关键之一，只有不断学习和进步，才能在激烈的市场竞争中立于不败之地。

由于董事长正是承载企业转型升级的舵手，要一手抓大创业团队建设，一手抓大组织体系建设。所以，企业转型升级需要董事长的层级逐渐提升。

一般来说，董事长整体分为上三段和下三段；上三段就是大创业梯队，即三段创团型董事长、二段资源型董事长和一段趋势型董事长；下三段就是大组织系统，即六段业务型董事长、五段组织型董事长和四段规划型董事长，如图6-6所示。

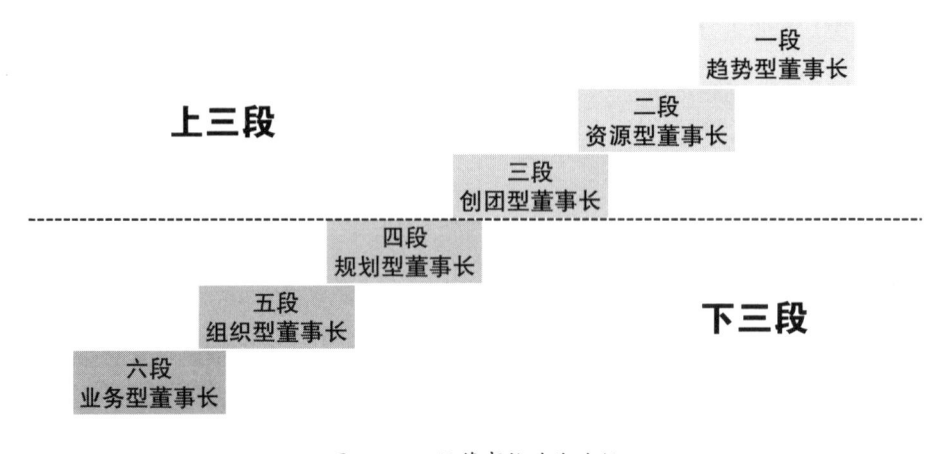

图6-6 六段董事长进阶路径

1. 大组织系统

六段业务型董事长的核心特征是聚焦业务，着力于开拓客户、营销建模和售后服务。业务型董事长对其公司所处的行业和具体业务十分熟悉，并且具备一定的技术能力，因此往往能够和客户进行卓有成效的沟通和成交。在团队建设中，由于他们将精力主要聚焦在业务上，可能对交付系统和支持系统缺乏重视和建设。

五段组织型董事长的核心特征是聚焦组织，着力于内部组织各系统的建设。组织型董事长往往具有超强的全局意识和团队意识。他们认为，独木不成林、一人不成军，而且只有站在全局的高度统筹协调各系统工作才能使公司运行稳健。因此，组织型董事长十分重视营销、交付和支持系统的专业化建设，对各系统之间的通力协作会倾注大量心力。

四段规划型董事长的核心特征是聚焦规划，着力于企业整体的转型升级。规划型董事长往往具有全局视野和整体思维，他们习惯从整体上把握问题，因此在推动企业发展过程时不会通过建设某一个系统或解决某一个问题，而是站在行业发展的维度推动企业转型升级。同时，规划型董事长具备强烈的风险意识，对系统潜在的漏洞和问题能够敏锐洞察，并及时采取措施有效防范和化解。

2. 大创业梯队

迭代到三段创团型董事长就意味着进入大创团梯队，经营企业从经营"事"转向了经营"人"。大创业梯队的稳定和强大直接影响企业能否基业长青，就其核心聚焦点可分为组织建模型、资源迭代型和趋势掌控型。

三段创团型董事长的核心特征是聚焦内部创业团队，着力于内部组织的管理、经营和战略的建模。创团型董事长最擅长的就是挖人，与规划型董事长的区别就在于规划型董事长重视内部培养人才，而创团型董事长则是十分重视企业新血液的输入。创团型董事长会根据企业发展战略多维度配置相应的人才，比如空降兵、顾问等。这样一来，企业发展的速度会大大提升。

二段资源型董事长的核心特征是聚焦外部资源团队，着力于外部资源的迭代。由于创业团队需要外部资源的赋能，否则很多问题解决不了，因此资源型董事长十分重视外部资源团队的建设。

一段趋势型董事长的核心特征是聚焦行业上下游，着力于政府、商业和行业趋势的研究和提前布局。

第五节　董事长胜任力模型：商业六环罗盘

我们建立的商业六环罗盘，作用就是帮助企业董事长提升，董事长可以更加系统地进行领袖迭代重塑、组织迭代再造和机制迭代升级。他们可以关注商业布局的重塑，优化资源结构，并建立起强大的创业梯队。同时，通过战略规划再造、组织结构再造和合作模式再造，提升组织的效能和竞争力。在机制迭代升级方面，注重流程管理、运营执行和能力复制的升级，确保公司的高效运转和持续发展，实现公司的长期成功，如图6-7所示。

一段：布局梯队重塑
- 通透政治布局创团
- 通透商业布局创团
- 通透产业布局创团

一段 趋势型董事长

二段：资源梯队重塑
- 拓展商业迭代资源创团
- 拓展企业经营资源创团
- 拓展业务拓展资源创团

二段 资源型董事长

三段：创业梯队重塑
- 建立战略突破创团
- 建立经营突破创团
- 建立管理突破创团

三段 创团型董事长

四段：组织规划再造
- 制定三年企业规划落地系统
- 制定两年人才规划落地系统
- 制定一年经营规划落地系统

四段 规划型董事长

五段：组织治理再造
- 建立目标管控之体系结构
- 建立职业标准之体系结构
- 建立运营规范之体系结构

五段 组织型董事长

六段：组织合作再造
- 建立客户渠道合作业务模型
- 建立客户营销团队业务模型
- 建立客户销售直接业务模型

六段 业务型董事长

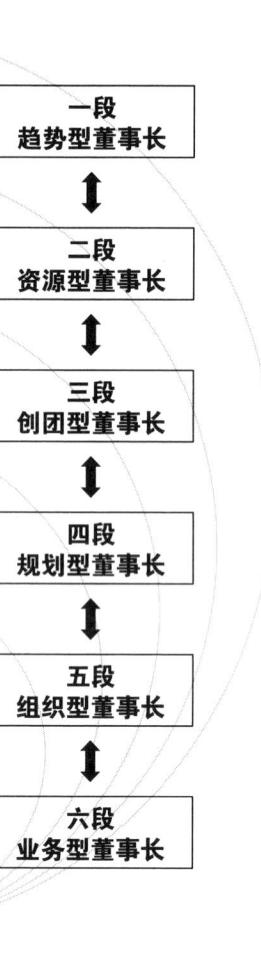

图6-7 商业六环罗盘

商业六环罗盘代表了六段董事长的迭代路径。其中，最低段位是业务型董事长，即六段。段位越高，董事长的水平越高。对于中小企业而言，主要讲述这六段。

下面我们从低到高来一一阐述六段董事长的迭代路径，如图6-8所示。

第六章 ┃ 企业人才梯队的迭代核心：责任在手，成在顾问导师

```
                              四段        制定三年企业规划落地系统
                        规 划 型 董 事 长   制定两年人才规划落地系统
                         〈组织规划再造〉  制定一年经营落地系统
                  五段            建立目标管控之体系结构
             组 织 型 董 事 长     建立职业标准之体系结构
              〈组织治理再造〉    建立运营规范之体系结构
        六段            建立客户渠道合作业务模型
    业 务 型 董 事 长    建立客户营销团队业务模型
     〈组织合作再造〉   建立客户销售直接业务模型
```

图6-8　六段董事长的迭代路径

六段：业务型董事长

业务型董事长，即企业一把手，在六段中又分为三个层面。

（1）建立客户销售直接业务模型

董事长会建立直接销售业务模型，自行寻找客户，并将其归纳为一种业务模型，涵盖如何找客户、与客户沟通及成交方法等，此为建立客户销售直接业务模型，主要由他们自己完成，最多带上一两个助手跟单配合。

（2）建立客户营销团队业务模型

步入更高层面，即建立客户营销团队。此前由董事长携两位助手开展业务，现今有了营销团队，普通业务团队便可自行成交，重要业务则通过团队的作战模型处理。该团队具备团队作战的分工协作模式，包括商务部、市场部、销售部和专服部等岗位。

市场部负责收集信息、资料并建立关系，使客户对企业产生信任，而不直接销售产品；销售部在客户对企业具备一定信任后开始谈合作；谈妥合作后，专业服务团队会跟进，处理专业问题并提供服务。商务部统筹这些岗位，并负责与客户及内部的衔接。团队会将客户分为A、B、C三类，不同人员服务不同客户并进行销售。这种以团队形式开展业务的方式称为团队业务，此前主要是领导人带两三个人跟单做服务，团队本身并不具备成交和做业务的能力。

（3）建立客户渠道合作业务模型

更高层次的业务型董事长，在六段中每段所采用的方式各异。他们会开拓和客户渠道的合作模式，即不只是自身拥有团队，还与众多渠道合作，提

供关键支持与交付，携手开发客户，称为客户渠道合作的业务模型。这种永远将自身定位在生存阶段。

五段：组织型董事长

董事长升级成为组织型董事长后，这时企业欲做大规模，需要构建目标管控体系，即建立运营规范，将流程、标准、组织架构、岗位职责等全部确立标准，以实现发展和复制，包括三个层面的标准。

（1）建立运营规范之体系结构

运营包括组织架构、流程、工具方法等方面的标准化，这是事的标准化。

（2）建立职业标准之体系结构

职业标准体系，即对人的标准化，要根据组织需求将人训练成完全适应流程和岗位的人，这是职业化建设。

（3）建立目标管控之体系结构

目标管控包括目标设定、分解、跟踪、检测、复盘、修改等一系列标准化，这是第三级标准化。

从逻辑上看，有事的标准化，即人的职业训练标准化，还有目标的整体设计、分解、跟踪、实施以及目标的检测、复盘、修改等标准化。

四段：规划型董事长

规划型董事长负责发展规划，这些规划均具备落地系统，需明确落地实施的方法。总结如下。

（1）制定一年经营规划落地系统

企业规划方面，一年的经营目标规划，包括制定一年的经营规划，如增添设备、项目、人员等，旨在实现业务规模的扩张等。

（2）制定两年人才规划落地系统

为了企业发展，要提前进行人才规划，比业务和经营规划要提早一年。更高层次的规划型董事长不仅要进行经营规划，还要制定人才规划，开展两年的人才规划。比如，财务部门和业务部门的人才计划，以及人才空降或内部培养等。人才进入企业后，尤其是高端人才，可能需要数月甚至一年时间才能成熟并融入体系，成熟后便可承载经营规划。

(3) 制定三年企业规划落地系统

三年的企业规划即企业转型升级的规划。更高段位的董事长，要制定三年后的企业规划，明确企业的发展方向。有的企业只能做经营规划，在过程中会发现缺人，导致项目无法承载，这是只有经营规划、没有人才规划的企业会出现的问题，还有的企业没有转型规划，企业会在原地打转，仍采用原有的模型和规划。

多数人对生意型企业的董事长的岗位职责不甚了解。我们讲到六段时，曾提及董事长的岗位职责，或许有人会疑惑董事长是否负责业绩、团队建设。事实上，董事长具有多种职责，而最为关键的职责是承担企业转型升级，也就是将生意型转变为经营型，其整个商业逻辑和商业赛道都截然不同，如此便能实现3倍业绩增长，这便是董事长的职责所在。董事长的成长逻辑，是从个体型发展至生意型，再提升到经营型、总部型，最终进阶为集团型。这些前文已述，在此不再详述。这里需要着重强调的是董事长所承担的企业转型责任，即承担企业转型升级的责任。

董事长的段位存在不全或不高的情况，是决定企业是否倒闭的关键因素。

何谓段位不全？譬如，某位董事长处于四段，他在外界结识众多人士，拥有丰富资源，然而内部却无人承接，也就是内部没有创业团队。这可能引发以下几个问题：

第一，外部资源虽多，但内部缺乏承载团队，致使这些资源无法落地；第二，虽有创业团队，却未做详尽规划，即有三段而无二段，这意味着虽然有众多高手且具备段位，但没有制定详细规划，企业的发展方向不明晰，创业团队便难以发挥作用，导致无法取得成果，如图6-9所示。

段位	类型	重塑内容
一段	趋势型董事长	〈布局梯队重塑〉 通透政治布局创团 / 通透商业布局创团 / 通透产业布局创团
二段	资源型董事长	〈资源梯队重塑〉 拓展商业迭代资源创团 / 拓展企业经营资源创团 / 拓展业务拓展资源创团
三段	创团型董事长	〈创业梯队重塑〉 建立企业总裁水平战略突破创团 / 建立运营总经理水平经营突破创团 / 建立部门总监水平管理突破创团

图6-9 六段董事长迭代路径

三段：创团型董事长

三段是以人为核心，称为"建立三团"。此类人通过建立创业团队来完成规划，构建更大的系统，开展更大规模的营销。

（1）建立部门总监水平的管理突破创团

管理型董事长需要把系统搭建完备，并且能够在此基础上进行优化和完善。

（2）建立运营总经理水平的经营突破创团

经营型董事长是在设计好框架、配备好资源的基础上进行突破，其自身无法设计，也难以找到资源。而创业战略型董事长既能解决事情，也能找到资源。经营型董事长需要为其设定框架、配备资源，并提供关键支持，才能独当一面进行突破。

（3）建立企业总裁水平的战略突破创团

战略突破创团是指董事长无法或不懂的事情，需要组建团队交由他人完成。例如，董事长不擅长组织建设，便可建立战略团队，由擅长的人负责，借助价值观、未来格局等，让不擅长领域的人协助突破，即邀请战略型合伙人负责团队建设。这就是战略创团，可解决企业基因突破问题，即董事长不具备的基因。

企业的存在或是发展需要董事长达到三段，三段包含四段、五段和六段。如果企业领导者仅专注于某一个环节，而未能将三段、四段、五段和六段融会贯通，那么企业就会涌现诸多问题。例如，有的董事长仅喜欢吸引人才，跟他们讲故事、谈理念、聊未来，凭借自身格局吸引人才，但他们对制定详细规划缺乏兴趣，不参与组织建设，也不涉足业务，只专注第三环，那就会致使底层出现大量问题。

合格的董事长，如三段董事长，需要将三段到四段、五段全部贯通。优秀的董事长，则需要将四、五、六段全部贯通。若未贯通，那么其吸引来的人就无法有效发挥作用。

二段：资源型董事长

四段、五段、六段的董事长所要抓的事项，全部与人相关。三段董事长关注的是内部人员，在企业内部构建强大的系统。二段董事长关注的则是外部人员，通过外部的资源为企业赋能，并联手外部人员把一些市场做大做强，此为二段董事长，即资源型董事长，建立资源创团主要包括以下几点。

（1）拓展业务拓展资源创团

资源型团队是资源创团，他们不在企业内部，而是通过整合业务资源，众人共同开展业务。这种资源对于企业的发展极为关键，并非普通业务。他们能够助力企业增添新的产品线，或者将产品升级至更高层级，从而拓展更广阔的市场。这些资源可以是直接客户，也可以是间接客户。总之，能够帮助企业提升销售维度，或者向其他市场扩张。这种资源创团有助于企业提高经营水平，他们还能够协助企业提升管理能力，实现资源的迭代创造。这些都属于资源型团队。

（2）拓展企业经营资源创团

资源型董事长还要进行行业布局，即进行行业经营资源的整合，也就是协助处理上下游企业经营的问题。实则是向上下游企业延伸。在行业中被称为产业链延伸，也可称作产业布局，是产业链布局。

（3）拓展商业迭代资源创团

企业要进行商业模式的转型升级，必须懂得商业底层逻辑，如何让企业降本增效、转型升级。拥有创业团队后，还需制定详细规划，如三年、两年、一年的规划。若规划不清晰，会致使这些团队难以发挥作用。这便是高层是高段位但底层缺失的例证。底层缺失一层，企业就会出现问题。而二段董事长能够胜任并且解决这些问题。

一段：趋势型董事长

古人说，谋大事者首重格局。一段董事长不仅要做好商业布局，懂得所在行业的发展趋势，而且要敏锐地洞见商业局势和政治变化，并做相应的布局。换言之，董事长要有政府筹码、商业筹码等智慧。

（1）通透产业布局创团

行业筹码就是真正懂得行业的内在发展规律和趋势。换句话说，就是要能判断未来三年到五年哪一个行业好做，产业链的哪一个部分好做，只有洞见才能凝聚和整合人财物资源团队，进而引进人才和组建自己的创业团队。

（2）通透商业布局创团

总部董事长的格局大，他的商业智慧就深远，那么他对行业、商业以及政治的理解自然就会很深，因此必然会洞见与布局大势所趋之事业，确保成功概率最大化投资。

(3) 通透政府布局创团

政府筹码就是要懂得政府相关资源、了解政府治理的模式和趋势，以及政府可能对企业扶持的部分。也就是依照政府治理的方式，提前进行规划。政府倡导哪些项目，企业就要尽早进行规划；政府淘汰哪些项目，企业也要依照政府的要求来布局。政府所需之物，也要提前布局，如此企业才能顺应趋势，董事长也才能轻松。

另外，也有一部分二段董事长未能与时俱进，没有考虑在诸多方面的持续发展，企业便会陷入停滞，甚至被淘汰。

如今，企业若要存续，就必须拥有三段位的董事长。往昔那种六段、五段、四段的董事长模式已行不通。如今做事，一个企业不能仅依靠个人去寻求突破，往昔或许他处于三段、二段，或者并非六段、五段、四段，却也能靠个人实现突破，这相当于一种方法，就是个人的营销需要突破，如图6-10所示。

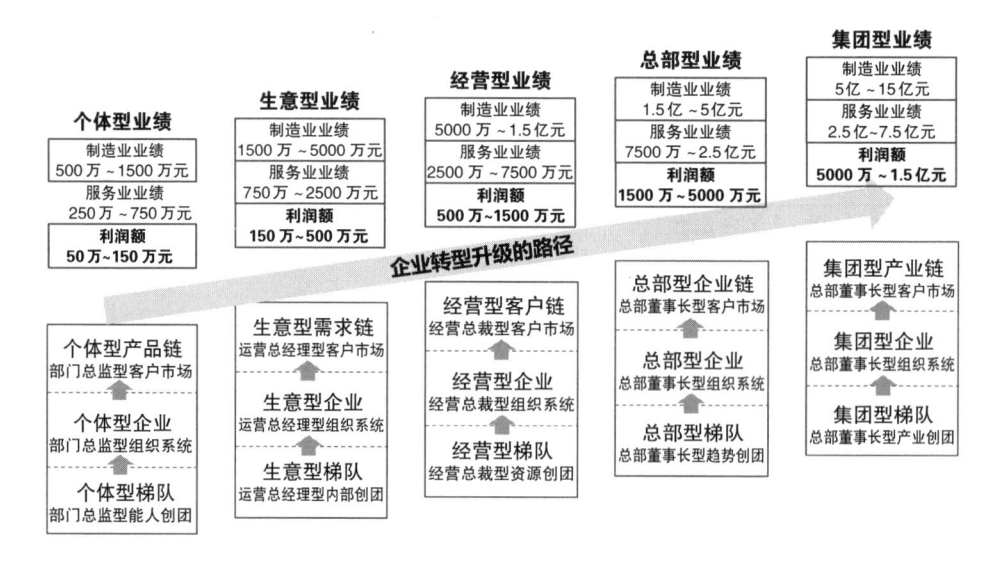

图6-10 企业转型升级的路径

当下市场竞争日趋激烈，企业想发展不能仅依靠老板一人去做事，而应依靠一个核心团队。能够存活下来的企业，起步就是三段董事长。若要发展良好则需要二段董事长。发展良好，其外部有持续发展的推动力，能够为其赋予能量，使其得以持续发展。针对企业，我们会详细诊断其处于何种段位，欠缺哪些方面，然后进行相应的补充和突破。

第七章

企业人才迭代的内在阻碍：
破除三种需求障碍

第一节　人才迭代内在阻碍：三种需求障碍

所谓"需求障碍"，就是阻碍一个人成长和发展的内在对立力量。前文我们已经讲过，人才责任胜任力迭代主要由两部分组成，一是由"小我"变成"大我"；二是由"假承担的人"变成"真承担的人"。"假承担的人"对现实没有现实感，对现实的能力、对自己的能力、对别人的能力没有精准的评估，对商业的逻辑也没有实践的提炼，完全活在自己的理想之中，所以付出很多，得到的结果却非常少。在"小我"变成"大我"之前，先要"假承担的人"变成"真承担的人"，即我们要有客观评估自己的能力，对世界要有精准的认识，能够用数字化的模型了解人、事、物，只有变成"真承担的人"之后，"小我"才知道成长的路径，懂得如何先从"小我"变成"大我"，以点亮我们的生命，建立更高的生命品质。

"假承担的人"变成"真承担的人"会遇到三大需求障碍，我们先从一个寓言来展开介绍，让大家更好地理解三大需求障碍。

有一只饥饿的狐狸看到养鸡场里有很多只鸡，就打起了歪主意，他在养鸡场山崖边上立了一块碑，上面写了一句充满斗志的话："不勇敢地飞下去，你怎么知道自己不是一只搏击长空的鹰？"

狐狸写好后，就到崖底等待。果然，从那以后，狐狸每天都能在崖底吃到摔死的鸡！

这个故事告诉我们：不要被那些励志的言语忽悠，更不要被别人的成功经验蒙蔽。并不是励志的话有错，也不是别人的成功不可以借鉴，而是我们看到的大多只是表象。只有认清自己，清醒地做自己，踏踏实实做事，才有可能获得属于自己的成功，否则会输得很惨，因为成功是脚踏实地地干出来的，需要很多因素共同作用才能促成，并不像表象那么美好。

有些事物表象之美，大多是人们想象出来的。"假承担的人"是活在自己的概念之中，对自己没有客观清晰的认识，因此"假承担的人"长期停滞不前，在家庭、事业、人生之中会不断地受到更大的挫折。尽管"世界那么大"，但认清自己非常重要。认清自己是"真承担的人"成长的开始。我是谁？我能去哪里？我该怎么去？

"假承担的人"变成"真承担的人"会遇到三大需求阻碍，即依赖需求阻碍、认可需求阻碍、改造需求阻碍，如图7-1所示。

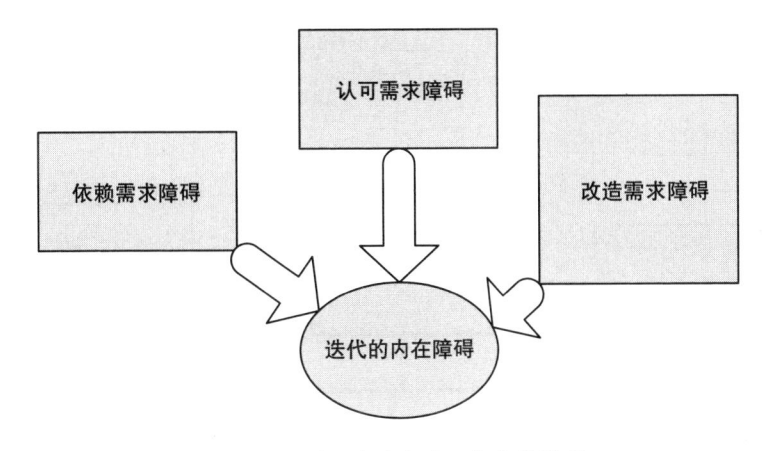

图7-1 阻碍人才迭代的三大需求障碍

这三大需求障碍会导致人们无法走向真承担的人，不能客观地了解自己，无法踏上真承担的的成长之路。若想走向真承担的人，就要破解三大需求阻碍。

第二节　破除"依赖需求障碍"：担起自己迭代的责任

深度地分析"假承担的人"的核心特点，能让人们明白依赖需求障碍是如何阻碍我们成长为"大我"的。"假承担的人"的核心特点是无法精准地判断人与事物的发展规律，更多的是他有自己的想法，他以自己的想法要求世界。当一个人不能精准地判断每个人的核心能力时，"假承担的人"往往会按他自己的想法去要求别人：你应该做到什么。

一个人一旦按照自己的想法去要求别人，就会有巨大的心理落差，就是说"假承担的人"认为你应该做得到，但是实际上由于他没有精准判断的能力，他就会对对方有强烈的需求和依赖，依赖对方把这个事情做到。同时，"假承担的人"对人的性格也是没有精准把握的。这个人性格里擅长做什么，不擅长做什么，"假承担的人"没有清晰的把握。那么在他跟人互动时，内心就会有一种强烈的依赖感，依赖上级、依赖下级、依赖平级，如图7-2所示。

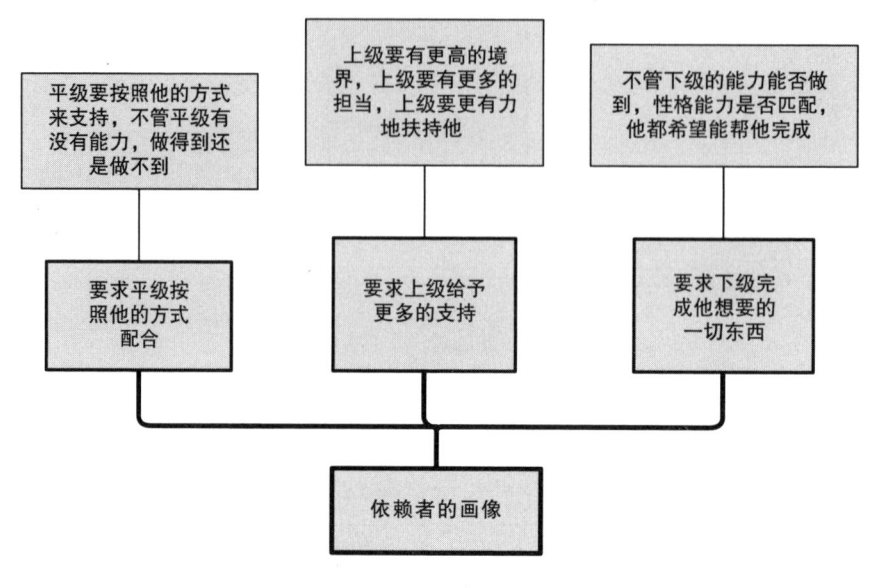

图7-2 依赖者的画像

"假承担的人"觉得你就应该是这样的，你就应该这么做。所以，"假承担的人"对周围的人有强烈的需求，这种要求会变成一种深深的依赖。这种依赖的结果就是会让他遭受很多挫折，平级不配合他，上级给不到他想要的支持，下级也没有办法完成他想要的一切东西。他经常感觉很受伤，因为他付出了，只是他不了解对方要什么，下级要什么，平级要什么，上级要什么，他都不知道，但我就给你我认为你要的东西，结果给的不是对方要的，要的也是别人不能给的，他的生命常常受到很多挫折。

那么，如何克服"假承担的人"呢？

"假承担的人"要深刻地反思自己，并努力打掉依赖心的核心。打掉依赖心的核心需要做到以下几点，如图7-3所示。

```
洞见真相的能力  →  打掉依赖心的两个核心  ←  运用性格模型
```

图7-3　打掉依赖心的两个核心

1. 洞见真相的能力

要有洞见真相的能力，在这个能力上，别人能给多少我们就收多少，同时要心怀感恩。这样才能了解一个人的性格和兴趣爱好，擅长的事情，比如，有的人沟通能力强可以去做公关，有的人擅长做管理，有的擅长做营销，等等。数字化模型在这个时候要精准地用起来，只有做到精准地识人，才会用人。

2. 运用性格模型

除了数字化模型，还有性格模型。比如，有的人性格外向，擅长社交；有的人性格内向，喜欢自己做一些技术性工作，等等。当我们开始看到真相的时候，也就不会对任何人产生依赖了，也开始懂得任何人对于我们的帮助都是助缘，不会对他人有任何过高的期待了。

我们要对自己的生命负起全责，因为我们没有办法给别人所有想要的支持，我们只能是别人的助缘，别人也是我们的助缘。依赖他人会受到挫折，想为别人负全责的人也将受到巨大的挫折和伤害，所以，很多人会说有些人没良心，不懂得感恩，其实这些都不是问题的关键，实际上是你想为对方负起全责。

每个人的需求是不一样的，每个人的需求变化也是不一样的，你今天能给他想要的东西，似乎是负了全责，但是他明天的需求又会放大10倍，那你就满足不了他了，所以我们的定位是大家是彼此的助缘。只有这样，彼此才能和谐相处。

如果进一步延伸，在工作中，不能去依赖别人；在生活中，也不能依赖别人。当你对爱人没有依赖时，你就能很客观地看待他能给你什么爱，你就享受什么爱。剩下的其他需求，你就要自己去挖掘，只有这样你才能真正获得幸福。

有一个学员希望买一个大房子，但是她的爱人只是一名普通的打工者，一个月工资只有几千元，但是他们有政府提供的廉租房，每个月的租金也不高，她的老公觉得挺好，没有什么压力，生活也挺安逸。

然而她非常不满，抱怨爱人没出息，不能改善居住环境，两个人经常为此争吵。她怨爱人不能实现她住大房子的梦想。我给她辅导时问她，谁想要房子？她说是她想要。我问她，谁该为这个房子负责？她说，家庭的每个成员都该负责。

我继续问她谁想要房子？她说她想要。我继续问她，谁该负责？她说，家庭的每个成员都该负责。我就这样连问了她10遍之后，她开始进行反思，发现只是她想要大房子，并不是家庭的共同目标。

如果你希望家庭幸福，就需要全家有共同的目标，通过全家共同的努力去实现；你个人的目标，你要负起责任，不要借助婚姻来圆你的梦想。她明白这个道理之后就不再找爱人的麻烦。她通过提升自己的层级，让收入以每年50%、100%的速度增长。5年以后她换了更大的房子，婚姻也越来越和谐。

这个案例告诉我们，共识的目标一起承担，非共识的目标各自承担，这就是婚姻和谐相处的秘诀。你要想幸福，要想拿到结果，是不能对别人有期待，不能指望别人。如果是大家共识的目标，大家共同努力；不是共识的目标，就要靠自己去努力。

所以，要破解依赖需求障碍，最重要的就是担当起自己生命的责任。每个人的欲望和需求都值得尊重，但是这份欲望和需求需要自己承担相应的责任。所有的人都是你的助缘，你要勇于担当。只有这样，你才会发现自己越担当越进入一个蓝海的世界，你想要的结果就越能得到满足。

第三节 破除"认可需求障碍"：为他人持续创造价值

认可心魔是"假承担的人"变成"真承担的人"遇到的第二大障碍。认可需求障碍的特点是追求认可，希望在他人心目中塑造很好的形象，希望别人给他面子。这只是一个表象，表象背后的本质是，他特别害怕别人的否定。如果有人指出他的短板，他就会不断地去解释。他很难接受别人指出他的缺点，对他进行否定，这是其一。

其二，认可需求障碍的人不肯把自己的短板、不足之处说出来，他们更不希望让别人知道有关自己负面的消息，他希望别人只看到他的优点、强项，看到他美好的未来。

那么，这些表象背后的本质是什么？

他在维持一个假象，想在他人心目中始终是一个好的形象。在这种认可心魔驱使下，自己也越来越活在假象之中，因为他会不断淡化自己的缺点和不足，同时过分放大自己的优点和强项，长此以往的结果便是他的"假承担的人"越来越强，落地能力越来越差。他的实际实力和他表现出来的实力是有差别的。

追求认可需求障碍的人，在短期之内用他塑造的形象吸引了很多的人，但时间长了以后，人们会发现，他说的和他做的完全不一样。

我有一个学员的"假承担的人"非常严重。他跟人打交道的原则，就是对方要什么他都能给。对方要钱，他有办法让对方赚到钱；对方要资源，他有很多资源介绍给对方；对方要渠道，他有很多渠道提供给对方……他总是把自己塑造成"完美"的强者形象。很多人非常崇拜他，愿意跟他成为朋友。

时间久了之后，大家就会发现他说的和他的实力之间是有差别的，他说的都是假话，光说不做，他这个人不值得信赖，便跟他开始疏远。

认可需求障碍的人自我催眠很严重，很难实现自我成长，因为他没有真正意识到自己是谁，所以他就没有办法踏上成长之路。

"假承担的人"成长只是假象，他不了解自己的优点、缺点、长板、短板等。所以，认可需求障碍的人在短期内会获益，长期则会给自己造成很大的伤害。

"求名者名利双失，求利者名利双收。"这句话告诉我们，求利者就是真的要拿到结果，拿到更大的实实在在的结果，你就会名利双收。

什么叫拿到结果呢？就是说你要由"小我"走向更大的"大我"，你就会拿到更大的结果，但前提是要客观地认识自己，这叫作"求利者名利双收"。

可以说，认可需求障碍影响了生命的发展。这些人只想在自我包装上下功夫，很难在自己的真实实力上下功夫，这对自己的一生伤害是非常大的。因为他断了由"小我"成长为"大我"的很多机缘，就没有办法让生命的光芒得以绽放，让心灵更高的品质得以展现。

那么，如何破解认可需求障碍呢？

在人与人的关系之中，我们需要做到两点，如图7-4所示。

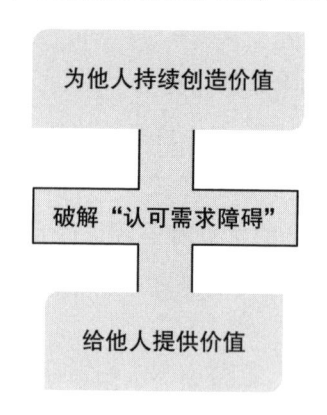

图7-4 破解"认可需求障碍"的方法

1. 给他人提供价值

不要强求他人的认可，而是你能给他人提供所需要的价值，这样你在他人心目中的位置就会稳如泰山。你提供的价值越多，别人就会对你越尊重。为他人创造更多价值，是我们行走江湖最重要的路径。也就是说，创造价值是真我的核心理念、核心行为。

2. 为他人持续创造价值

我不管你是否认可我，我要不断地去体现自己的价值。你现在不认可我，总有一天，你会认可我，因为我给你创造了价值；你现在不信任我，但是我持续地给你创造价值，最终你也会信任我。无论是在他人心目中，还是在社会上，你的地位都会愈加稳固。

为他人提供价值和创造价值，是真我的核心方法和策略，如果你秉持这种核心的行为模式行走江湖，大爱无敌，在人生之中就不会有敌人，只有朋友、兄弟和亲人。

第四节　破除"改造需求障碍"：点亮大我智慧

改造需求障碍是"假承担的人"变成"真承担的人"，由"小我"走向"大我"的第三大障碍。改造需求障碍的人本质上是一种更高层次的依赖，但更不容易觉察其依赖性。他们希望将对方变成自己想要的人，有爱心、有能力、有担当、善解人意、能处理复杂问题等，还可以带团队。

改造需求障碍的人会不断地采用说教、指责和要求，甚至更严重的责难，目的就是想把对方改造成我想要的人，也不管对方是什么样的基础，不管对方是否有意愿。只要对方变成他想要的人，那么他的结果就能实现。

我有一位学员，她和爱人刚在一起时，觉得幸福甜蜜。当她踏入社会，接触更多的人和事物后，欲望开始膨胀，她渴望得到更多尊重、社会地位和物质享受，想要名车豪宅。但她没有选择通过自己的努力去实现这些愿望，而是希望改造爱人来满足自己的需求。

于是她开始否定和指责爱人，她的爱人开始还能接受她的意见并努力改变，但随着她改造需求障碍越来越强，爱人发现自己已经无法达到她的期望就放弃了。两人之间的矛盾急剧恶化，家里变得鸡犬不宁。

我在与这位学员进行交流后告诉她，改变别人是不现实的，每个人的生命都是由自己的内在决定的。我们对别人只有影响力，没有改造的能力。如果强行去改造一个人，最终会导致双方都受伤害。

在夫妻关系中，我们应该了解彼此的长处和短处，尊重对方的选择和决定。通过建立良好的沟通相互体谅、相互支持，夫妻之间才能共同成长，建立更加稳固的关系。

这位学员意识到了自己的问题所在，调整好心态，在关注自己的成长和发展的同时，尊重丈夫的选择。通过相互理解和支持，他们的关系得到改善，家庭氛围也变得和谐起来。

改造需求障碍的人最严重的就是用真理、道德来绑架对方，比如，对于

"责任感",他们会要求对方:你要为家庭负责任,你要为团队负责任,你要对企业负责任,实际上背后的逻辑是想要将对方改造成为他想象中完美的人。所以,改造他人和改造世界一样,是一条不归路。

我们在人生中跟人相处,要做到不改造别人,需要点亮"大我"。因为在每个人的生命之中,在"小我"的旁边都站着一个"大我",你不是要去改造"小我",而是要去点亮"大我"。"大我"一旦出来,就像光明出来了,黑暗自然消失一样,"小我"也会逐渐褪去。所以最重要的是点亮"大我",让生命达到更高的段位,开启生命更高层次的智慧。

在我们的生命之中,要接受对方的"小我",同时点亮对方的"大我",开启他的智慧。我们可以以身作则去点亮对方,可以说,点亮生命才是我们的关键,而不是改造他人。

"小我"是不可能改造的,当我们点亮了生命,"大我"出来的时候,"小我"在我们的生命中所占的比重会越来越小。我们看到千手观音,就是有一千种点亮对方"大我"的方式,用智慧点亮、用困境点亮、用环境点亮、用爱来点亮等,核心就是唤醒"大我",点亮生命。未来我们要成为一个点亮生命的人,需要掌握各种点亮生命的方法和策略。

第八章

企业人才迭代的外在阻碍：破除认知障碍

第一节　解除"中心认知障碍"：一切以系统为重点

所谓"中心认知障碍"，简单地说，就是以自我为中心。"假承担的人"的人往往带有"中心认知障碍"。每个人从"假承担的人"走向"真承担的人"，都会面临五大外在阻碍，无法实现"小我"到"大我"的转变。

在企业中，以自我为中心的"假承担的人"的员工是难以成长的，因为他们从不认真钻研和学习。"中心认知障碍"的人本质上也是以自我为中心，他们不会包容真实，不去研究他人的能力、意愿和需求，只是一味地要求他人服从自己，围绕自己的意愿行动，如图8-1所示。

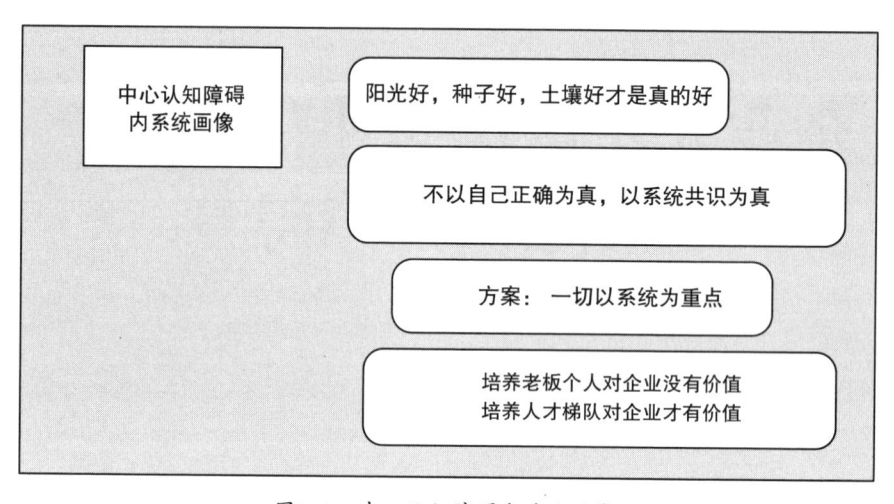

图8-1　中心认知障碍内系统画像

种子要长成参天大树，需要土壤的培植、水的滋润、充足的阳光和空气，以及足够的空间和时间。同样地，在企业中，与我们相关的人就如同阳光、土壤、空气和水分，只有大家好，才是真的好。我们要学会包容真实，研究与我们相关的人，了解他们的层次、需求和意愿，将大家整合起来，而不是以自我为中心，这就是系统化思维。系统化思维就是包容他人，以大家的合作为中心。

有人认为自己能够包容，却从不关注他人，不研究他人的实际情况，一味理想化地要求他人。这样的人其实是"假承担的人"，无法聚集众人，也得不到强者的认可。无论是个人还是企业，都需要与周围的人相互关联、共同成长。不能为了追求金钱，而忽视了人的生命和健康。

我们要认识到每个人都是相互关联的，大家好才是真的好。特别是在企业中，要通过系统化思维，包容真实，以合作共赢为中心，我们才能实现从"小我"到"大我"的转变，取得更好的发展。

我辅导过一个企业，这个企业早在多年前营业额就达到了几千万元的规模。但企业只有20个人，每个人工作效率都很高。因为他们是超级精兵，每人每天工作十几个小时，而且是长期如此，下班时间通常是晚上11点左右，这种企业文化的弊端是严重透支人的体力。工作可以加班，但不能长期如此，长期下来对人的生命是一种威胁。

大家一年到头都在出差、加班，特别是老板，从早上7点工作到深夜。可以说，包括老板在内的20个人，生活中只有工作。

然而，团队中有个跟随他很多年的员工递交了辞职申请，辞职理由是工作太忙，身体无法承受，没时间照顾家庭。他不同意，迟迟不批。他实在想不明白，自己给大家的福利待遇这么高，出差和加班补助那么高，为什么还有人提出辞职。为此，他跟对方产生过各种误会和矛盾。

我就建议他，拿出一部分钱多聘请一些员工，减少老员工的工作时间，让大家一天中至少要有百分之二十的时间用于休息或陪伴家人。他理解到只有这样，企业才能专业化，打持久战，遂采纳了这种调整意见。

原来，他也是觉得工作太累了，自己想"躺平"，又担心企业被同行超越，于是就让别人拼命加班。在我的建议下，他的企业建立了体系，搭建好人才队伍，现在企业已经步入正轨，员工的满意度提升了，业绩也提升了。

可见，对于不同的企业需要采用不同的方法。因为每个企业有不同的经营模式，企业经营模式的不同是由"人"决定的。所以，我们必须研究人性，要容纳真实，了解不同人的层次、需求和追求，然后将大家整合在一起。而虚假的人无法联合他人，强者也不愿意与他们合作。

在企业中，每个人都要建立一个体系。迭代要讲究因果，而不是只强调付出。那些只讲付出的人在生活中往往没有智慧。特别是企业管理者，不能一味地向员工输出付出的道理。未来的道路取决于因果，你要学会种植因果。对别人好就是在播种"因果"，多种"因果"才是关键。

1. 要以系统的利益为重

阳光、种子和土壤都好，才是真正的好。不要只考虑自己的利益，而是要以系统的利益为重。有中心认知障碍思想的人总是以自我为中心，他们认为自己的想法是最好的，必须听"我的"，这样的人无法建立系统。因此，一定要容纳真实并多种善因，做好本职工作，并且要有能力给予别人想要的东西。

2. 要摒弃"付出"的概念

如果你希望自己的企业做大，部门做强，那么你就要支持你的员工、团队和上级，这是在为自己种下善因。在生命中，没有付出，只有因果。你所做的每一件事最终都会回报到自己身上，那些只讲付出的人还没有开悟。

你的企业要发展壮大，你的部门要变强，那么你要支持你的员工、团队和上级，这些是不是在为自己种下善因呢？所以在生命中没有付出，只有因果。当你明白了这一点，在建立团队或经营企业时，你对团队好，对客户好，这些都是你应该做的，实际上都是为了自己好。

容纳他人，支持团队，为客户赋能，这些都是为了自己。当你这样为人处世时，你的格局就会打开。我们只看因果，不看付出。只要你对他好到一定程度，自然会有好的结果。因此，我们要容纳真实，要做好本职工作，多种善因。不再以个人利益为重，而是以系统利益为重；不再以自我为中心，而是以系统为中心。只有阳光好、种子好、土壤好，才是真正的好。

我们时常听到一些老板说："我整日学习，员工却与我渐行渐远。"他们自认为很厉害，但这种学习对企业来说实则是一种破坏性的。所有的学习都应该是系统的学习，实现人才梯队的整体迭代，而非老板个人的学习。只有全面建设人才梯队，才是企业迭代的必经之路。所以，老板在学习的同时，也要给团队安排学习，这样才能让老板和团队成员思想统一。

综上所述，要解除一个人或一群人的"中心认知障碍"，就要以系统为核心，系统如同参天大树，若想收获累累硕果，就必须建立系统。真正的学习应该是组织学习，也就是让团队的战略层、经营层、管理层、实施层和员工层都参与学习，如此企业才能实现整体迭代。责任胜任力的层级越高，学习时间越长，难度也越大。如果只单纯地培养老板，对企业并无价值，甚至可能对企业造成巨大破坏。个人能力再强也无济于事，只有强大的系统才能使企业具备强大的竞争力。因此，我们不应以自我为中心，而是要以系统为重点。

一个人的能力在于能调动多少人为己所用。无法调动他人，就谈不上有能力。只能调动自己，能力便非常有限。实际上，并非每个人都有"中心认知障碍"，本性的人一旦学会思考就不会有"中心认知障碍"了。只要做任何事情都以团队为重，这才是本性使然，如此才能调动更多人，一切应以系统为主。学会了解团队中的人，就是在种下善因。

第二节 解除"速成认知障碍"：一切以规律为基础

顾名思义，"速成认知障碍"是指有些人为了快速获得成功，不计后果地做出违反事物发展规律的事情，甚至不择手段。

我们很多人都有快速成功的理念，恨不得今天上午种瓜下午结果，就像"揠苗助长"中的那个人一样，最终落得一无所获。因为所有的事情都有其发展规律，所有种下的因都要经过下种、发芽、生干、分枝、开花之后才会结果。

"速成认知障碍"的人的特点是（本质上）先干了再说，如果错了再改。这个理念是20多年前的工作模式，因为那个时代信息没有现在发达，大家都处于一种"摸着石头过河"的状态，每个人都小心翼翼，不敢轻易去尝试，只有那些胆子大的人才敢"吃一个螃蟹"。

同时，因为很多人不敢放开去做，即使你选择错了，失败了，你也有时间及时做出调整。但是现在时代不同了，大家跟你站在同一个"起跑点"，你一旦错了，再调整就会被市场淘汰。所以，现在的理念就是，你先要掌握规律，找到顾问导师给予指导，做出正确的选择，再出发就有了方向。方向是对的，努力才有价值。

假承担的人对自己充满了信心，他们因为急于想成功，听不得实话和真话，即不能容真，不肯花精力去研究事情发展的必然规律。他觉得成功极其简单，就像数学公式一样是有正确答案的，或者认为成功是有模板的，是可以复制的。

成功学不是完全没有道理的，前提是倒退到20多年前，那时候信息没有这么便捷，竞争和现在也不可同日而语。别人没有成长，只有你成长了。

在当下市场竞争激烈的时代，单凭"成功学"给的激情难以支撑你拼搏到最后。想要成功，就必须先了解事情的规律，再结合自己的实际情况咨询顾问导师，或者是了解事物的规律和咨询顾问导师同时进行。

做任何事情都有规律，这需要顾问导师教我们掌握规律，再由师傅指导我们落地执行。因为顾问导师是能够给你系统解决方案的人，如果顾问导师既有老师功能又有师傅功能，那么你的能力将会升级迭代。

所以，企业要思考员工在成长过程中有没有顾问导师？你的团队成长中有没有给每个人配上师傅，有没有建立师傅体系？如果建了师傅体系就能成长，就叫作速成，如图8-2所示。

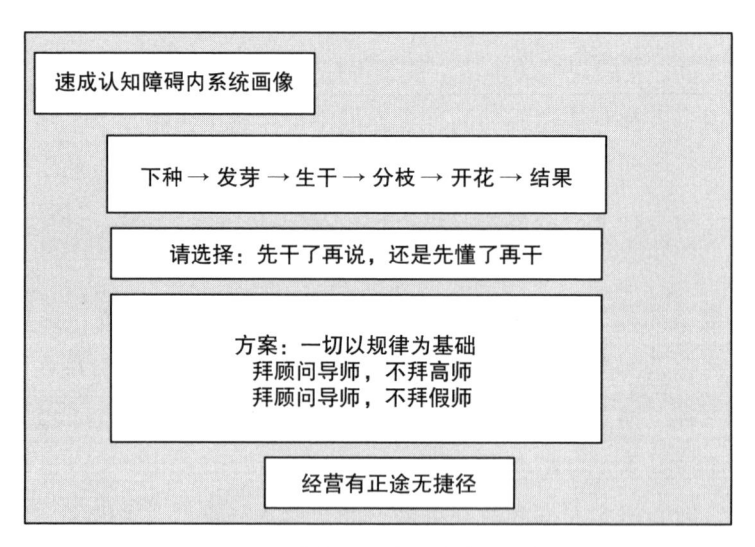

```
速成认知障碍内系统画像

┌─────────────────────────────────────┐
│ 下种 → 发芽 → 生干 → 分枝 → 开花 → 结果 │
└─────────────────────────────────────┘

┌─────────────────────────────────────┐
│ 请选择：先干了再说，还是先懂了再干   │
└─────────────────────────────────────┘

┌─────────────────────────────────────┐
│ 方案：一切以规律为基础               │
│      拜顾问导师，不拜高师            │
│      拜顾问导师，不拜假师            │
└─────────────────────────────────────┘

┌─────────────────────────────────────┐
│ 经营有正途无捷径                     │
└─────────────────────────────────────┘
```

图8-2　速成认知障碍内系统画像

师傅体系又叫三级师傅制，即组织师傅、团队师傅和个人师傅。组织师傅就是对所有人进行方法论指导，组织师傅下面有团队师傅分别指导经营团队、管理团队和战略团队。团队中每个人也都配有师傅。三级师傅制至少需要有两级发挥作用,以确保拿到结果。

企业如果只是单一的传、帮、带,就很难确保有结果。为什么?传、帮、带师傅制的前提是师傅要特别闲,工作量不大,他有精力去教你,但是现代企业里的老师傅都特别忙,所以,不能寄希望于个人师傅能解决你工作中本质的问题,他可以在一些卡点上帮你突破,系统性的问题则是需要组织师傅和团队师傅予以指导和解决。

三级师傅制帮你解除"速成认知障碍"后,你就会成为真承担的人,迭代了的本性的人做事能力会得到很大的提高,如图8-3所示。

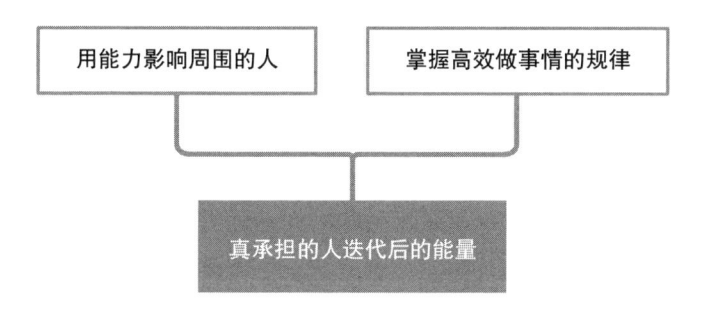

图8-3　真承担的人迭代后的能量

1. 用能力影响周围的人

破了"速成认知障碍"的人将有很大的能量,这时,上司是他的人,客户是他的人,营销部门是他的人……因为他有能力影响到大家,所以,只要他想做什么事情,周围的人都会给予他想要的支持,这会让他做事情更容易成功。

2. 掌握高效做事情的规律

真承担的人迭代后,因为他有了影响他人的能力,他的每个决策会得到各个部门的上司的大力支持,如营销系统的上司、交付系统的上司。他在工作中想调动哪个部门,哪个部门的领导都会给予积极的帮助和支持。

第三节　解除"迷幻认知障碍"：一切以结果为导向

"迷幻认知障碍"可以说是"花痴"的典型代表。他们无法看清万物的本质，深陷于自我幻想的泥潭中难以自拔。在幻觉的漩涡里，他们对一切事物都以"自恋"为中心，仿佛世界上的每个人都是为了成全他们而存在。

"迷幻认知障碍"的人通常不在乎结果，只注重过程，他们纯粹是为了享受过程带来的"自我快感"。

这些人往往沉浸于自己的世界里，对现实的认知产生偏差。他们可能会过度关注自己的感受和想法，而忽视他人的真实意图和需求。在与他人交往中，他们可能会误解别人的言行，将其解读为对自己的赞美和肯定，从而进一步强化自己的"完美"形象。

这种自我快感的追求可能使他们无法客观地看待自己和周围的世界，导致人际关系问题和现实中的挫折。他们可能难以接受批评或不同意见，因为这会威胁到他们的自我认知。此外，他们可能会因为对结果的漠视而错失很多机会，无法真正成长和进步。

"迷幻认知障碍"的人不看结果，只看过程，他们永远活在自己的解释之中，不懂得分辨外界反馈的真实情况，不要求结果，无论别人对他们做出什么样的态度和行为，他们一律幻想成"我是完美的，对方为了我在改变"，如图8-4所示。

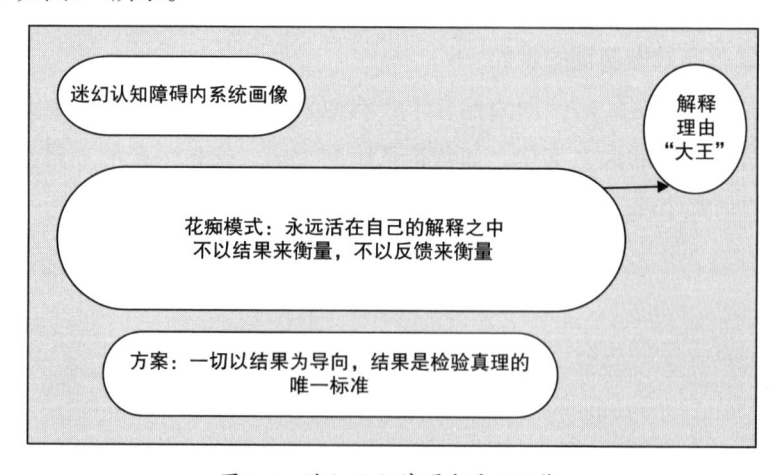

图8-4　迷幻认知障碍内系统画像

"花痴"的人是什么样的？比如，一位女士无意中看你一眼，你觉得她爱上你了；那个人不看你，是因为对方在拼命压抑爱你的心……

"花痴"的人，不管别人对他们如何，他都能解释成别人爱他。在工作中，他们和客户沟通时，会觉得客户很欣赏他的能力；客户不合作，他会觉得"客户欣赏我，也认可我的产品，只是现在客户没钱，等有钱了一定会找我"。

"花痴"的人会找各种各样的理由为自己解释，经常活在解释之中，但他们所有的解释都不成立，所有的理念都是他们的卡点，就是要持续地有结果，如图8-5所示。

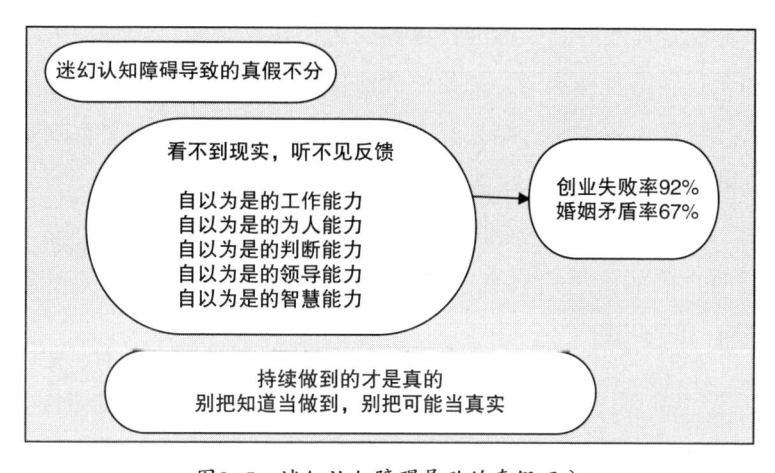

```
┌─────────────────────────────────────────┐
│  迷幻认知障碍导致的真假不分              │
│   ┌─────────────────────┐               │
│   │ 看不到现实，听不见反馈 │               │
│   │ 自以为是的工作能力    │   创业失败率92% │
│   │ 自以为是的为人能力    │→ 婚姻矛盾率67% │
│   │ 自以为是的判断能力    │               │
│   │ 自以为是的领导能力    │               │
│   │ 自以为是的智慧能力    │               │
│   └─────────────────────┘               │
│   ┌─────────────────────┐               │
│   │ 持续做到的才是真的    │               │
│   │ 别把知道当做到，别把可能当真实 │        │
│   └─────────────────────┘               │
└─────────────────────────────────────────┘
```

图8-5　迷幻认知障碍导致的真假不分

在企业中，要想让这些员工解除"迷幻认知障碍"，就要对他们以结果为导向进行迭代。引导他们认识到自我认知的局限性，并逐渐关注结果和实际行动。通过这样的方式，他们可以学会更加客观地看待自己和他人，建立健康的人际关系，实现更加真实和有意义的生活。

1. 建立系统

解除"迷幻认知障碍"需要建立一个系统模型，这个模型应该包含明确的目标、可行的步骤和有效的评估机制。通过这个系统模型，我们可以有条不紊地朝着目标前进，不断调整和改进自己的行为。

2. 师傅和顾问导师的指导

师傅和顾问导师的指导也是至关重要的，他们拥有丰富的经验和智慧，能够帮助我们少走弯路，加快成长的步伐。同时，我们应该虚心接受他们的批评和建议，不断完善自己。

3. 持续不断地追求结果

最重要的是，要持续不断地追求结果。在任何时候，都不能仅仅依靠自我评价、自我感觉和自我理念来判断自己的表现，而是要以实际的结果来衡量。结果是我们必须给予的东西。例如，如果你有很强的能力，那么你就必须通过实际的成果来证明；如果你有带领团队的能力，那么你的团队就必须达到企业的标准；如果你有管理的能力，那么你所管理的团队就应该是精英团队。你的厉害之处必须体现在为企业创造的结果上。有担当的人一定要以结果为标准。要谨言慎行，多付诸行动，少说空话。

结果是检验真理的唯一标准！虚假的人往往喜欢喊口号，提出各种层出不穷的理念，做出各种承诺，却始终无法给出实际的结果。他们总是用理念和方法来代替真正的成果。结果是具有阶段性的，如果我们愿意改变，就能够取得成果。然而，有些人却总是不肯改变，永远无法成长。

因此，让我们以结果为导向，不断迭代自己。摒弃虚假的自我，用实际行动去证明自己的价值。只有这样，我们才能在现实世界中找到真正的自我，实现自己的梦想。

第四节　解除"傲慢认知障碍"：一切以迭代为追求

所谓"傲慢认知障碍"，是指一个人总是拿自己的长处或优点去对比他人的短板和缺点，从而产生一种自以为了不起的心态。

"假承担的人"通常都很傲慢，正如我们上一节所了解到的，"假承担的人"就如同花痴一般，他们的核心是以自我为中心，总是从自己的角度去考虑问题。他们总是认为自己是正确的、好的。"傲慢认知障碍"的人的典型特征就是喜欢用自己的优点去比较别人的缺点，如图8-6所示。

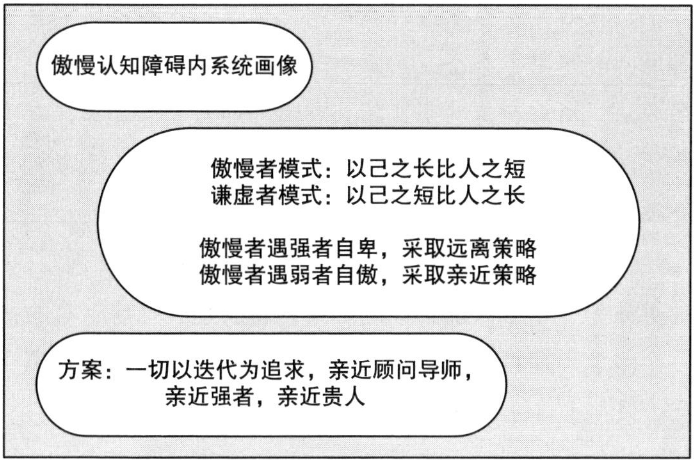

第八章 ｜ 企业人才迭代的外在阻碍：破除认知障碍

```
┌─────────────────────────────────────────┐
│  傲慢认知障碍内系统画像                    │
│   ╭─────────────────────────────────╮   │
│   │ 傲慢者模式：以己之长比人之短      │   │
│   │ 谦虚者模式：以己之短比人之长      │   │
│   │                                 │   │
│   │ 傲慢者遇强者自卑，采取远离策略    │   │
│   │ 傲慢者遇弱者自傲，采取亲近策略    │   │
│   ╰─────────────────────────────────╯   │
│   ╭─────────────────────────────────╮   │
│   │ 方案：一切以迭代为追求，亲近顾问导师，│  │
│   │       亲近强者，亲近贵人          │   │
│   ╰─────────────────────────────────╯   │
└─────────────────────────────────────────┘
```

图8-6　傲慢认知障碍内系统画像

相比于"假承担的人"，本性的人则显得谦虚谨慎。因为他们总是用自己的缺点去对比别人的优点。孔子说："三人行，必有我师焉。"真正懂得迭代的人会把每个人都当作自己的师父，因为每个人都有他们不具备的优点。比如，有些人在人际关系方面能力很强，你可以向他们学习。

在企业中，那些真承担的领导者，在发现员工身上有值得学习的优点时去学习。所以，一个真承担的人会认为每个人都是自己的师傅，他们吸收每个人身上的优点，并将这些优点运用到工作中。

我以前属于纯粹的专家型人才，一听到销售就望而却步。后来我们团队中有几个从事销售工作的人，他们的综合能力虽然不如我，但在销售方面比我强。

其中有一个销售人员与人打交道时就像对待亲人一样，他会经常向对方展示真实的自己，比如，向客户讲起自己的原生环境、童年经历等。这样一来，他和对方的关系很快就拉近了。然而，这种方式并不是对每个人都适用，后来我也学会了这一点。

我还发现其他一些销售人员可能比较笨拙，但他们持之以恒地支持别人，永远陪伴在他人身边。虽然他们的销售能力进展较慢，但可以持续多年。所以有些销售模式并不能快速打开别人的心房，而是需要慢慢地去渗透。

在工作中，我研究了很多人，算是稍微领悟了一些窍门。我平时给企业做辅导工作时，会根据每个企业和每个员工的不同个性去沟通，因为每个人都有自己的方法。所以，有些企业擅长利用外部团队和资源，有些企业则擅长运用内部团队，还有些企业擅长采用激励的方式，即善于激发员工的内驱力等，我会从中提炼出来后进行学习。

在我的生命中，每个人都是我的师傅，有的是大师傅，有的是小师傅。这并不是一个概念，懂得迭代的人要有吸收他人优点的能力，不在乎别人是否认可自己，只在乎目标有没有实现。

而"假承担的人"则想要告诉别人"我很厉害、我很棒"，强烈渴望得到他人的认可。真承担的人并不在乎别人如何看待自己，只在乎自己的目标能否达成。所以我们要从各个方面去寻找师傅，建立一个庞大的师傅体系，不断学习他们的模式，以自己的短处去对比别人的长处，并将迭代作为人生的追求。

认可，实际上只是给你一份力量，但并不能起到引领的作用。否定你是想让你看到人的不同维度，这些人都可以引领你的发展。因此，你要亲近上师，亲近强者，亲近贵人。由此可见，一个人要解除自己的"傲慢认知障碍"，一切要以迭代为追求。

在日常生活和工作中，主要有三种人，如图8-7所示。

```
            生活中常见的三种人
      ┌───────────┼───────────┐
  不敢与强者交往  与强者保持距离  擅长与强者交往
```

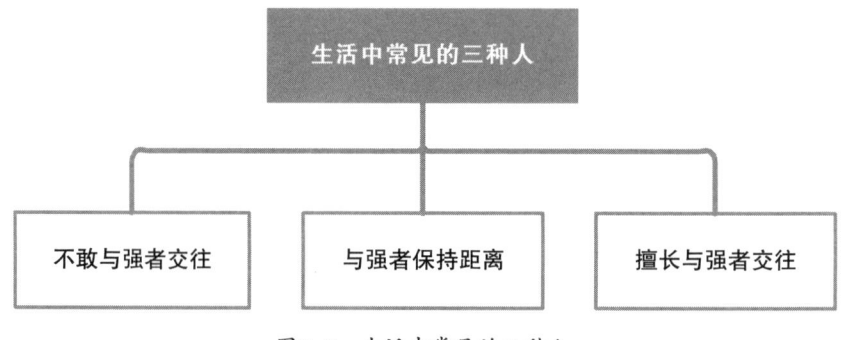

图8-7　生活中常见的三种人

1. 不敢与强者交往

在一些人心中，强者令他们心生恐惧，与强者打交道会感到压力。这种情况可能与童年经历有关。

2. 与强者保持距离

许多人对强者怀有敬畏之心，平时会有意地与强者保持一定距离，只在重大问题时请教。他们对强者有敬也有畏。前者纯粹害怕，后者虽敬畏但仍害怕，与上师保持相对距离。

3. 擅长与强者交往

强者如美味的蛋糕，令人着迷。有些人天天缠着顾问导师求教，这种人是顶级高手。他们将强者视为巨大的蛋糕，最擅长与之打交道。这样的人需要自我修炼，与强者相处能得到滋养，使自己更强大。

我有个学员，他刚认识我时只是一个普通员工。听过我的课后，他想拜我为师，我没有答应，只告诉他，有问题问我就可以。他说自己笨，需要一对一指导。

后来，他在我的课上和微信上跟我讲了很多，包括工作细节也要向我汇报，所有难题都告诉我。他所在企业生产产品，需要他到企业基层讲解。他问我如何讲解，若对方不听怎么办。我建议他，讲解前要与每个人先进行交谈，了解他们的困难和需求。

他就请教了他们企业的老板，掌握了讲课要点。他跟我说，还是有点紧张。我让他批发一些娃娃，在讲解现场跟员工互动时使用。果然，当大家得知回答问题可以奖励娃娃时，就踊跃积极地回答他的提问。他之前讲课一直很被动，这次用了我的方法，效果很好。

就这样，他在半年内持续向我汇报工作，没有要求我立即回复，我只要看到就给他提建议。他现在工资从3000多元涨到了20000元。

他能成长得这么快，是因为像他这样的人会表达自己的需求。所以，先了解自己是哪种人再去改变。

记住，傲慢只会让人展示自己优秀的一面，而看不到自己的短板。我们要迭代，就要多向强者和周围的人学习。要想借助强者的力量，就要敢于表达需求。强者会被激发起帮助你的爱心，他们愿意全心全意地帮助你。

第五节　解除"封闭认知障碍"：一切以赋能为杠杆

"封闭认知障碍"指的是一个人在经历极端高傲而遭遇失败后，产生极度自卑，进而自我封闭，与外界断绝任何联系的心理状态。正如萧伯纳所说："人生有两出悲剧，一是万念俱灰，另一个是踌躇满志。"若无法摆脱"封闭认知障碍"，人生必将以悲剧收场。

"封闭认知障碍"是在经历"中心认知障碍""速成认知障碍""迷幻认知障碍""傲慢认知障碍"后，从自我、自怨、自恋、自傲走向"自闭"，以抗拒心理防备外界。这意味着过度的傲气会导致崩溃，从而产生自卑，导致自我封闭，如图8-8所示。

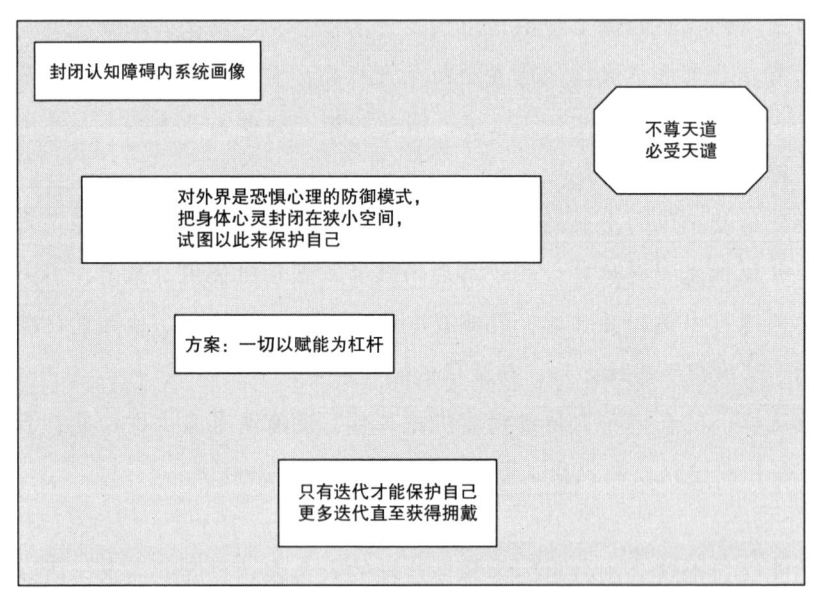

图8-8　封闭认知障碍内系统画像

面对"封闭认知障碍"，只有迭代、价值、赋能才能提供保护。因为当一个人有"中心认知障碍"时，他考虑问题总是以自我为中心，这样会伤害很多人，最终变得孤立无援。当一个人有"速成认知障碍"时，他会按照自己的想法行事，而不是遵循规律，并且没有顾问导师持续指导，必然会在许多地方碰壁；当一个人有"迷幻认知障碍"时，他总是用理念代替结果；当一个人有"傲慢认知障碍"时，他总是展示自己优秀的一面，不敢暴露自己的不足。

如果一个人同时具备"中心认知障碍""速成认知障碍""迷幻认知障碍""傲慢认知障碍"时，就很可能陷入封闭认知障碍的困境。这是因为他受到社会的严酷打压后，他的自我中心、傲慢、不切实际和急功近利都会受到压制，导致许多问题无法解决，自然也难以成长。以自我为中心的人、急功近利的人、不注重结果的人以及总是自视过高的人都难以成长，甚至成长速度会非常缓慢。此外，他们还会与外界产生激烈的冲突。越向外发展，失败的概率就越大，最终走向失败。失败后，他们会变得封闭，将失败归咎于外部因素。

这些人会把自己封闭在狭小的心灵空间里，感到自卑。因为"中心认知障碍"的人会认为是别人不配合自己，"速成认知障碍"的人会觉得别人言而无信，都是别人的问题。而这些人在傲气十足时，都自以为是，但一旦崩溃就会极度自卑，将失败归咎于外界，从而封闭自己，如图8-9所示。

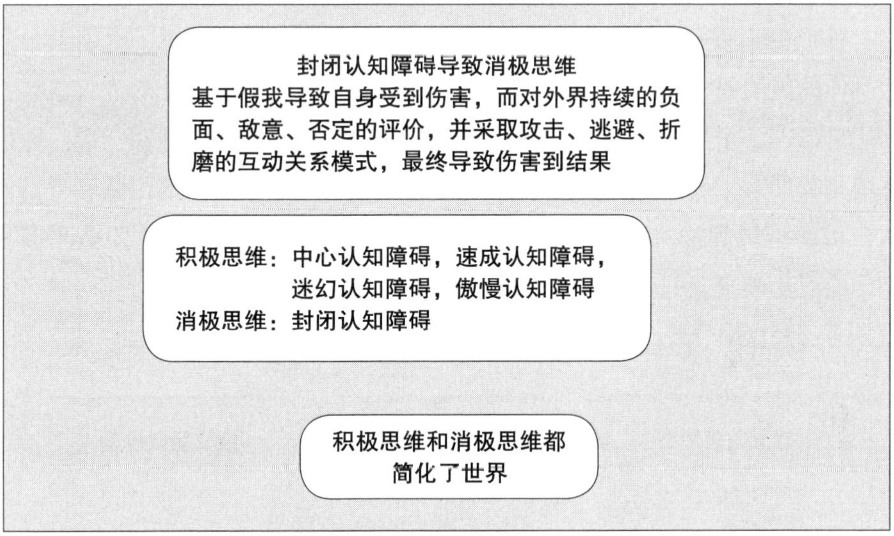

```
封闭认知障碍导致消极思维
基于假我导致自身受到伤害，而对外界持续的负
面、敌意、否定的评价，并采取攻击、逃避、折
磨的互动关系模式，最终导致伤害到结果

积极思维：中心认知障碍，速成认知障碍，
         迷幻认知障碍，傲慢认知障碍
消极思维：封闭认知障碍

积极思维和消极思维都
简化了世界
```

图8-9　积极思维和消极思维都简化了世界

因为一个人在经历了四种"认知障碍"后，就会拒绝与外界交流，认为周围的人都是坏人，最终进入封闭认知障碍的状态。这五种"认知障碍"都不会让人成长。要成长，就必须破除这五种认知障碍，即"中心认知障碍""速

成认知障碍""迷幻认知障碍""傲慢认知障碍""封闭认知障碍"。

那么，我们应该采用积极思维还是消极思维来解决这个问题呢？

我曾经在课堂上问学员，我们应该选择消极思维还是积极思维？大家一致回答：积极思维。然而，积极思维相对简单，可能会淡化问题，往往不能看到问题的复杂性，而消极思维则可能夸大问题，使人看不到自己的优势，积极思维和消极思维都简化了对世界的认知。因此，我们未来应该采用容真思维，即客观思维，既不积极也不消极。只有容真才是真实的世界。

很多企业往往害怕面对真相，就会采取逃避问题。请记住，无论何时，企业存在问题和优势都是正常现象。容真才是本质。

同样的道理，一个迭代的人要"破五"就要容真，需要建立更庞大的系统。只有更大的系统才能实现成长和迭代。迭代时要研究规律，找到顾问导师，有了顾问导师的指导，会汇聚更多的人，这就需要多种善因，赋能他人、施惠于人。有了更多的人，就可以建立一个系统，通过结果加以检验。

破除五种认知障碍后，会让自己容纳更多的人，把大家团结在一起，建立一个更大的系统。只有更大的系统，才能让人们更好地实现成长和迭代。

对于企业而言，以迭代为目标，需要设定精准的迭代目标，并将其分解为具体的能力目标。以规律为基础，寻找能够碰撞出生命火花的人，就要找到比自己高一个层次的顾问导师，顾问导师能够赋予我们智慧和资源。赋能系统相关的人，种下善因，凝聚更多的资源和能力来组建内部团队和外部团队，借助资源和能力建立系统，通过系统来获取结果，再通过团队不断检验，同时不断复盘过程和结果，不断修正模式和目标。以结果为导向进行复盘，通过复盘来修复，这是一个不断循环的过程，如图8-10所示。

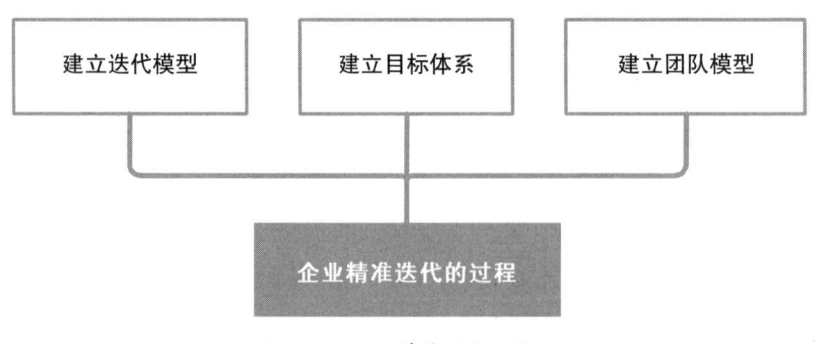

图8-10 企业精准迭代的过程

1. 建立迭代模型

在企业构建模型时，可以采用阶梯层级目标模型。以我们服务并辅导过的一家广州企业为例，这家企业是专注出口业务的，企业年营业额达20多亿元。以往在年底才进行考核，我们为他们构建了迭代模型后，设定了目标，每月都进行考核，不仅考核业绩目标，还考核各个系统的团队建设。我们过去只是跟进他们的目标，如今则更加细致地跟进。他们表示无须等到年底，依据现在的进度来看，如何突破企业的年度目标已然清晰。这就是迭代目标的意义。

2. 建立目标体系

我们对于企业的内部辅导和问题解决，需要有规律可循。我们和广州这家企业是分四个阶段进行服务的，在第一阶段引入了顾问导师体系，所有问题都可以找师傅解决，同时建立体系和方法，让团队成员达到部门总监能力就可以了。但是建立团队系统需要运营总经理能力，他们导入哪个系统都会和我商量，问属于哪个层级的系统，是找内部师傅还是找外部师傅解决，这就是师傅体系。

由于企业之前更多的是摸索着前进，也请过顾问公司，但顾问公司不知道要解决哪个阶段的问题，不知道解决层级的问题，请的顾问公司跟企业解决的问题不匹配。因此，我们需要进行审核。以前他们都是自己做考核，现在会来咨询我，我会告知他们了解师傅体系的重要性。

3. 建立团队模型

团队模型包括精英团队、战略团队、管理团队等。遇到问题时，大家共同解决，这就是团队模型，也可称为团队运作模型。

构建好体系后，就可以利用体系运作并取得成果。在这个过程中，需要始终以结果为导向。我们将在企业内部建立完整的运作模型，以基因迭代为基础构建大的软组织模型，一切以解决问题为核心。其逻辑在于此。

模型需要团队成员的配合。当大家以迭代为目标时，有了明确的目标就不会傲慢。此时，我们会建立新的模型，让你自然而然地突破。

新模型又被称为"五大江湖模式"，能够为每个人带来想要的突破效果，即以系统为支撑，破除"迷幻认知障碍"，结果反映问题，我们才能重建更多的系统；以规律为基础，破除"速成认知障碍"；以结果为导向，破除"迷幻认知障碍"就是先确定目标，然后努力实现，研究各种规律，找到顾问导师给予指导；以迭代为目标，破除"傲慢认知障碍"，遵循规律；以赋能为杠杆，破除"封闭认知障碍"，惠及更多的人。这就是迭代者的"五大江湖模式"，如图8-11所示。

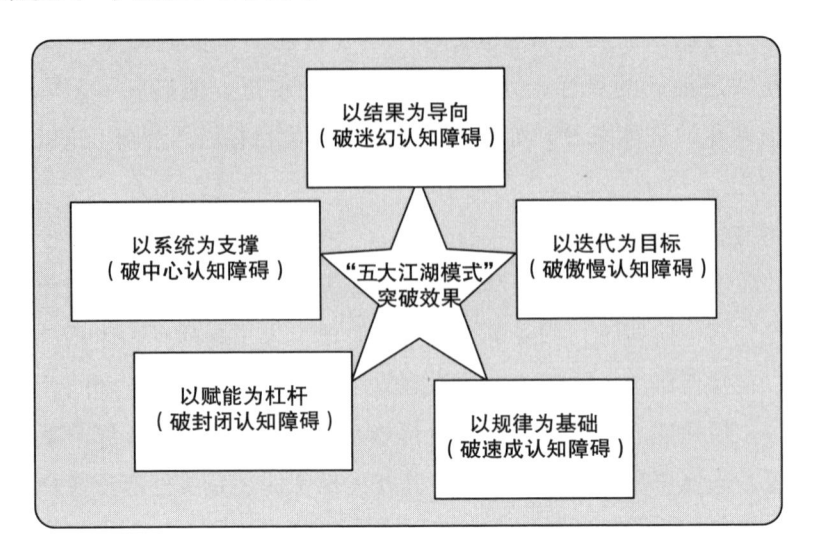

图8-11 迭代者的"五大江湖模式"

以规律为基础，企业开始建立顾问导师体系，你将拥有自己的师傅。你会快速提升，学会团队协作，团队也会为你赋能。这个概念在企业中就是构建模型，价值观的模型即为此。我们设定的时间是一年，持续推进，系统就能建立起来。

系统建立后，不能仅依靠个人的领悟，而我创建的这个模式，能让你不再傲慢，为你引入师傅，你会愿意与师傅结缘。然后你会发现，团队协作比个人作战更高效。之后，我们可以搭建一个运营体系。因此，我们每个月都要进行复盘和调整。今天讲解的是理念，在企业中导入的则是模型，如果没有理念的支持，这个模型就不会成功。只有这样，我们的人生才能更好、更快、更有价值。

若存在"中心认知障碍"不统一、"迷幻认知障碍"不实际、"傲慢认知障碍"不成长、"速成认知障碍"不扎实、"封闭认知障碍"不借力，那么这五大认知障碍将无法实现迭代。突破中心认知障碍后能持续整合迭代，突破迷幻认知障碍后能持续复盘迭代，突破傲慢认知障碍后能持续学习迭

第八章 ┃ 企业人才迭代的外在阻碍：破除认知障碍

代，突破封闭认知障碍后能借力迭代，如图8-12所示。

```
┌─────────────────────────────────────────────┐
│          ┌──────────────┐                   │
│          │ 以结果为导向  │                   │
│ ┌──────┐ │不断复盘过程与结果│ ┌──────────┐  │
│ │以系统为支撑│ │不断修正模式与目标│ │以迭代为目标│  │
│ │用资源能力建系统│ └──────────────┘ │设定精准迭代目标│ │
│ │运用系统拿到结果│                   │分解为具体能力│ │
│ └──────┘                            │   目标   │ │
│              ╱──────────╲           └──────────┘ │
│             │ 责任在手20% │                   │
│             │ 成在上师80% │                   │
│              ╲──────────╱                    │
│ ┌──────────┐                      ┌──────────┐ │
│ │以赋能为杠杆│                      │以规律为基础│ │
│ │赋能系统相关人员│                    │寻找上师赋能智慧│ │
│ │聚集更多的资源│                      │  与资源  │ │
│ │   能力   │                        └──────────┘ │
│ └──────────┘                                 │
└─────────────────────────────────────────────┘
```

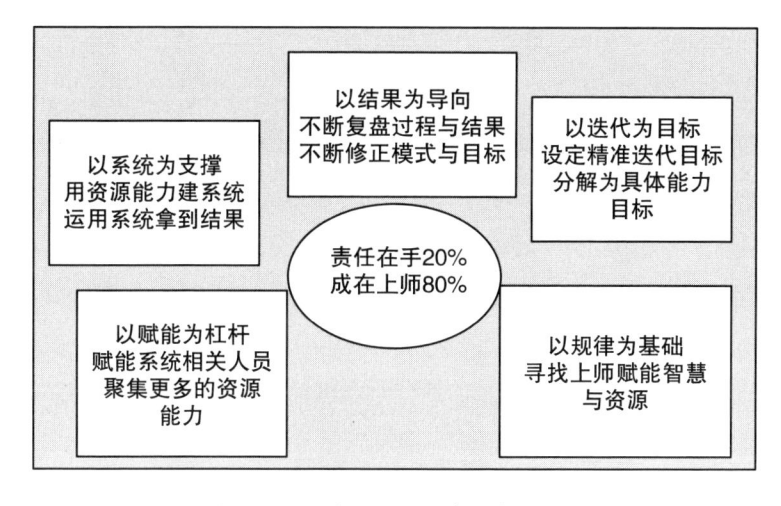

图8-12　破除五大认知障碍才能迭代

183

第九章

企业精英团队的迭代逻辑：五种性格领导力模型

第一节　男人性格领导力：能创建自己的商业模式

在企业的精英层，精英团队的人有五种核心性格，分别是女孩性格、男孩性格、女人性格、男人性格和领袖（管理层）性格。女孩性格和男孩性格属于员工层，女人性格和男人性格属于领导层，其中女人性格负责管理、男人性格负责领导。领袖性格属于领袖层，如图9-1所示。

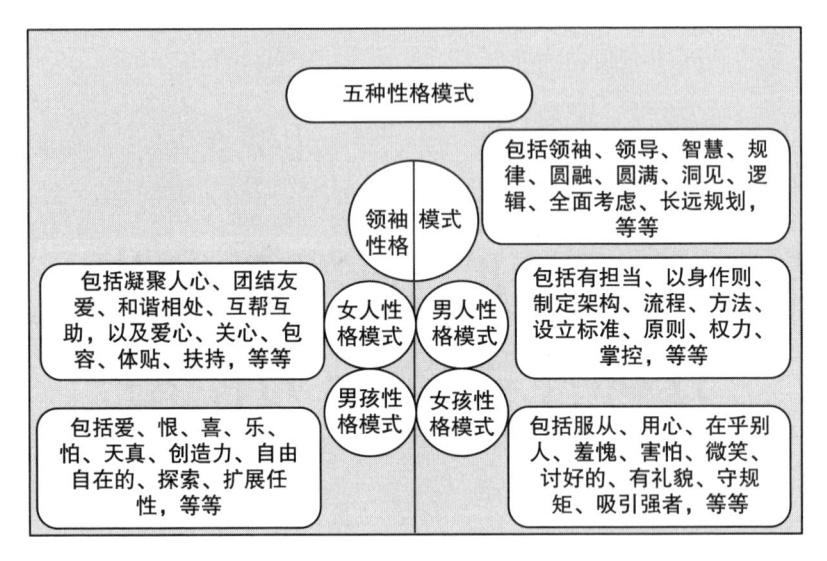

```
                    五种性格模式

              ┌──────────────┐
              │  领袖性格 │ 模式 │      包括领袖、领导、智慧、规
              └──────────────┘      律、圆融、圆满、洞见、逻
                                    辑、全面考虑、长远规划，
                                    等等

   包括凝聚人心、团结友   ┌────────┬────────┐   包括有担当、以身作则、
   爱、和谐相处、互帮互   │ 女人性 │ 男人性 │   制定架构、流程、方法、
   助，以及爱心、关心、包 │ 格模式 │ 格模式 │   设立标准、原则、权力、
   容、体贴、扶持，等等   ├────────┼────────┤   掌控，等等
                          │ 男孩性 │ 女孩性 │
   包括爱、恨、喜、乐、   │ 格模式 │ 格模式 │   包括服从、用心、在乎别
   怕、天真、创造力、自由 └────────┴────────┘   人、羞愧、害怕、微笑、
   自在的、探索、扩展任                         讨好的、有礼貌、守规
   性，等等                                    矩、吸引强者，等等
```

图9-1　精英层的五种性格模式的特征

我们先介绍男人性格模式，一般来说，男人性格模式有自我的商业理论，是系统流程管控的，具有以下显著特征，如图9-2所示。

第九章 企业精英团队的迭代逻辑：五种性格领导力模型

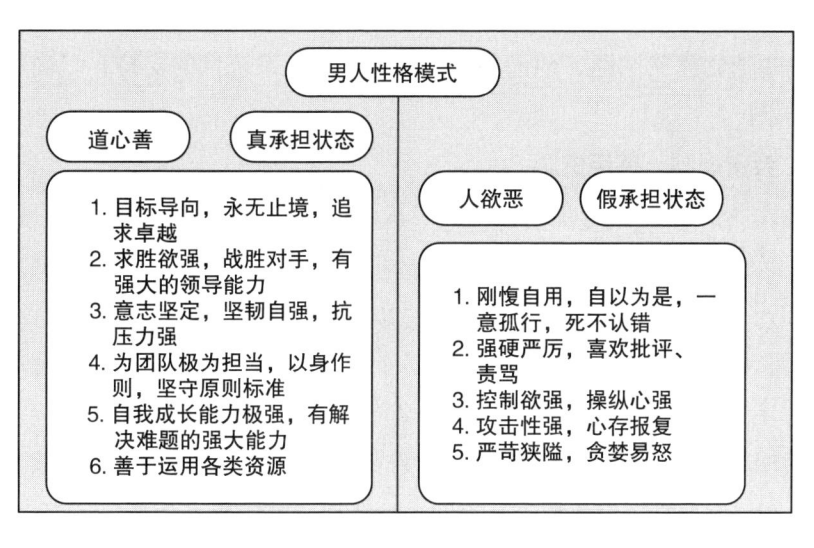

```
┌─────────────────────────────────────────────────┐
│                   男人性格模式                    │
│  ┌──────┐ ┌──────────┐                          │
│  │道心善│ │真承担状态│   ┌──────┐ ┌──────────┐  │
│  └──────┘ └──────────┘   │人欲恶│ │假承担状态│  │
│  ┌─────────────────────┐ └──────┘ └──────────┘  │
│  │1. 目标导向，永无止境，│ ┌─────────────────────┐│
│  │   追求卓越          │ │1. 刚愎自用，自以为是，││
│  │2. 求胜欲强，战胜对手，│ │   一意孤行，死不认错 ││
│  │   有强大的领导能力  │ │2. 强硬严厉，喜欢批评、││
│  │3. 意志坚定，坚韧自强，│ │   责骂             ││
│  │   抗压力强          │ │3. 控制欲强，操纵心强 ││
│  │4. 为团队极为担当，以 │ │4. 攻击性强，心存报复 ││
│  │   身作则，坚守原则标准│ │5. 严苛狭隘，贪婪易怒 ││
│  │5. 自我成长能力极强，有│ └─────────────────────┘│
│  │   解决难题的强大能力│                          │
│  │6. 善于运用各类资源  │                          │
│  └─────────────────────┘                          │
└─────────────────────────────────────────────────┘
```

图9-2 男人性格模式特征的关键词

1. 锁定目标，追求卓越

男人性格模式的人就是要锁定目标，只要与目标无关的事情，他们一律不管。随时都关注着自己的目标，与目标无关的事情，他们一律不管，因为他们觉得那是在浪费时间。

2. 求胜欲强，有领导能力

男人性格模式的人做事的动力就是成功，成为赢家，因为求胜心切，他们会利用自己的优势，即强大的领导能力发动一切可以团结的力量，带着"不达目的不罢休"的决心去做一件事。

3. 意志坚定，抗压力强

男人性格模式的人意志坚定，有抗压能力。因为一定要达到目标，他们会自己搭建系统，这样他们就能掌控整个系统的运作情况。通过自己去建设系统，也能确保结果在掌控之中。而且，他们会进行全方位的过程管理，保证可以拿到最好结果。

4. 以身作则，坚守原则标准

男人性格模式的人具有担当精神，他们做事情对人对事都有高度的责任感。在团队能起到以身作则的榜样作用，这种感召力也是他们成功的一个重要因素。他们在工作中总是冲在前面。比如，系统的某个环节团队搞不定，那他就会冲上去。因为男人性格模式的人要建系统，他们就一定要冲在最前

187

面。他们作为领导者，会全方位支持团队去实现目标，就是说团队在拿结果的过程中遇到任何问题，他们都会予以全方位、系统性的支持，以确保最终拿到结果。

5. 会定规则，善用资源

男人性格模式的人会定规则，要求进入我系统的人严格按我的打法来走。如果你进入我体系却不按我的打法走，那么请你离开。他们要求大家追随他们，并听从他们的指挥。同时，他们也会给到追随他们的人现实的结果，会让你赚到钱，会让你买房买车。男人性格模式所建立的体系全部是以结果为导向的，你要想拿到结果，那么你就要遵循我的规则，一切按照我的（游戏规则）打法来做，不能越雷池半步。所以，男人性格模式的核心特点是有系统、有原则、有流程、有方法、有架构、有标准。

6. 自我成长能力强，无惧困难

男人性格模式的人果断勇敢、不畏惧困难。他们对所从事的工作领域充满兴趣，通过不断地探索拓宽自己的视野，增加自己的知识储备。因为自我成长能力强，他们每解决一次困难，就会获得成长。他们会换位思维，思维严谨缜密，居安思危，他们考虑的是系统哪一个环节可能会出问题以及出现什么问题，流程之中哪里还有漏洞。他们在做一个项目的过程中，会考虑哪里可能会失控？他们永远在考虑系统的稳定运行和可能出现的问题。

那么男人性格模式的人的核心工作方式是什么样的呢？如表9-1所示。

表9-1 男人性格模式的人的核心工作方式

1. 目标导向、自我理论的工作方式
2. 系统统筹、流程把控的工作方式
3. 战略规划、战略计划的工作方式
4. 定向布局、定向资源的工作方式
5. 难题担当、打样建模的工作方式
6. 培养团队、支持合作的工作方式
7. 团队高标、团队高果的工作方式

男人性格模式的人在工作中对事不对人，因为一心想着成功，导致他们对人没有感觉，看到的是团队人员的盲区，所以，在和男人性格模式的人相

处时，你需要有很强的内心承受力。他们会永远告诉你，你错在哪里。让他们表扬你，他们会觉得，这有什么好表扬的。你做得对很正常，你做错了要纠正。他们在心里会觉得你能力强很正常，所以不会表扬，他们认为要把更多的精力花在失控的地方。他们认为他们并不负面，只是觉得你错了，在漏洞上批评你。他们会非常愿意为团队负责任的。

男人性格模式的人有自我的商业理论，他们具备系统统筹工作的能力，能够把控流程确保系统稳定运作。同时，男人性格模式的人会根据自我的商业理论做战略规划，并制订相应的实施计划。在遇到难题时，他们会主动承担起解决难题的责任，在工作中注重全方位培养团队，对团队提出的要求也是高标准、高结果。

不过，男人性格模式分为真承担状态与假承担状态，如图9-3所示。

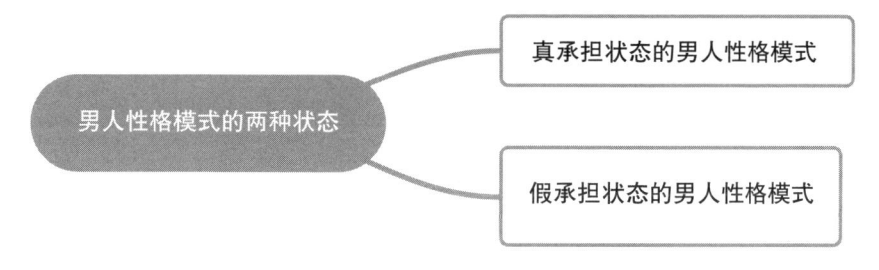

图9-3　男人性格模式的真承担状态与假承担状态

1. 真承担状态的男人性格模式

真承担状态的男人性格模式是以目标为导向，追求卓越，永无止境。他们意志坚定，坚忍自强，具有很强的抗压能力。他们带领团队冲锋陷阵时会以身作则，而且善于运用各类资源。

2. 假承担状态的男人性格模式

假承担状态的男人性格模式虽然目标性很强，但是却不愿意花心思去建立系统，只是一味地去要求别人，常常态度强硬，喜欢批评责骂，而且他们刚愎自用，自以为是，一意孤行，死不认错。他们不是领导团队，而是控制团队。同时，具有极强的控制欲、严苛狭隘，在工作中无法做到对事不对人，经常心存报复，具有很强的攻击性。

第二节　女人性格领导力：凭借个人优势凝聚人心

在企业中，女人性格模式同样也是领导者，如图9-4所示。

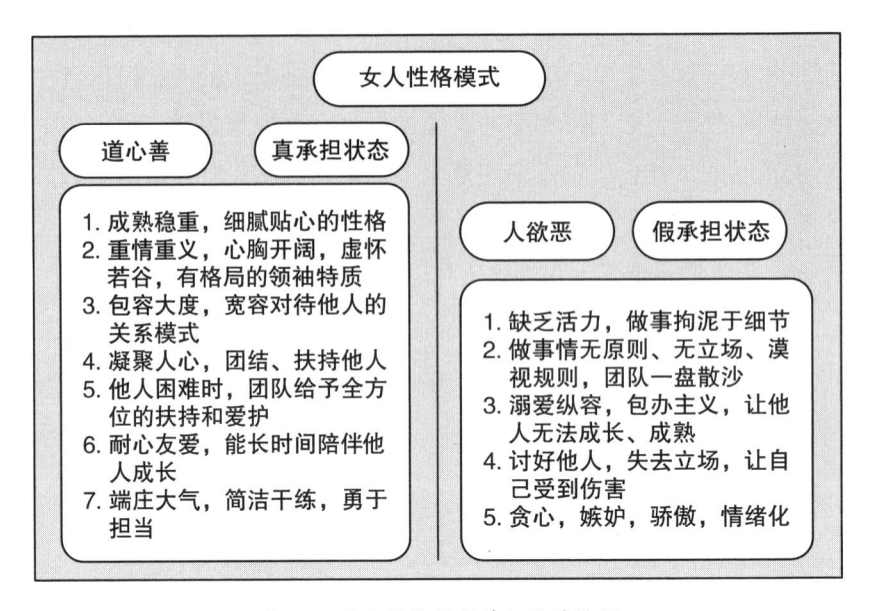

```
                    女人性格模式
      ┌──────────┬──────────┐
      │  道心善   │ 真承担状态 │
      ├──────────┴──────────┤
      │1. 成熟稳重，细腻贴心的性格          │    ┌──────────┬──────────┐
      │2. 重情重义，心胸开阔，虚怀          │    │  人欲恶   │ 假承担状态 │
      │   若谷，有格局的领袖特质            │    ├──────────┴──────────┤
      │3. 包容大度，宽容对待他人的          │    │1. 缺乏活力，做事拘泥于细节          │
      │   关系模式                          │    │2. 做事情无原则、无立场、漠          │
      │4. 凝聚人心，团结、扶持他人          │    │   视规则，团队一盘散沙              │
      │5. 他人困难时，团队给予全方          │    │3. 溺爱纵容，包办主义，让他          │
      │   位的扶持和爱护                    │    │   人无法成长、成熟                  │
      │6. 耐心友爱，能长时间陪伴他          │    │4. 讨好他人，失去立场，让自          │
      │   人成长                            │    │   己受到伤害                        │
      │7. 端庄大气，简洁干练，勇于          │    │5. 贪心，嫉妒，骄傲，情绪化          │
      │   担当                              │    └─────────────────────┘
      └─────────────────────┘
```

图9-4　女人性格模式特征的关键词

1. 成熟稳重，情感细腻

女人性格模式特征的人性格成熟稳重，对下属是温情式管理。他们更多的是关注人的感情，在乎对方的感觉，所以，他们常常为他人提供情绪价值，给对方欣赏、关怀、理解和温暖，营造一种氛围。所以，女人性格模式的人认可你的需求，更多的是关心人的感情。能够凝聚人心，为团队营造温馨的环境，但是拿不到好的结果。

2. 心胸开阔，有格局

女人性格模式特征的人重情重义，心胸开阔，是有格局的领导。所以在工作中宽以待人，包容大度，支持扶持他人，因此可以凝聚人心，团结他人，在他人遇到困难时会给予全方位的扶持和爱护，对团队耐心友爱，能够长时间陪伴其成长。

3. 包容大度，宽容待人

女人性格模式的人允许每个人有不同的目标，男人性格模式的人则是不允许你有和我不一致的目标，你的目标必须遵循我的系统，配合我的目标，听从我的安排，以保证最终拿到结果。如果这段时间你累了，女人性格模式的人会允许你好好休息；男人性格模式的人则是对你提出高标准、高要求！换句话说，女人性格模式的人是允许你用你的标准让我来支持你，我支持你的需求，同时你配合我以达到我的目标，所以女人性格模式的人的目标是不可控的，很多时候是无法实现的。

4. 凝聚人心，扶持他人

女人性格模式的人尊重生命、扶持他人，但他们不做系统，在工作中没有目标感。女人性格模式的人只想做好一件事情，即支持别人达到目标，拿到预期的结果。因为是把结果寄托在他人身上，所以这种目标不可控。

5. 一人有难，全力支持

女人性格模式的人给他人以长久的支持、点状担当和点状支持。这种支持是点状支持，就是说只要是他们擅长的方面，他们会予以全力支持。就是他们擅长什么就在哪方面支持你，全方面调动资源支持你，而不是全方面支持。他对不擅长的事情就不管，会相信你自己可以去突破。他们的支持是点状的，也就是只在他们擅长的地方做支持。所以，他们没有系统性，喜欢广泛尝试，至于结果，他们不是太在意。女人性格模式的人也是会建立模型的，但只是在擅长的地方建立模型。

6. 有耐心，能陪伴下属成长

女人性格模式的人耐心友爱，允许每个人有不同的目标，不在意结果，他们对团队的要求很低，允许团队不断犯错，慢慢成长，并长久地支持和陪伴团队。你累了，他们会支持你停下来休息，静静等待你成长；你想成长得更快一点，他们也会支持你，给予你鼓励；你成长慢，他们也会支持你。

那么，女人性格模式的人的核心工作方式是什么样的呢？如表9-2所示。

表9-2　女人性格模式的人的核心工作方式

1. 尊重生命、扶持他人的工作方式
2. 包容团队、低标合作的工作方式
3. 长久支持、耐心陪伴的工作方式
4. 点状支持、点状合作的工作方式
5. 点状规划、点状计划的工作方式
6. 广泛尝试、整合资源的工作方式
7. 点状担当、点状建模的工作方式

女人性格模式的人的工作模型是尊重生命、扶持他人，但因为他们不做系统，因此在工作中没有目标感。他们只想做好一件事情，即支持别人达到目标，拿到预期的结果。因为是把结果寄托在他人身上，所以这种目标不可控。

女人性格模式分为真承担状态与假承担状态，如图9-5所示。

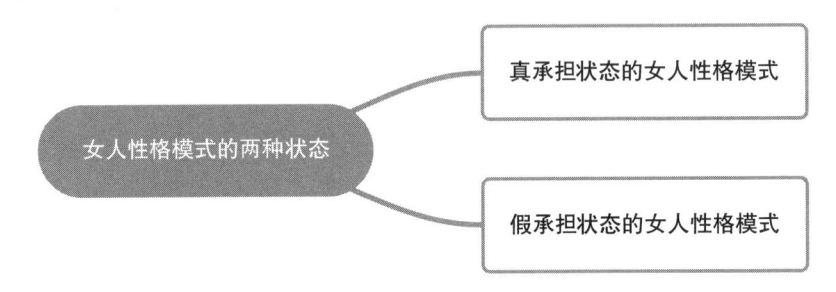

图9-5　女人性格模式的真承担状态与假承担状态

1. 真承担状态的女人性格模式

真承担状态的女人性格模式的人思维不严谨缜密，他们常常对事物保持乐观，积极看待问题，所以，他们常常淡化可能出现的危险和漏洞，以及系统可能存在的失控。女人性格模式的人追求完美的"正面"，但由于正面和负面都难免歪曲事实，因此他们不能容真。

2. 假承担状态的女人性格模式

假承担状态的女人性格模式则是一味纵容他人，他们无原则、无立场，对规则视而不见，导致团队缺乏活力，像一盘散沙。再加上他们个人情绪化、贪心、骄傲、容易嫉妒他人，整个团队精神涣散、没有凝聚力，团队成员消极懈怠，工作效率低下。

第九章 企业精英团队的迭代逻辑：五种性格领导力模型

假承担状态的女人性格模式的人对人生未来没有感觉，只会纵容自己，不为未来考虑，只要当下感觉良好即可。真承担状态的女人性格模式的人则知道什么是越来越好，能够理解并承担责任，推动他人的成长，即使与自己的结果无关。

第三节　女孩性格领导力：全力支持崇拜的上司

在企业中，女孩性格领导力的人具备以下特征，如图9-6所示。

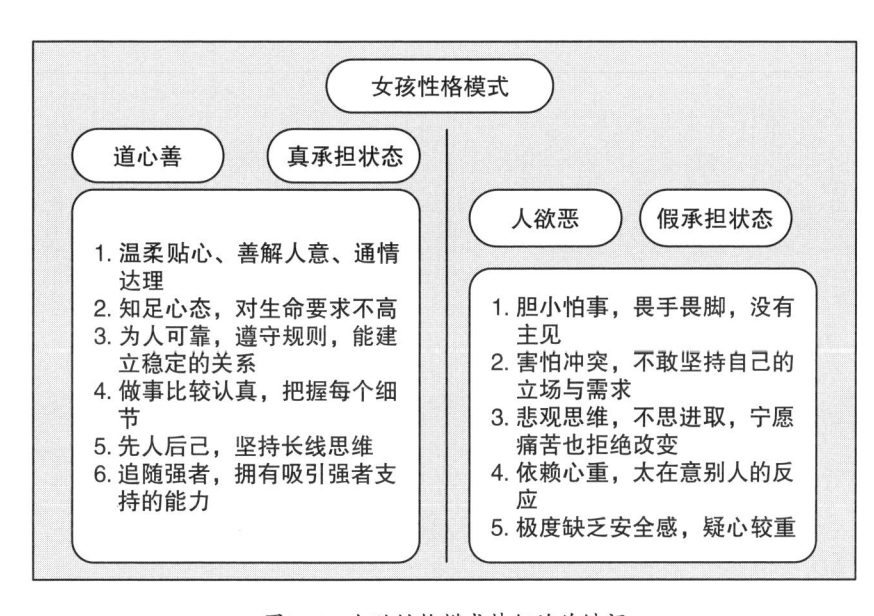

```
                    女孩性格模式

    道心善      真承担状态
                                人欲恶      假承担状态
  1. 温柔贴心、善解人意、通情
     达理                      1. 胆小怕事，畏手畏脚，没有
  2. 知足心态，对生命要求不高       主见
  3. 为人可靠，遵守规则，能建    2. 害怕冲突，不敢坚持自己的
     立稳定的关系                  立场与需求
  4. 做事比较认真，把握每个细    3. 悲观思维，不思进取，宁愿
     节                            痛苦也拒绝改变
  5. 先人后己，坚持长线思维      4. 依赖心重，太在意别人的反
  6. 追随强者，拥有吸引强者支       应
     持的能力                   5. 极度缺乏安全感，疑心较重
```

图9-6　女孩性格模式特征的关键词

1. 温柔贴心、善解人意

女孩性格模式的人本性温柔贴心、善解人意，在工作中遵守规则，为人可靠，能够与团队成员建立稳定关系。他们做事认真细腻，能够把握细节，具有长线思维。真承担状态下的女孩性格模式坚持追随强者，也具备吸引强者的能力。

2. 要求不高，很容易满足

女孩性格模式的人拥有知足常乐的心态，对生命要求不高。他们人际圈很窄，只对能给自己资源、帮助自己、带领自己的人感兴趣，与结果无关的人则不是他们关注的对象。

3. 为人可靠，遵守规则

女孩性格模式的人通常具有配合他人、先人后己的特点，但他们也有自己的目标，并会紧紧盯着目标前进。他们最擅长借助别人的力量来实现自己的目标，因此会寻找一切能够支持自己的力量，并为此遵守对方的规则，全力做好配合以得到对方的认可、支持和资源，能与他人建立稳定的关系。

4. 做事认真，把握细节

女孩性格模式的人对工作特别认真，他们做事的时候特别注重细节，对工作会尽心尽力。在他们的领导下，团队工作都能够做到一丝不苟。

5. 先人后己，具有长线思维

女孩性格模式的人特别欣赏男人性格模式的人，因为他们都是目标感很强的人，而且男人性格模式的人能够为对方提供策略、资源等全方位的支持，助力他人收获成果，其领导风格尽显格局与担当，以团队成员的成功为导向，积极发挥引领与推动作用。因此，女孩性格模式的人愿意追随男人性格模式的人，并全方位地复制他们的成功经验。

6. 追随强者，能获得强者的支持

女孩性格模式的人喜欢追随强者，拥有吸引强者支持的能力。在不断追随和配合男人性格模式的人的过程中，他们会逐渐掌握系统建设能力、流程把控能力和团队整合能力，从而逐渐成长为男人性格模式的人。在这个过程中，他们已经掌握了系统建设能力、流程把控能力和团队整合能力。

那么，女孩性格模式的人的核心工作方式是什么样的呢？如表9-3所示。

表9-3 女孩性格模式的人的核心工作方式

1. 做事认真、把握细节的工作方式
2. 目标明确、思路清晰的工作方式
3. 追随领导、支持配合的工作方式
4. 先人后己、善解人意的工作方式
5. 遵守规则、知足心态的工作方式
6. 熟悉领域、主动工作的工作方式
7. 等待指令、谨慎前进的工作方式

第九章 ┃ 企业精英团队的迭代逻辑：五种性格领导力模型

我来举一个例子。

张宁具有典型的女孩性格模式的人，作为部门主管，他在工作中非常注重团队合作和人际关系，总是愿意帮助别人，关心他人的感受。同时，他的目标感也很强，会为自己设定明确的职业目标，并努力追求。他擅长借助他人的力量来实现自己的目标，与同事和领导建立了良好的合作关系。

张宁的上级是男人性格模式的人，他特别欣赏上级的决断力和领导能力。他在追随上级的过程中，不但会全力配合上级的工作，而且会主动学习上级的策略和方法，来实现共同目标。

虽然张宁在工作中非常认真细腻，注重细节，把握工作中的每一个环节，尤其擅长与团队成员建立稳定的关系，在团队中能够做到先人后己，关心他人的需求，但是他在面对压力和挑战时假承担状态就会显现出来。他会变得依赖他人，希望别人能够给予他结果，而不是自己主动去解决问题。他还害怕冲突，不敢坚持自己的立场和需求。

通过学习，张宁认识到自己的假承担状态，他努力调整自己的思维和行为方式。他在工作中更加坚定地追求自己的目标，学会独立解决问题，提升自己的决策能力和自信心。

这个例子展示了女孩性格模式的一些特点和可能存在的挑战。通过认识和调整自己的性格模式，张宁更好地发挥了自己的优势，实现个人和职业的成长。由此可见，女孩性格模式分为真承担状态和假承担状态，如图9-7所示。

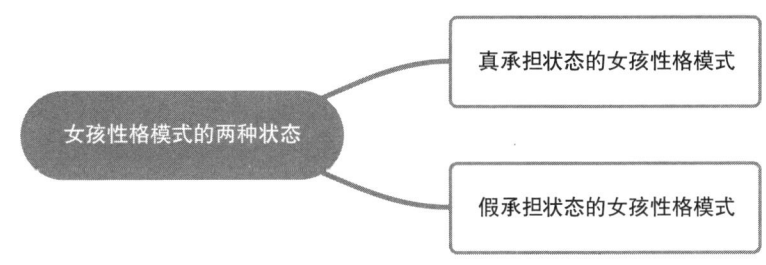

图9-7 女孩性格模式的真承担状态与假承担状态

1. 真承担状态的女孩性格模式

女孩性格模式的人在工作中认真细腻，能够把握细节，具有明确的目标和清晰的思路。他们紧紧追随领导，支持配合，先人后己，善解人意。

在自己熟悉的工作领域会主动工作，在不熟悉的领域则等待领导指令，谨慎前进。

女孩性格模式的人成长并不是成为传统意义上的女人，而是成为具有男人性格特质的人。比如，一些女企业家说话干练果断，很有原则性和系统性，这就是已经成长为男人性格模式的表现。

2. 假承担状态的女孩性格模式

女孩性格模式的假承担状态则表现为依赖他人，将希望寄托在别人身上，希望别人给自己结果，为人胆小怕事，畏首畏尾，没有主见。在团队合作中，害怕冲突，不敢坚持自己的立场和需求。假承担状态下的女孩性格模式常常是悲观思维，不思进取，宁愿痛苦着也不愿意去改变，而且极其没有安全感。

第四节　男孩性格领导力：喜欢探索新鲜的事物

在企业中，男孩性格模式的领导者比较常见，如图9-8所示。

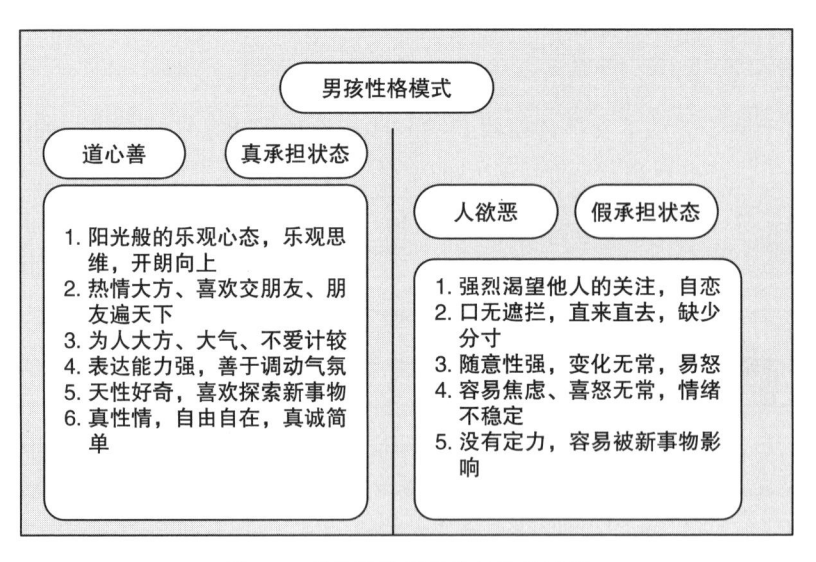

```
                    男孩性格模式

      道心善      真承担状态

                                    人欲恶    假承担状态
  1. 阳光般的乐观心态，乐观思
     维，开朗向上                  1. 强烈渴望他人的关注，自恋
  2. 热情大方、喜欢交朋友、朋      2. 口无遮拦，直来直去，缺少
     友遍天下                         分寸
  3. 为人大方、大气、不爱计较      3. 随意性强，变化无常，易怒
  4. 表达能力强，善于调动气氛      4. 容易焦虑、喜怒无常，情绪
  5. 天性好奇，喜欢探索新事物         不稳定
  6. 真性情，自由自在，真诚简      5. 没有定力，容易被新事物影
     单                               响
```

图9-8　男孩性格模式特征的关键词

1. 乐观思维，开朗向上

男孩性格模式的显著特点是真性情，拥有阳光般的乐观心态，为人坦诚

直率，喜欢表达真实想法，不太考虑长远的未来，更喜欢新鲜和尝试。

2. 热情大方，喜欢社交

男孩性格模式的人待人热情、乐于助人，擅长跟不同的人打交道，因此能够结交到很多朋友，可以说朋友遍天下。但是不会持续做一件事情。

3. 为人大方，大气不计较

男孩性格模式的人在与人交往时，通常不会有防备心理，会完全敞开心扉，喜欢或不喜欢都会直接表现出来。他们更注重当下的感受，不太在意结果，能够与很多人建立关系，并且能够做到真正地对每个人都好。

4. 善于表达，调动气氛

男孩性格模式和女孩性格模式的人都比较感性，常常能够给大家带来欢乐。因此，他们特别擅长公关和交朋友，对朋友也能付出真心，但他们不会承担过多的责任。

5. 天性好奇，喜欢探索新事物

男孩性格模式的人喜欢探索新事物，更善于前端思考和工作，但对持续做一件事情缺乏耐心。此外，他们还具备很强的公关能力和丰富的情感资源。

6. 自由自在，真诚简单

男孩性格模式的人是性情中人，他们只做自己喜欢的事情，追求自由自在的快乐生活，希望有人陪伴，享受一起快乐的时光。女性性格模式的人则更倾向于做自己擅长的事情。

对于男孩性格模式的人来说，他们的核心工作方式是什么样的呢？

我有个学员是一家创业公司的创始人之一，他就是典型的男孩性格模式领导者。在工作中，他充满活力和冒险精神，总是愿意尝试新的想法和方法。

在团队决策中，他非常坦诚直率，他会直接表达自己的意见和想法，不会掩饰自己的情感。这种真性情让团队成员感到他很可靠，愿意跟随他一起奋斗。

他平时非常注重当下的快乐和团队氛围，经常组织团队活动，如户外运动和聚会，以增强团队凝聚力。他也擅长与团队成员建立深厚的友谊，关心他们的个人生活和发展。不过，他在管理中经常感情用事，在冲动之下忽略了长期规划和风险管理。在一次关键的项目决策中，他倾向于选择一个看似有潜力但风险较高的方案，而没有充分考虑到可能的后果，导致他因决策失误而给公司造成了损失。

从这个例子中可以看到，男孩性格模式的人在团队中能够产生积极的影响，但因为自身存在的缺陷，也会为工作带来负面影响。所以，他们需要通过成长改变这方面的问题，这样才能在决策中更加审慎，考虑长远利益，并与其他性格类型的领导者合作，以实现更全面的领导风格，如表9-4所示。

表9-4 男孩性格模式的人的核心工作方式

1. 积极思维、规划乐观的工作方式
2. 喜欢就做、不喜远离的工作方式
3. 为人大气、朋友互助的工作方式
4. 喜欢探索、各种尝试的工作方式
5. 思维敏捷、快速反应的工作方式
6. 公关能力、情感资源的工作方式
7. 前端思考、前端工作的工作方式

在工作中，男孩性格模式分为真承担状态和假承担状态，如图9-9所示。

```
                          ┌─────────────────────────┐
                          │ 真承担状态的男孩性格模式 │
┌──────────────────┐     └─────────────────────────┘
│ 男孩性格模式的两种状态 │
└──────────────────┘     ┌─────────────────────────┐
                          │ 假承担状态的男孩性格模式 │
                          └─────────────────────────┘
```

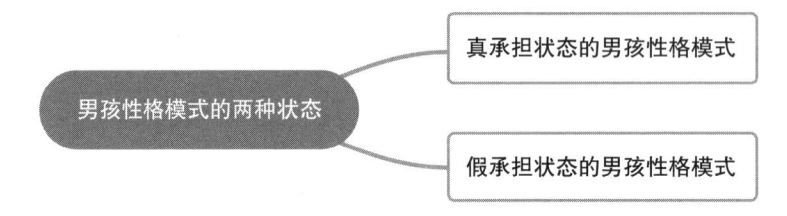

图9-9 男孩性格模式的真承担状态与假承担状态

1. 真承担状态的男孩性格模式

男孩性格模式的人的真承担状态是对人生保持阳光般的乐观心态，开朗向上，为人真诚简单、热情大方、不计较，喜欢交朋友。在团队中善于调动气氛，表达能力极强，天性好奇，喜欢探索新事物。同时，他们具有积极思维，总是在工作中保持乐观态度，喜欢找让自己快乐的事情做，为人大方，朋友之间互帮互助。

男孩性格模式的人特别害怕被约束，他们更喜欢女人性格模式的人，因为女人性格模式的人更能够允许他们随性发挥，做自己喜欢的事情。在这个过程中，男孩性格模式的人会逐渐成长为女人性格模式，能够包容对方，给对方鼓励和温暖。

2. 假承担状态的男孩性格模式

处于假承担状态的男孩性格模式的人则随心所欲，口无遮拦，直来直去，缺少分寸感。他们强烈渴望他人的关注，而且情绪容易受到新事物的影响，变化无常。

不同性格模式的人都有各自的优点和缺点。了解这些特点可以帮助我们更好地理解自己和他人，从而更好地与人相处和合作。

第五节　领袖性格领导力：通过开悟方式驾驭他人

我们已经知道男人性格模式和女人性格模式属于领导层，那么谁来领导男人性格模式和女人性格模式的人呢？答案是领袖性格模式，如图9-10所示。

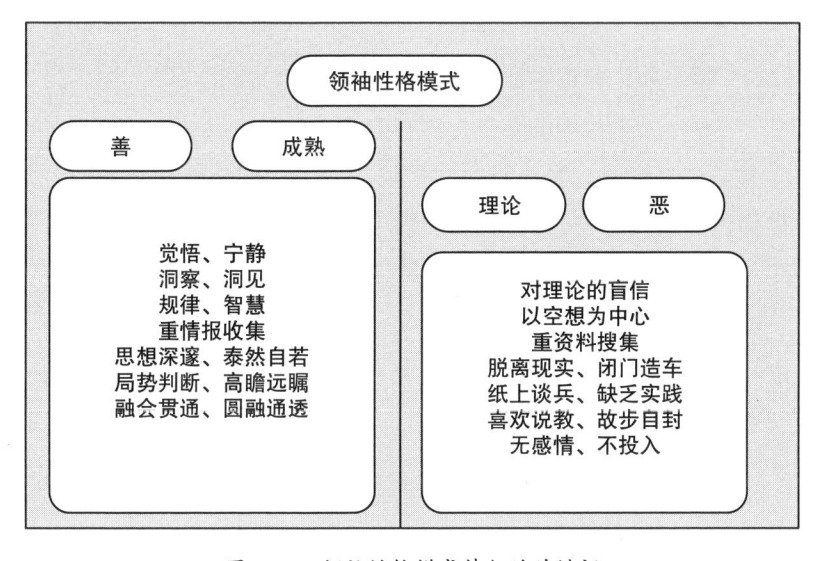

```
领袖性格模式

善    成熟

觉悟、宁静          理论    恶
洞察、洞见
规律、智慧          对理论的盲信
重情报收集          以空想为中心
思想深邃、泰然自若   重资料搜集
局势判断、高瞻远瞩   脱离现实、闭门造车
融会贯通、圆融通透   纸上谈兵、缺乏实践
                  喜欢说教、故步自封
                  无感情、不投入
```

图9-10　领袖性格模式特征的关键词

1. 觉悟的人

领袖性格模式的人具有颠覆生命底层逻辑或商业底层逻辑的能力。他们

能创造未来并取得巨大成果，因为他们已经领悟了生命的真谛，心境宁静，拥有一套自己的认知系统和强大的逻辑思维。

2. 具有敏锐的洞察力

领袖性格模式的人具有敏锐的洞察力，能够有远见卓识地把握市场发展趋势，深入了解客户群的心理，准确判断市场中的各种可能性。

3. 拥有大智慧

领袖性格模式的人拥有大智慧，他们能够讲解规律，并根据不同的规律为你提供三种选择，即上策、中策和下策。他们让你在原有规律的基础上领悟到更高层次的规律，从而做出生命的选择。比如，对于一个具备部门总监能力的老板，领袖性格模式的人会告诉他三条路：

第一条路：继续做老板，但会在商业边缘挣扎，因为他无法创造价值。

第二条路：找一个具备运营总经理和企业总裁的高手一起创业，但成功是有风险的，成功率为30%~50%，而且他只是对方的一个部门。

第三条路：加入已有成功模型的企业，成功率最高，达到70%。但要加入团队，需要接受团队的价值和产品线，否则难以合作。

这就是领袖性格模式的人，他们不会替你判断对错，而是让你在更高层次上进行选择。当你无法搞定下属时，可能是因为你还停留在领导模式，只在事情上分辨对错。而生命逻辑适用于女人性格模式，商业逻辑适用于男人性格模式。对于一个运营总经理的学员，领袖会让他自己决定是否继续学习提升。

领导者是讲对错的。对于男人性格模式的人，你必须遵循他们的游戏规则。如果你没有遵循甚至破坏规则，他们会认为你是错的。同样，对于女人性格模式的人，你需要支持他们，否则就是错的。

我有一个学员是总经理，负责企业的运营。他可以选择继续担任总经理，持续进行优化工作，但企业不会有发展和突破，会走下坡路。这时我让他做出选择，他也可以选择担任董事长，承担企业所有迭代的责任。

因为对于领袖性格的人来说，他选择担任总经理还是董事长没有对错之分，一切都是因果关系。选择做总经理是你的"因"，相应的"果"就是企业停滞不前；选择做董事长是你的"因"，相应的"果"就是你必须承担起企业迭代的责任，企业也会不断突破。

第九章　企业精英团队的迭代逻辑：五种性格领导力模型

领袖性格模式的人是只讲因果，不讲对错。领导者才讲对错。对于男人性格模式的人来说，你必须遵循他们的游戏规则。如果你没有遵循甚至破坏规则，他们会认为你是错的，反之亦然。对于女人性格模式的人，他们有自己的生命规则，认为应该支持别人，你也需要遵循他们的规则，即支持他人，否则就是错的。但这种松散式地支持别人，结果可能是你得到了口碑，但无法获得实际结果。如果你从女人性格模式转向男人性格模式，你就会有结果，但口碑可能会下降。

因此，领袖性格模式的人先讲规律，再给你选择，不讲对错，只讲规律。他们颠覆女人性格模式的生命逻辑和男人性格模式的商业逻辑，进而为他们重新规划路径，并提供方法论和工具包的支持，最终将大家统一在一起。男人性格模式只能统一弱者，但无法容纳强者；女人性格模式虽然可以容纳强者和弱者，但却无法统一。

领袖性格模式的人驾驭强者就是给他们讲规律，这几年我讲课都是讲领袖性格的模式，比如，对待假承担的人，我会用规律来辅导，根据他们不同的次第承担的不同结果，让他们自己选择，80%的人听了就明白了。

领袖性格模式的人的工作模式是高瞻远瞩、资源布局，对人进行全面规划。先颠覆逻辑再做规划。他们了解规律，会做长远的布局和生命、商业的规划。领袖性格模式的核心是提升人的层级，让他们开悟智慧，提升层次，颠覆底层逻辑。领袖性格模式的人做的是未来的事情，所以他们会进行全面考量、本质迭代、洞察根本，从根本上解决问题。只有解决根本问题，未来才能发展。他们是创造未来，在未来取得重大成果的人，如表9-5所示。

表9-5　领袖性格模式的人的核心工作方式

1. 高瞻远瞩、资源布局的工作方式
2. 系统统筹、生命规划的工作方式
3. 开悟智慧、提升层次的工作方式
4. 开悟规律、指导规划的工作方式
5. 全面考量、本质迭代的工作方式
6. 洞察根本、根本解决的工作方式
7. 深度反思、提炼规划的工作方式

男人性格模式的人只讲对的，他们只制定规则。女人性格模式的人则是如何带人，他们要给别人成长的空间，要理解每个人都有自己的难处，不能为了钱而伤害人心。具备企业总裁能力的人，爱他就会让他上层次；具备运营总经理能力的人，爱他就培养他的能力；具备部门总监能力的人，爱他就是让他感觉好，满足他当下的一些情感需求。

领袖性格模式的人是先颠覆生命逻辑或商业逻辑，然后提供方法论和工具包。完成这些步骤后，接下来的事情就可以靠他们自己去完成，这样能够从根本上解决问题。可以说，他们具有远见卓识，拥有系统思考的能力，能够研究事物本质规律并提前进行布局，制定中长期规划，引导男人性格模式和女人性格模式的人走向生命的圆满。

领袖性格模式也分为真承担状态的领袖性格模式和假承担状态的领袖性格模式，如图9-11所示。

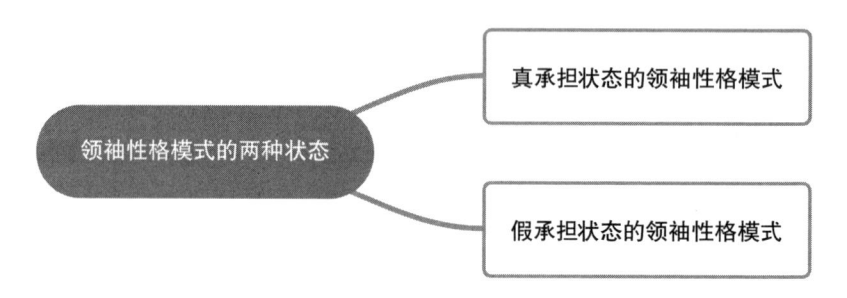

图9-11 领袖性格模式的真承担状态与假承担状态

1. 真承担状态的领袖性格模式

领袖性格模式的人的真承担状态是能够根据不同人的需求和层级让人开悟，他们能够针对高层次的人采用提升两个层次的方法，来使他们开悟。

2. 假承担状态的领袖性格模式

假承担状态的领袖性格模式则活在自我的思考空间里，脱离现实，思想僵化，将空洞的理论当作实践规律，是思想上的巨人、行动上的矮子，并且喜欢空谈和说教，无法让人真正领悟。

总结这五种性格模式的领导者，我们会发现，在企业管理中，领导者不要在乎员工的态度，而要关注他们的能力和层级，有智慧地处理问题。在了解了这五种领导力后，领导者可以对员工进行针对性的提拔，如图9-12所示。

```
┌─────────────────────────────────────┐
│   ╭─────────────────────────────╮   │
│   │  第一步完善：精准分析判断性格模式  │   │
│   ╰─────────────────────────────╯   │
│                                     │
│   ╭─────────────────────────────╮   │
│   │  第二步完善：打掉性格的假承担部分  │   │
│   ╰─────────────────────────────╯   │
│                                     │
│   ╭─────────────────────────────╮   │
│   │  第三步完善：增加缺失的性格模式   │   │
│   ╰─────────────────────────────╯   │
│                                     │
│   ╭─────────────────────────────╮   │
│   │  第四步完善：完善五种性格模式    │   │
│   ╰─────────────────────────────╯   │
└─────────────────────────────────────┘
```

图9-12 五种性格完善四步骤

企业在组建团队时，可以使用女人性格模式来增强凝聚力，但这种模式无法统一强者。而领袖性格模式的人则能够统一强者，将具有男人性格模式和女人性格模式的人整合在一起。

我在师董会时，曾经与320个企业的董事长合作过。他们都很强大，愿意跟随我，是因为我采用了领袖性格模式。我也教他们在师董会中采用这种做事模式，不要总是骂人，而是要启发他们。我的企业虽然不大，但我具备领袖性格的特质，能够用生命模式或商业模式进行设计，通过规律来改变逻辑，以此来引领大家。

企业在进行面试时，可以测试层次能力和性格模型。通过建立生命系统手册，让员工根据自己的性格特点与相关人员达成合作。这样一来，企业内部的矛盾可以减少百分之八十。无论是领导还是下级，在合作之前，人力资源部门都可以提供这个模型，让他们了解自己的层次和性格。这也可以帮助他们选择自己可以成长的方面。

企业可以询问他们带团队的性格、方法和路径。女人性格模式和男人性格模式的方式完全不同，女人性格模式无法说出男人性格模式的方法，男人性格模式也无法说出女人性格模式的方法。

在成为领袖性格模式的人之前，需要先具备建团队的经验。在处理人际关系时，可以采用女人性格模式，因为女人性格模式更具包容性。在处理事情时，则可以采用男人性格模式。

如果企业文化偏向女人性格领导力，则可能会更注重目标的实现。领导人近乎神圣，而非凡人。在与外部人员打交道时，可以采用男人性格模式来与强者谈判，与强者打交道时，需要让他们有获得感。也可以采用女人性格模式来吸引强者。因为男人性格模式的人擅长建立系统，而女人性格模式的人则擅长凝聚人心。

如果拓展能力较弱，就需要全员都成为一把手，一把手能够借助强者的力量，并且在组织内部或外部寻找资源。

第十章

企业文化的升级迭代：打造优秀的组织文化系统

第一节 十合组织文化系统：
法治、礼治、德治、道治、圣治

企业文化是企业的灵魂和核心竞争力之一，也是企业适应变化、吸引人才和提升形象的必要手段，对于企业的发展和成功至关重要。随着企业的不断发展，企业必须评估并重新审视自身的企业文化，能够根据外部变化，不断对文化进行升级迭代，确保企业所有行动均在统一的框架下实施，以全新的视角寻求激发组织活力的关键点，以保持企业的竞争力，实现可持续发展，如图10-1所示。

十合组织文化（十全十美）

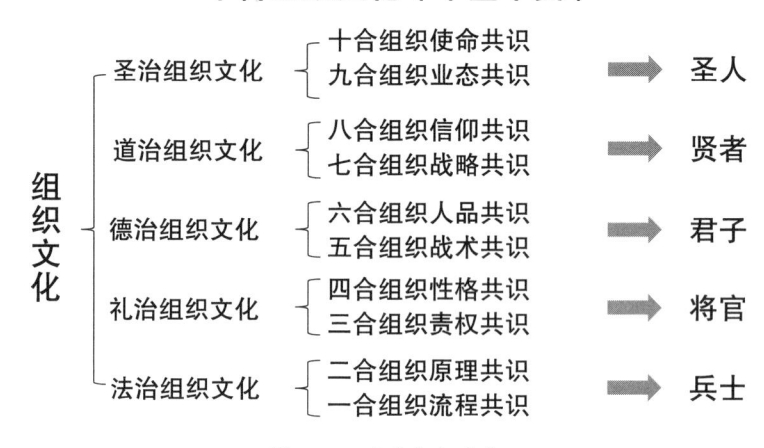

组织文化
- 圣治组织文化
  - 十合组织使命共识
  - 九合组织业态共识 ➡ 圣人
- 道治组织文化
  - 八合组织信仰共识
  - 七合组织战略共识 ➡ 贤者
- 德治组织文化
  - 六合组织人品共识
  - 五合组织战术共识 ➡ 君子
- 礼治组织文化
  - 四合组织性格共识
  - 三合组织责权共识 ➡ 将官
- 法治组织文化
  - 二合组织原理共识
  - 一合组织流程共识 ➡ 兵士

图10-1　十合组织文化

企业文化就是如何生存的问题，这是企业追求成功过程中所推崇的基本信念和奉行的准则，是企业员工赞同并遵循关于企业意义的终极判断。而企业文化的真正作用，就是用来判断企业运行中大是大非的基本原则，是企业大多数员工认可并遵循、提倡、赞扬的核心理念和行为方针，是企业在经营过程中坚持不懈，努力使员工都遵守的信条与模式。

那么，企业文化的核心理念是以利益为本，还是以人为本，或者是以组织为本？如图10-2所示。

企业真正文化

- **企业真正文化的概念**
  回答企业如何生存的问题，是企业追求成功过程中所推崇的基本信念和奉行的准则，是企业员工赞同并遵循关于企业意义的终极判断。
- **企业真正文化的作用**
  用来判断企业运行中大是大非的基本原则；
  是企业大多数员工认可并遵循、提倡、赞扬的核心理念和行为方针；
- 是企业在经营过程中坚持不懈，努力使员工都遵守的信条与模式。

以利益为本　VS　以人为本　VS　以组织为本

图10-2　企业文化的核心理念

1. 以利益为本的企业文化

企业文化以利益为本，即大家都看重结果时，就会出现能人文化、短视文化、机会文化等，这时，企业员工之间会不讲真心，只是互相利用。具体来说，以利益为本的企业文化，又称"五毒文化"，其特征如图10-3所示。

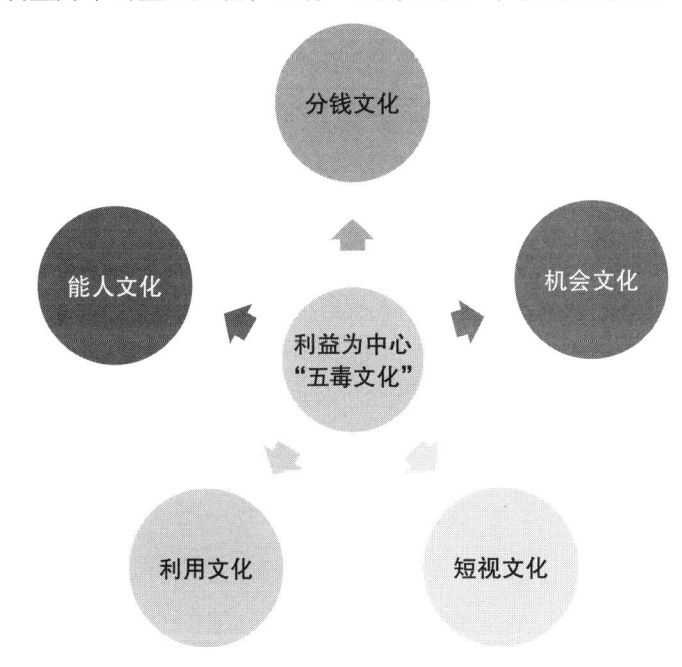

图10-3　以利益为本的企业文化

第一毒是英雄野心，形成各自为战的能人文化。

第二毒是利益导向，形成激励刺激的分钱文化。

第三毒是善捕商机，形成善打巧战的机会文化。

第四毒是只争朝夕，形成疯狂收割的短视文化。

第五毒是各自发挥，形成彼此利用的利用文化。

以利益为本的企业文化最终会导致个人很强大，组织很衰弱，企业无法形成合力。这种文化只在市场很广阔，竞争不激烈的时候适用，个人能力强反而会取得更多的结果。

2. 以人为本的企业文化

企业以人为本时，会允许并重视每个人真实的想法和需求，设计优质的管理体系，与员工进行思想沟通，以提高员工素质并开发其潜能。以人为本的企业文化包括以下几点，如图10-4所示。

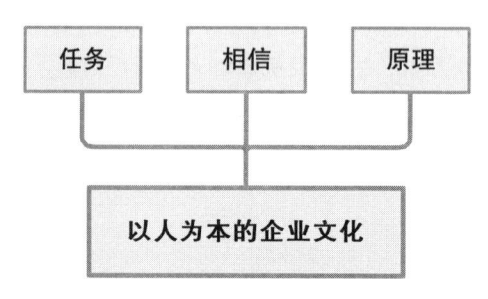

图10-4 以人为本的企业文化

（1）任务

设计优质管理体系，与员工进行思想沟通，提高员工素质并开发潜能，塑造企业文化，使员工需求得到最大满足。

（2）相信

相信隐藏在员工内心的自我实现感、成就欲、事业心、自尊、自爱、自强心理与主动性、创造性，将会自然地发挥出来，他们会自觉地与管理者一起尽全力把工作做到最好。

（3）原理

管理者从心底尊重员工、理解员工，相信员工能把工作做好，员工有做最佳员工的内在原始冲动。

以人为本的企业文化必须是建立在假设人性都是积极向善、都有大局观的基础上，但人性是复杂多变的，有时个人的私欲膨胀，影响企业凝聚力的形成，企业也就无法形成强有力的竞争。

3. 以组织为本的企业文化

以组织为本的企业文化，即企业每个人都要为组织创造价值，亦即为客户创造价值。员工对企业的发展愿景和未来规划、企业组织有着高度一致的认同感，员工为了实现企业的发展愿景都愿意为组织创造价值，并且会做出岗位要求以外的努力，让企业整体形成强大的系统竞争力。

企业文化事实上并不由我们主观意愿去选择和决定，早在20世纪90年代，市场竞争并不激烈，企业文化不需要过多考虑员工的人品，只以"能力"为王，企业自然以利益为本；2000年至2015年，企业文化随着市场的变化而转为以人为本；在2015年以后，随着市场越来越内卷，企业开始全面转型，并且逐渐进入以组织为本的时代。

企业经营目标为持续盈利，依靠的是企业组织产生的系统竞争力，而企业的系统竞争力依靠的则是组织文化，如图10-5所示。

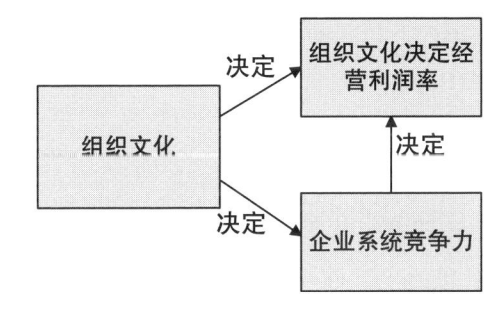

图10-5 组织文化与企业系统竞争力和经营利润率关系图

组织文化系统由法治组织文化、礼治组织文化、德治组织文化、道治组织文化和圣治组织文化五种文化构成。

组织文化的核心在于它同时承担起跨岗位的责任、跨部门的责任、跨中心的责任和跨企业的责任。所谓组织文化即意味着一个整体，岗位与岗位、部门与部门、中心与中心等的衔接需要达成高度的一致，即承担"跨"的责任。

（1）法治组织文化

法治组织文化重在解决流程问题，即将看得见的制度流程达成一致。文化是一种能力，法治组织文化重在解决事情，在事情上同别人达成一致说明你具备法治组织的能力。

法治组织文化由一合组织流程共识与二合组织原理共识两个层面构成，如图10-6所示。

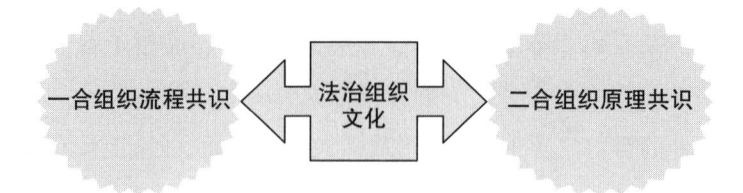

图10-6　十合组织文化：兵士画像

共识是指基层员工在工作中秉承"组织为大我为小"的理念，他们不争对错，因为个人对错、优秀与否没有任何意义，只有岗位与岗位、部门与部门、中心与中心达成高度共识才会形成组织力。另外，有共识心的人不允许组织里有不同的思想，因为一旦有不同的思想，时间久了，组织内的矛盾就会越来越大，组织力也会因此受到破坏。

一合组织流程共识：工具方法、业务流程。

一合组织流程共识即在赋能行为中的工具、方法与流程达成一致，以确保业务流程畅通。

二合组织原理共识：沟通原理、共识解题。

二合组织原理共识即在工具、方法和流程无法达成一致的情况下，就达成其背后原理的高度共识，进而达成工具、方法和流程的一致。例如，团队不能对考勤制度达成一致共识时，就要进一步讲明制定考勤制度的原因和原理，在达成原理共识的基础之上自然也就达成了工具、方法与流程的共识，即强迫式变成引导式、妥协式变成平衡式、封闭式变成协调式、对抗式变成磨合式。对上沟通是扩大格局，平行沟通是突出格局，向下沟通是缩小格局。

（2）礼治组织文化

礼治组织文化重在解决合作问题，其核心是指企业在尊重人性的次第和性格基础之上，让团队成员之间的合作特别和谐。换言之，礼治组织文化重情，在部门领导的带领下，能够让团队和谐，合作非常默契，彼此取长补短，就说明领导者具备礼治组织的能力。

礼治组织文化由三合组织责权共识与四合组织性格共识两个层面构成，

如图10-7所示。

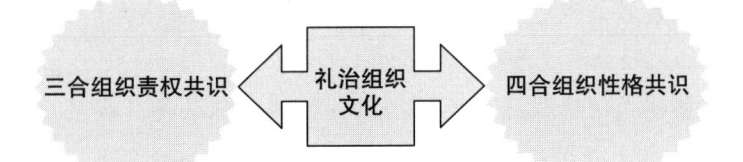

图10-7　十合组织文化：将官画像

三合组织责权共识：岗位组合能力分工。

三合组织责权共识，是依据以次第为核心的人才梯队胜任力模型定岗位，并赋予其相应的责权利。如果没有以次第为核心的人才梯队胜任力模型导入，那么岗位责权利则永远无法达成一致。换言之，精确识别员工的次第才可能精确为其定岗，才能更好地分工协作，来达成最优的合作方式与方法，最终达成团队合作模式的共识。

四合组织性格共识：性格合作，互补合作。

四合组织性格共识关键在于理解性格。性格是什么？性格是一种能力。我们在人才梯队部分已经为大家导入了五种性格模式与性格能力工作模式。

女人性格模式的特点是关注你当下的需求，通过支持别人来拿结果，这种支持是点状的，所以你同他合作要知道结果是不可控的。当市场竞争不激烈的时候，他很容易成功；当市场竞争激烈的时候，由于他们进行各种尝试就会特别浪费人力和物力。

男人性格模式的特点则是关注目标，"你必须跟着我走，全力以赴地成为我的系统的一分子，如果不跟着我走我就不和你合作"。男人模式是对所做的所有事情都要有可控的标准模式，因为他是要建系统的，所以会要求各个环节都需要在他的掌握之中。男人性格模式不但要构建系统，而且他对未来需要有清晰的规划和路径。

同女人性格模式的人合作永远不要期望他可以建系统，他根本就没有系统观，只在他擅长的方面给予你支持。男人性格模式则是只要和结果有关联，无论他擅长与否，他都会给予支持。如果在某一方面不能给予你支持，他就会解决这一方面。男人性格模式和女人性格模式都是带领团队的领导者，他们都有核心的思想和逻辑。

驾驭男人性格模式和女人性格模式的是领袖性格模式！领袖性格模式从来不讲对错，他只会给你讲事情背后的本质逻辑，然后给出三条路径及相应的结果让你选。领袖通过开悟他人的方式来驾驭他人。

女孩性格模式的特征是目标性很强，他的目标就是"我要追随老大，我要吸收消化老大教授给我的东西，让我在这个系统中得到更大的支持和收获"。女孩性格模式的人学习能力很强，但是所学的东西聚焦于系统内的知识。

男孩性格模式的特征是对新鲜事物充满好奇，喜欢探索新鲜未知的事物，为人真性情。换句话说，男孩性格模式的人喜欢做自己喜欢的事情，不喜欢的事情就不做。

因此，四合组织性格共识关键在于理解性格，你见到一个人就知道对方能做什么，于是你便清楚如何取其之长，补其之短，将对方的优点用到极致，同时用团队的方式弥补其缺点。这样的结果就会使内部的团队非常和谐。

（3）德治组织文化

德治的本质是造福生命的能力，领导者用公心待人待物，用生命格局承载企业，他的行事作风践行的是"君子之道"。因为他知道，企业越要长久发展，越要给客户、团队、社会种下许多功德，德治之魂能让团队种大善因结大善果。

德治组织文化旨在了解企业的痛点和难点，并予以解决，同时承载企业的难题和目标。具备德治组织能力的领导者能够同他人达成一致的解决方案，并相互协作攻克难题。

德治组织文化由五合组织战术共识与六合组织人品共识两个层面构成，如图10-8所示。

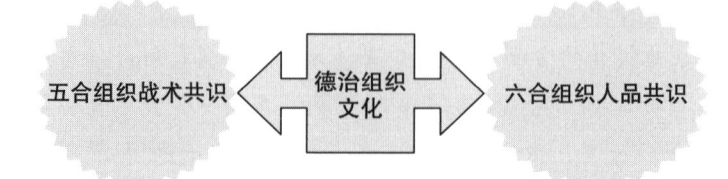

图10-8 十合组织文化：君子画像

五合组织战术共识：目标突破建模系统。

五合组织战术共识即影响并启动对方能力成长意愿，开悟对方通透次第逻辑，并自愿承担更多责任，达成带领团队次第提升的共识。包括：团队组织建设以做事的逻辑突破为核心，逻辑突破在于生涯规划；投入突破的能力与资源，采取战术突破性合作方式；责任在手，成事在天：借上级、上师、上位赋能对方；能力突破即各种部门逻辑与部门能力建设的过程。

六合组织人品共识：人品合作，全心扶持。

六合组织人品共识即影响并启动对方能力成长意愿，开悟对方通透性格逻辑，并自愿承担更多责任，达成带领团队性格突破的共识。包括：团队组织建设以为人的逻辑突破为核心，逻辑突破本质上是性格的发展规划；用自身的人品赋能对方，影响对方建立深度合作关系；用人品与品德赋能对方的团队与企业，取得彼此的深度信任。

（4）道治组织文化

道治就是企业全体员工生命开悟的生命之道，正如《道德经》中说："上善若水，水善利万物而不争，处众人之所恶，故几于道。"领导者心宽似海，像水一样具有包容、温和的特点，有格局和胸襟，具有贤者风范，让员工得以自由发挥，最终达到人人持续迭代，凤凰涅槃的境界，道治之魂是让团队开悟商业哲学，让企业永续经营、基业长青，如图10-9所示。

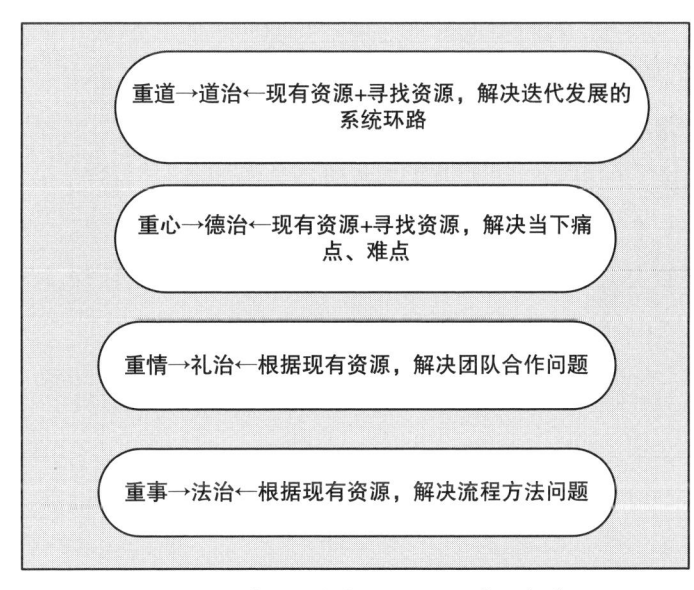

重道→道治←现有资源+寻找资源，解决迭代发展的系统环路

重心→德治←现有资源+寻找资源，解决当下痛点、难点

重情→礼治←根据现有资源，解决团队合作问题

重事→法治←根据现有资源，解决流程方法问题

图10-9 道治之魂是让团队开悟商业哲学

道治组织文化旨在使组织达成企业整体迭代的目标，即迭代的目标一致，方法一致。因此，具备道治文化的人能够推动企业整体迭代，大家步伐一致，共同迭代。道治组织文化由七合组织战略共识与八合组织信仰共识两个层面构成，如图10-10所示。

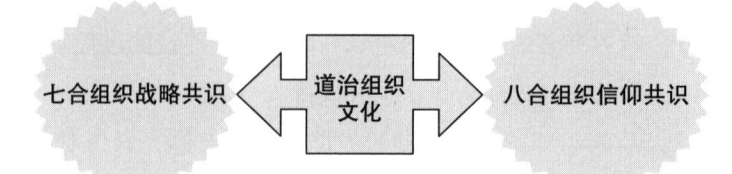

图10-10 十合组织文化：贤者画像

七合组织战略共识：班子资源，战略规划。

七合组织战略共识旨在推动企业迭代，推动战略团队达成突破企业迭代的方向达成共识。包括：颠覆战略合作者对企业转型升级的商业哲学；赋能战略性合作伙伴，追求企业持续迭代发展的目标共识；赋能企业迭代完整环路的战略合作共识。

八合组织信仰共识：胸怀天下，格局视野。

八合组织信仰共识旨在改变企业信仰，推动企业在世界观、价值观和人生观达成共识。包括：颠覆战略团队的生命觉悟，达到对生命哲学的共识；用生命格局、胸怀、视野赋能未来的规划共识；赋能对方的生命信仰，影响对方生命信仰的迭代。

（5）圣治组织文化

《道德经》中说："圣人无常心，以百姓心为心。"圣治的本质是让彼此生命合一，仁爱一切众生，这是圣人的修身、齐家、治国、平天下的精神，让家人族人企业的员工走向成功至善，最终达到无为而治，无为而不为的境界，如图10-11所示。

第十章 ┃ 企业文化的升级迭代：打造优秀的组织文化系统

图10-11　圣治的三级人才

圣治组织文化旨在生命走向合一和至善。圣治组织文化由九合组织业态共识与十合组织使命共识两个层面构成，如图10-12所示。

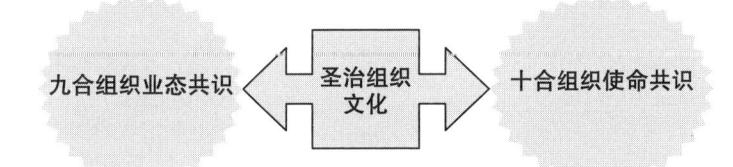

图10-12　十合组织文化：圣人画像

九合组织业态共识。

发心赋能创造行业生态发展，为企业生态圈良性持续发展担当起全部责任的合作方式。

十合组织使命共识。

赋能终极愿景与使命，成为全心全意天人合一的一家人世界观，创造更有使命感的圣贤合作。

迭代前的创业团队一般都是五合以上的人，具备局部突破的能力，同时又可以推动团队次第提升和能力突破，承担更多的责任。而组织文化是对组织有影响力和推动力，影响和推动组织达成一致共识的能力。图10-13是企业组织文化的四个层次。

215

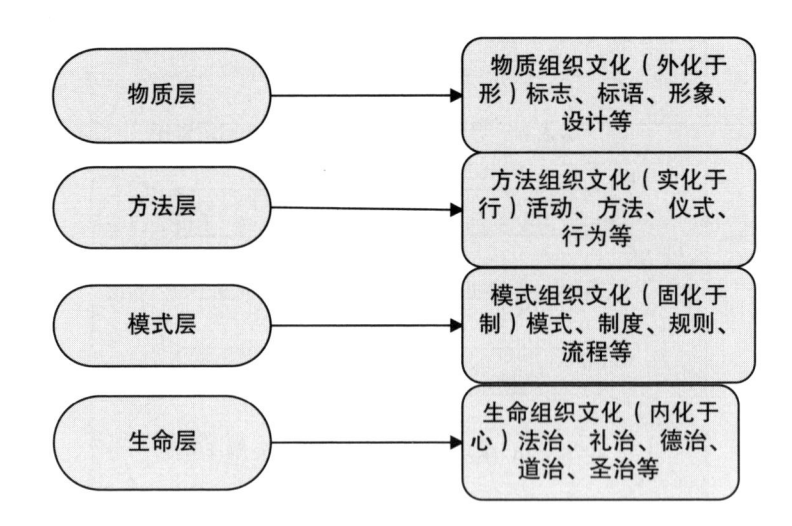

层次	组织文化内容
物质层	物质组织文化（外化于形）标志、标语、形象、设计等
方法层	方法组织文化（实化于行）活动、方法、仪式、行为等
模式层	模式组织文化（固化于制）模式、制度、规则、流程等
生命层	生命组织文化（内化于心）法治、礼治、德治、道治、圣治等

图10-13　企业组织文化的四个层次

十合组织文化建设实操工具，如图10-14所示。

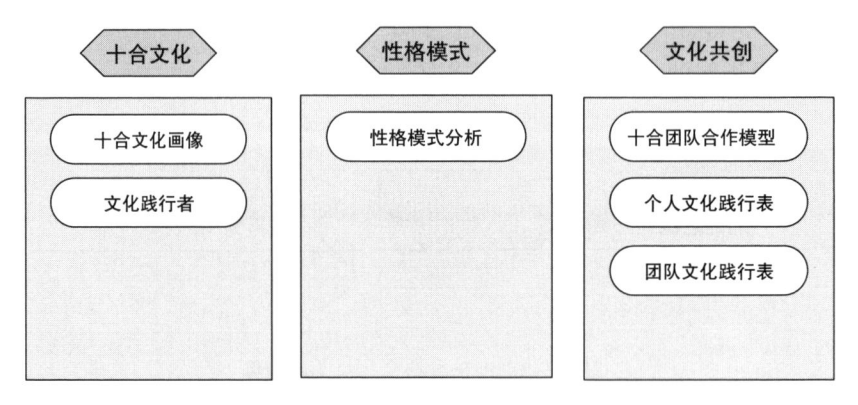

十合文化
- 十合文化画像
- 文化践行者

性格模式
- 性格模式分析

文化共创
- 十合团队合作模型
- 个人文化践行表
- 团队文化践行表

图10-14　十合组织文化建设实操工具

第二节　企业五环文化模型：不同阶段的责任和担当

十合组织文化建设梯队要担当起五环模型。五环模型即由一环战略梯队、二环经营梯队、三环管理梯队、四环实施梯队、五环执行梯队，分别担当不同的企业文化之责任，如图10-15所示。

```
愿景责任      →   战略层担当
使命责任      →   经营层担当
价值观责任    →   管理层担当
行为规范责任  →   实施层担当
操作标准责任  →   执行层担当
```

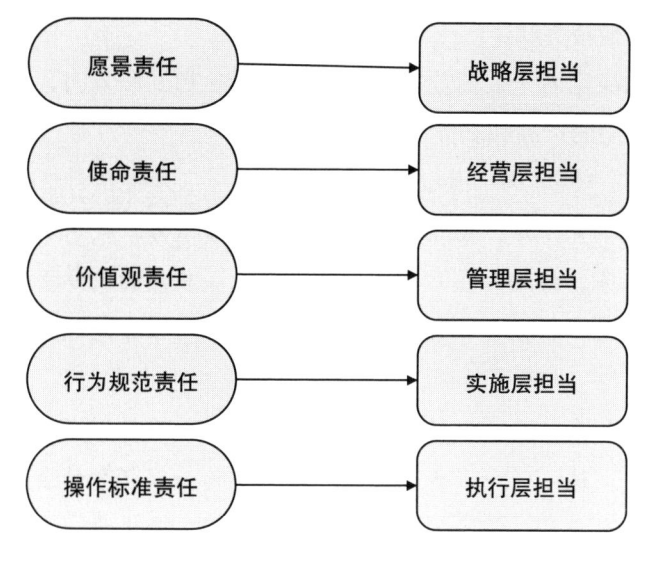

图10-15　企业五环文化不同阶段的责任和担当

1. 战略梯队与愿景责任

战略梯队要担负起企业未来3~5年成为什么样子，也就是企业愿景，主要包括企业发展的方向、目标、理想、愿望，以及企业自我设定的企业责任和义务，其中关系企业对社会的影响力、在市场或行业中的地位、与客户和股东等的利益。

格力的企业愿景是"缔造全球领先的空调企业，成就格力百年的世界品牌"，呈现出简明清晰的企业发展方向，而且具有很强的感召力；华为的企业愿景是"丰富人们的沟通和生活"；通用电气的企业愿景是"使世界更光明"。

格力、华为、通用电气的企业愿景都呈现出清晰明确的企业发展方向，同时说明了企业的责任和义务，以及背后对社会可能产生的影响。

由此可见，企业愿景责任虽然由战略担当，但企业经营层在担负起责任的同时也要了解企业未来3~5年发展的方向和目标。

2. 经营梯队与使命责任

经营梯队要担当起企业使命责任，即围绕企业发展愿景所需要完成什么任务，以及说明为什么要完成这些任务，这些任务的必要性是什么，能为社会作出怎样的独特贡献。

经营梯队决定着企业的业务性质、经营理念和发展方向，决定将为客户提供什么样性质的产品和服务。

华为的使命责任是"聚焦客户关注的挑战和压力，提供有竞争力的通信解决方案和服务，持续为客户创造最大价值"。华为的使命责任的口号强调了责任至上和用心服务，非常明确地回答了企业的任务是什么、企业的业务性质是什么、经营理念是什么，以及企业未来发展方向是什么。

格力的使命责任是"弘扬工业精神，追求完美质量，提供专业服务，创造舒适环境"。这一使命和责任反映了格力作为一家领先的企业，对于自身的定位和社会的承诺。格力的使命责任涵盖推动工业进步、追求卓越品质、提供专业服务和创造舒适环境等方面。体现了格力对于社会、客户和自身发展的承诺。

通用电气的使命责任是"以科技和创新改善生活品质。目标成为世界上最有竞争力的企业，让公司的每一个业务领域都能在市场上占据第一、第二的位置"。通用电气这一使命和目标反映了通用电气对于社会责任和商业成功的双重关注。

由此不难发现，企业的使命责任就是在自身发展的基础上，为民造福、为社会作出积极的贡献。

3. 管理梯队与价值观责任

管理梯队需要担当企业价值观责任，即基于一定的思维感官之上做出的认知、理解、判断和抉择，从而体现人、事、物的价值或作用。

华为的价值观是"成就客户、艰苦奋斗、自我批判、开放进取、至诚守信、团队合作"，即呈现出认定事物、辨别是非的价值取向。

格力的价值观是"少说空话、多干实事、质量第一、顾客满意、忠诚友善、勤奋进取、诚信经营、多方共赢、爱岗敬业、开拓创新、遵纪守法、廉洁奉公"。

通用电气的价值观是"坚持诚信、注重业绩、渴望变革"，同样是一种认定事物、辨别是非的思维。

企业价值观的责任在于指导企业内部的行为和决策，塑造企业文化，建立信任和声誉，促进可持续发展，并为社会创造共享价值。

上一章我们了解到十合组织的文化系统。现在我们展开介绍打造三合、四合、五合和六合组织的价值引领。

三合组织责权共识的价值引领分为前、中、后三期，前期是执行、实干、务实、认真、踏实；中期是坚守、务实、质量、专业、能力；后期是稳重、稳定、敬业、担当、责任。

四合组织性格共识的价值引领分为前、中、后三期，前期是配合、互助、理解、协作、诚信；中期是团结、友爱、和谐、合作、真诚；后期是尊重、认可、共识、感恩、信任。

五合组织战术共识的价值引领分为前、中、后三期，前期是破局、突破、奋斗、向上、优化；中期是精进、开拓、学习、高效、成长；后期是进取、优质、创意、创新、卓越。

六合组织人品共识的价值引领分为前、中、后三期，前期是用心、付出、陪跑、关心、支持；中期是全心、奉献、分享、包容、感恩；后期是扶持、共享、胸怀、真爱、格局。

三合组织是个体型企业，四合组织是生意型企业，进入经营型企业需要五合组织，总部型企业则需要六合组织，所以企业的组织价值观直接影响企业的发展。

那么，如何培育企业价值观呢？

我们用五个价值观词汇代表组织发展的目标，即求实、进取、创新、协同和共享。这五个词分别是一个个人突破价值观，两个组织突破价值观和两个组织扎实价值观。这样设计价值观构成是基于个人突破转向达成组织一致突破共识，换句话说，个人在团队中需要一年的时间完成思想和行为突破，认同并与组织融为一体，形成"组织为大我为小"的思想共识，在此基础上自然达成了组织突破的共识，进而再巩固以进一步将其落实。

企业的核心价值观为求实、进取、创新、协同和共享。求实、进取是态度，即实事求是、积极进取、工作主动负责，不浮夸不敷衍。协同是方法，即做好本职工作的同时，关注上层领导思想，了解下层员工状态。创新是结果，即不拘一格，灵活做事，一切以服务客户需求为中心。共享是价值，即成果需与创造者共享，心得需与同事共享，为社会负责，共分享共成长。

求实、协同分别是三合组织责权共识和四合组织性格共识的内容，代表组织突破价值观；进取和创造是五合组织战术共识的内容，代表组织扎实价值观；共享是六合组织人品共识的内容，代表个人突破价值观。只有个人打开其心门，愿意同团队共享其价值的时候才会真正融入团队和组织，形成"组织为大我为小"的思想共识。接下来我们详细展开该企业核心价值观。

1. 求实

衡量求实的标准分别是刨根问底、结果导向、做十说九。刨根问底是指凡事要精益求精，不管做什么事都要问五个"为什么"。结果导向是指有实实在在的结果，就是要追求终极目标而非表层指标。在这个角度上，求实有真假之分，只会低头拉车，不知抬头看路，为了达成目标而达成目标，这是假求实。真求实是在过程中发现目前的路径无法实现目标，在有决策权的情况下会及时调整；如没有决策权则会及时向上反映，以便及时做出调整。真求实是为了实实在在拿到结果。做十说九是一种风格，正如俗话所说的"只说不练假把式，只练不说傻把式，能干会说真把式"。

2. 进取

进取，就是永不满足，把5%的希望变成100%的现实，把不可能的事做成可能，我们从以下三个维度加以诠释。

（1）主人心态

主人心态，是做工作的主人，工作是自己的事情。弗里德曼说："花自己的钱，办自己的事，既讲节约又讲效果；花自己的钱，办别人的事，只讲节约不讲效果；花别人的钱，办自己的事，只讲效果不讲节约；花别人的钱，办别人的事，既不讲节约又不讲效果。"

（2）竭尽全力

对工作竭尽全力，就是即使希望再小也要竭尽所能，全力冲击。

（3）持续进步

持续进步就是在工作中不断地提升自己。成功者是自觉的"革命者"，他们都是不待扬鞭自奋蹄的人。在工作中不断跟自己比。比如，去年比前年增长了多少？今年比去年增长了多少？那么接下来明年应该比今年增长了多少？或者和竞争对手比。比如，竞争对手的年度目标是多少？竞争对手的年度业绩是多少？如跟对手差距大，该如何调整战略？或者跟同行标杆比。人家做了多少？自己同它的差距还有多少？或者跟公司中长期目标比……经过不断对比来调整自己的步伐和打法，确保拿到预期的结果。

3. 创新

创新包括两个方面，一方面是从无到有，从0到1，创造出一个新产品、新服务；另一方面是从有到优，将现有的产品和服务不断优化、完善。

创新就是打破常规，即成功地"违规"。创新必须抓住用户需求，企业生产出的产品是否不可或缺、消费群体是否巨大等。创新要灵活应变，讲究方式方法，方法得当，事半功倍；方法不得当，事倍功半。

4. 协同

分工合作是协同的核心，可以从向上思考、向下执行和责任扩展三个维度加以诠释。协同就是向上思考，向上思考是最深层的负责任，站在山顶找出路。向上思考有五层内容，第一层是履行责任，第二层是解决问题，第三层是防区延伸，第四层是关注结果，第五层是关注终极目的。

协同就是向下执行，管一层，看两层，不但要直接管理N-1，还要了解N-2的工作动态。因为看到下级的属下在做什么，基本上可以判断你的下级目标。

协同就是责任扩展，抓住"一个原则两个度"。一个原则即工作交接原则，前后棒交接，出现问题则前棒负全责。两个度即站在全局高度，站在自己的角度。

5. 共享

共享就是把自己的学识、经验、收获、资源等拿出来，主动与同事、伙伴、社会等共享。同事之间的共享是每个员工进步的源泉，也是提高整体员工水平的重要方法。复盘是最有效的学习方法，而复盘就是同事之间认知共享的过程。公司是共享的平台，作为最初的伙伴共同创造公司当然要共享公司发展的成果。

求实、进取、创新、协同和共享，这五个企业核心价值观概括起来就是三个字，即"走正道"。它不是每天挂在嘴上高调的口号，而是需要企业去践行,并且要渗透于组织思维和行为中。

综上所述,实施梯队在企业中需要担当起行为规范责任,即承担起员工在人际关系情景中的社会性适应,使其自主选择行为的价值取向,实现规范接受及内化。行为规范的接受和内化程度直接影响其稳定性,行为规范接受的程度越深,内化程度越深,规范行为就会越稳定。

第三节　道德文化的领导力：生命成长经历的五阶段

企业道德文化的领导力是指领导者在企业中通过道德行为和价值观的引导,激励和影响员工,推动企业道德文化的建设和发展。现代企业必须习得和掌握商业九环的战略布局和战术打法。

董事长必须担负起前三环的责任,就是将自己的次第提高至总部董事长层级,搞定企业发展过程中所需的结构化资源,转向升级创业团队。前三环实质上就是一个企业的驱动力——第三环创业团队内驱、第二环资源团队赋能和第一环董事长掌舵。

重塑创业团队,管理团队需具备五合与局部六合的能力。经营团队要具备六合与局部七合的能力,既要具备改变他人性格、人品、格局和胸怀的能力,又要具备局部推动达成企业发展方向、战术打法的共识的能力。战略团队要具备七合与局部八合的能力,既要具备推动达成企业发展方向、战术打法的共识,推动企业快速迭代的能力,又要具备局部改变企业世界观、价值观和人生观的能力。

一个企业发展的抓手是由战略层、经营层和管理层构成的创业团队,四合及四合以下能力的团队用来守业,以提高企业运作效率。

那么,如何培养五合、六合的能力呢？

培养五合、六合能力的核心在于达成团队成长的共识,并做好团队每个生命阶段的提前成长预案。生命成长要经历五个阶段,即理论阶段、挫折阶段、个变阶段、团变阶段和系变阶段,每个阶段又配套相应的方法和预案,如图10-16所示。

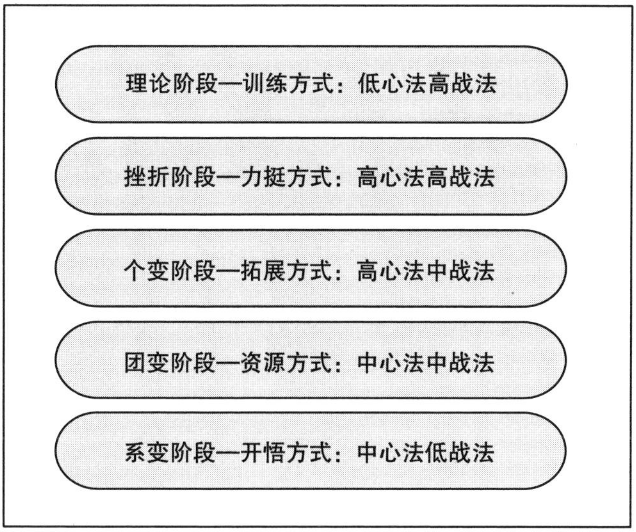

第十章 ┃ 企业文化的升级迭代：打造优秀的组织文化系统

```
理论阶段—训练方式：低心法高战法
挫折阶段—力挺方式：高心法高战法
个变阶段—拓展方式：高心法中战法
团变阶段—资源方式：中心法中战法
系变阶段—开悟方式：中心法低战法
```

图10-16　道德文化领导力五阶段

1. 理论阶段——训练方式：低心法高战法

理论阶段所掌握的是理论，潜意识认为理论能力就是解决问题的实际能力。虽然个人很有动力，有做事的意愿，而且具备强烈的求知欲和探索欲，但是由于掌握的只是理论，缺乏实践经验，对企业、团队、领导以及事务缺乏深刻的体验，所以很难同团队建立信任。

同时，理论阶段的人常常有过高的、不太现实的定位和期待，过高估计自己的能力又过低估计系统的难度，很难听得进领导者和高手的意见，对他人的指导表现出强烈的抵触。这就导致理论阶段呈现出的突出特质就是高定位和低能力。

这个阶段不要去改变对方，因为理论派的思维结构是框架思维，框架不正确，无法落地；框架不全面，无法落地。理想期的假我只有死过才能对实战有感觉。我们应当在具体事务中加以训练和指导，尽可能让他了解真实的人。全面立体地为他介绍公司的整体框架、文化、人员、流程等情况，以及其岗位的工作内涵和流程。在工作中配套与之能力相应的训练。同时，对其态度表示肯定，以鼓励为主，但也要打好预防针，降低期望值，消除可能产生的巨大落差。

理论阶段的人对企业缺乏真正的信任，其关系只是浮于表面的形式，只有在一个战壕战斗过才可能使双方建立信任。所以，该时期的重点在于观察他的定数模型并作出报告，清楚了解对方的工作思路、工作方法、核心能力和性格能力，以及知识与实践盲区。

2. 挫折阶段——力挺方式：高心法高战法

挫折阶段是指员工面对工作上遭遇的困难和挫折，期望与现实的巨大反差，使得他们自信心受挫，打起了退堂鼓。这个时候会产生沮丧的情绪，对公司、领导和同事心生不满，认为结果不佳是公司、领导和其他同事的问题。同时，由于内心的受挫和痛苦，想逃离现状，以换工作、换环境来逃离目前的困境。理论阶段呈现出的突出特质就是低定位。

挫折期本质是理想与现实碰撞之后所形成的巨大心理反差，怀疑自己与怀疑公司的心理并存，导致内心受挫。这个时期的人对团队极不信任，往往带着痛苦和无力往前走，这个阶段能否活下来是关键。

这个时期的领导者是最辛苦的，他需要亲力亲为协助对方完成工作，直接赋能对方资源和机会，在不断取得小成果时，手把手地教对方具体做法，提升对方的实践能力并拿到结果。同时，心理的建设也极为重要，用情温暖对方，给予正面的鼓励和肯定。重点在于领导者理解困难、承担责任，并给处在这一时期的人以分解方案。

3. 个变阶段——拓展方式：高心法中战法

员工在个变阶段已经具备拿结果的能力，对自己的角色定位、具体的目标规划有清晰认知，信心有所提升，对未来有一定的认识和愿望。在具体工作中能够感受到团队的支持，对团队、领导和同事也更加信任。但是，由于他在这个阶段不具备解决复杂问题的能力，特别是解决新难题的能力，对未来有很强的不确定性，所以提升能力、突破成长瓶颈期和掌握人生次第成长的要诀是个变阶段的成长重点。

个变阶段是员工生命拓展的关键期，是个人成长的开始，焦点集中在自身能力的突破，初步掌握解决复杂难题的能力。这就需要领导者出面帮助他们重建与师傅或企业导师内在关系与外在关系模式，培养对方成为自我领导者，协助其规划个人能力突破的阶段性目标。那么，身处个变阶段的人则是要学会借助师傅或企业导师的力量达到自身能力的突破，并协助对方将成长模式运用到工作实践之中。所以，该时期的重点在于建立该时期人的成长模型、协助其赋能师傅或企业导师和持续不断推进。

4. 团变阶段——资源方式：中心法中战法

处于团变阶段的员工已具备达成目标的持续动力和能力，有完整的、系统的解决方案，懂得借助各种资源拿结果，所以该阶段聚焦于高绩效和高目标地完成。在同团队成员的合作上可以起到带头、表率的作用，并愿意支持他人，已进入团队领导者的行列。

进入团变时期的员工已经完全掌握了成功的因子，能够把握自己的命运，而且持续不断地学习，进取心强，拥有更大的工作目标。该阶段，团队建设是其成长重点，领导人应着重在带团队、建团队、团队突破和团队领导方面加以培养。

对于团变时期的员工，领导者切记不宜干涉过多，应该着重培养团变阶段的人领导团队的能力，协助对方带团队，对领导者所走之路给予指导并尝试建立模型。同时，领导者要包容对方，搭好舞台交由对方充分发挥，允许对方在探索中犯错，而且要在关键点上给予及时的指导和支持。

5. 系变阶段——开悟方式：中心法低战法

系变阶段的员工已经超越小我状态，具备高层次的全局观，希望团队好、企业好。由于自身的成长和所取得的成就，对个人、团队和企业的发展有极大的信心，愿意同企业共进退。所以，系变时期的员工焦点集中在配合企业和组织的长期发展，根据企业战略规划，主动承担起跨部门、跨中心、跨企业的责任。

随着心胸和格局持续扩展，系变阶段的员工同企业已经进入共生共长的合作状态，愿意尝试更多的工作和承担更多的责任，为团队整合更多资源，并扶持组织迭代，培养强悍的跨岗位团队，以配合企业的战略，助力企业更好发展。

系变阶段的员工需要领导者对人生观、价值观和世界观予以点悟，为他打开格局、胸怀和视野，帮助他建立起经营思维和战略思维，成为真正精通商业哲学的经营者。除此之外，领导者还要协助双方打破岗位职责的限制，打破企业的限制，帮助其从上下游方面来思考企业系统，只有大系统才是真正的企业系统，同时双方一同建立合作圈和共生圈，以及企业的资源支持系统。

由此可见，员工生命成长在一、二阶段的目标是在四合能力取得突破。

第一阶段的核心在于人文关怀、岗位训练和企业介绍，第二阶段的核心在于理解困难、承担责任和分解方案。

生命成长三阶段是四合能力突破过渡期至五合能力突破过渡期，其核心在于成长模型、赋能上师和持续推进。

生命成长四、五阶段的目标是在五合能力上取得突破。第四阶段的核心在于领导能力、成熟团队和资源扶持，第五阶段的核心在于路径驱动、体系赋能和关键开悟。

致　谢

本书出版前的稿件创作阶段，得到以下企业的大力支持！尤其在调研数据支持和案例分享方面，极大地丰富了本书的实践性内容。在此，特别感谢以下参与的企业。

联合发起出版单位

序号	姓名	职务	公司名称
1	张家诚	董事长	百财科技集团
2	李海建	董事长	家园好科技
3	王佳伟	行长	工商卓越支行
4	李嘉俐	总经理	中汇强知识产权
5	付颖翱	董事长	贝贝金服科技集团
6	陈筱	董事长	神通天下科技集团
7	伍军华	董事长	鑫正宇科技
8	夏哲	董事长	壹企服科技
9	胡章毅	总经理	同创依诺数码科技
10	张满	董事长	微众金服信息科技
11	熊蜜	总经理	劲驰汽车配件集团
12	李思升	董事长	兆纪光电集团
13	刘云永	总经理	芝麻自动化科技
14	史军国	董事长	润杰豪居科技
15	肖林	总经理	林蓉实业
16	曾显武	董事长	麦思商贸集团
17	朱福儿	总经理	金华泰实验室科技
18	杨晓松	董事长	宅猫找房科技
19	伍海涛	董事长	精致网络设备

续表

序号	姓名	职务	公司名称
20	陈凯家	董事长	凯豪达氢能源
21	欧阳兴东	董事长	裕百恒商贸
22	付颖翱	董事长	归元宝笈文化
23	潘如钢	董事长	北辰电子集团
24	刘永兴	董事长	钜兴电子科技
25	彭容	总经理	亚玛吉贸易
26	毛芳	总经理	锦元建筑装饰材料
27	周学慧	总经理	泰德激光技术
28	李澍春	董事长	富通胜国际供应链
29	马锦超	总经理	饰家建材
30	雷志军	董事长	远大方略集团
31	刘宇烽	总经理	一心设计
32	黄凯	董事长	简问科技
33	姚兰	董事长	森蓝建设集团
34	王锋	董事长	兔兔健康食品集团
35	蔡振锋	董事长	途倍优汽车技术
36	曾斌	董事长	界水医疗科技